诊断	血常规	血化学	尿常规及一般肾功能
有于X天[illegible]大小白块物其上有明显瘢及杂音.	高血压性动脉硬化Ⅱ级	红细胞 310万/mm^3 血红蛋白 10克% 白细胞 6300. 出血时间 ½分. 凝血3分	非蛋白氮 41mg%. 尿酸 5.3mg% 钾 17.3mg% 钠 318mg% 胆固醇 85mg% CO_2结合力 45.8容积%	蛋白±～++ 白细胞0-1 红细胞3-4,颗粒管 P.S.P. 49～69% 第一小时37%～44% 莫氏试验 最高1.009. 最低1.002. 浓缩[illegible] 肾脏功能减退. 肾浓缩功能[illegible]
肋下4指 下2指	动脉粥样硬化[illegible]	红细胞 320万 Hgb 10克% 白细胞 11000.	NPN. 46mg% 尿酸 2mg%. 肌酐. 4.5mg% 胆固醇 122.5mg% CO_2CP. 43.4ml%	蛋白±. 比重 1005. P.S.P. 6%.
	阴性.	红细胞 465万 Hgb. 11.5克% 白细胞 6800	NPN 37mg% 尿酸 3.2mg% 肌酐 1.1mg% 尿素氮 [illegible]mg%. 钾. 18.4mg% 钠 320mg% CO_2结合力 67.3% 胆固醇 160mg%	蛋白-. 比重 1013-1022 P.S.P. 48% 第一小时30%
一指	阴性.	红细胞 446万 Hgb 13克% 白细胞 [illegible]500	NPN 37mg% 尿酸 5.3mg% 肌酐 1.26mg% 氯 550mg% 钾. 17mg% Na 345mg% CO_2 41vol%	蛋白-. 比重 1006-1022 P.S.P. 35%. 第一小时[illegible]%
	动脉硬化.	红细胞 371万 Hgb. 11.0克% 白细胞. 6300	NPN 29mg% 尿酸 2.9mg% 肌酐 1.9mg% 尿素氮 22mg% CO_2 44.3. 钾 20.3. 胆固醇 230mg% 磷脂 180mg% [illegible] 16.5	蛋白-. ~~1006~~ P.S.P. 70%. 第一小时40% Zimnitsky. 1002-1007. 昼/夜=1:1.45 肾浓缩功能不佳 尿中[illegible]

谨以此书献礼中华人民共和国成立70周年

		右上	左上	右下	左下	心电图 [illegible] X线 [illegible]	
[illegible]	无外伤[illegible] 无家族高血压史.	230/160	244/170	210/130	210/130	颈静脉不怒张 心向左扩大. 心尖收缩期Ⅲ级杂音. 主动脉瓣区第2音亢进 X线片. 主动脉弓增宽 左心室肥厚. 心电图. 左心室肥大.	左上肢[illegible] 搏动较[illegible] 微弱[illegible]
	无.	170/110	160/100			颈静脉怒张 心向左扩大 [illegible] 心尖SMⅡ及[illegible] X线片 左右心室扩大 [illegible] [illegible] [illegible]. 心电图 左心室肥大及劳损	[illegible]
	无.	160/100	160/100	170/100	170/100	心不大 心尖SMⅡ. A2亢进. X线片. 主动脉弓增宽 左心室增大. 心电图. 左心室肥大及劳损.	
[illegible]	无	110/94	158/120	178/136	160/134	心不大 心尖SMⅡ. 背部[illegible] [illegible]SMⅡ. X线片. 主动脉弓[illegible] 心不大. [illegible] 心电图. 左心室[illegible]肥大 [illegible]	[illegible]
[illegible]	[illegible]	120/90	200/190	0	130/90	心向左大 [illegible]	

医

路

拓医学路 逐中国梦

陈灏珠传

金雪娟 陈超怡 著

复旦大学出版社

编委会

特别鸣谢中国著名女书画家、98岁高龄的陈佩秋先生为本书题写书名

陈灏珠简介

陈灏珠院士简介

1924年11月生于香港，原籍广东新会。1949年毕业于前国立中正医学院。历任上海医学院（上海第一医学院、上海医科大学）附属中山医院和内科学院住院医师（1949~1953年）、主治医师（1953~1972年）、讲师（1955~1978年）、内科副教授（1978~1980年）、内科教授（1980~2018年）、硕士研究生导师（1978~2018年）、博士研究生导师（1981~2018年）、心内科主任（1972~1988年）、上海市心血管病研究所副所长（1978~1984年）、上海市心血管病研究所所长（1984~2009年）。现任复旦大学附属中山医院终身荣誉教授（2018~）、上海市心血管病研究所名誉所长（2009~）。1997年当选中国工程院院士。2018年底光荣退休。

现任国家心血管病中心专家委员会资深委员，中国医药信息学会心脏监护专业委员会总顾问，全国高等学校临床医学专业教材评审委员会主任委员，《中华心血管病杂志》《中国实用内科杂志》《中国介入心脏病学杂志》等的顾问。上海市医师协会心血管内科医师分会名誉会长。曾任全国第七、第八、第九届政协常委，上海市第七、第八、第九届政协副主席，中国农工民主党中央副主席和上海市委员会主任委员，世界卫生组织专家咨询委员会委员，世界卫生组织心血管病研究和培训合作中心主任，国务院学位委员会学科评议组临床Ⅰ组召集人，中华医学会心血管病学会副主任委员，中华医学会内科学会常务委员，中华医学会上海分会常务理事，上海医学会心血管病学会主任委员，《中华医学杂志》《中华内科杂志》和《中华心血管病杂志》副主编。

从事心血管病内科医疗、教学、科研工作70年，至今仍坚持工作。为我国心血管病侵入性诊治法奠基人之一。在我国率先施行左心导管（1960年）、选择性染料和氢离子稀释曲线（1961和1962年）等检查，提高先天性心脏病、风湿性心脏病等结构性心脏病的诊断水平，也为外科施行纠治手术提供依据。率先用电起搏和电复律治疗快速性心律失常（1972年）达国际先进。与心脏外科石美鑫教授合作施行国内第一例埋藏式起搏器的安置术（1968年），成功治疗完全性心脏传导阻滞患者。率先用活血化瘀法治疗冠心病（1960年），并阐明其原理。1973年4月与上海市第六人民医院合作在国内首先成功施行选择性冠状动脉造影，从而掌握诊断冠心病的“金标准”，为外科施行搭桥手术治疗提供依据，也为其后施行介入性治疗提供条件。1991年，率先在国内报告血管腔内超声检查用于诊断冠状动脉粥样硬化能显示冠脉造影所不能显示的病变，进一步提高冠心病的诊断水平。1975年，抢救濒死患急性心肌梗死的美国来访外宾成功。1976年，被美国《内科文献》(*Archives of internal Medicine*)杂志详细报道并给于高度评价，产生良好国际影响。20世纪70年代研究出的我国健康人血脂值，经过80和90年代继续观察，现被认为是真正的正常值。在50年代提出我国心脏病病种变迁、流行趋势和防治对策，经过其后4个年代追踪证明其预测的正确。率先开展多种非侵入性诊断法，1954年在国内首先报告用单极导联心电图诊断急性心肌梗死。1976年，在国内外首先用超大剂量异丙肾上腺素静脉滴注抢救"奎尼丁晕厥"(恶性室性快速心律失常)成功。

历年发表论文350余篇，其他文章300余篇，主编书籍12本，参编书籍30余本。主编的《中国医学百科全书：心脏病学》,《内科学》第3版、第4版,《实用内科学》第10~14版,《实用心脏病学》第3版、第4版,《心脏导管术的临床应用》第1版、第2版等均是国家水平之作。编写教材40余种。从事医疗工作中立功2次，获国家科技进步二等奖2项，全国科学大会重大贡献奖2项、部省级科技进步和教学成果奖一等奖7项，其他等级奖11项。1982年获上海市高等教育局颁发的"从事教育工作三十年荣誉证书"，1989年获上海医科大学破格提拔优秀中青年教师伯乐奖，1990年获国家教委颁发的"从事高等学校科研工作40年成绩卓著"奖状，1991年获国务院颁发的"为发展我国卫生事业作出突出贡献"证书和发给特殊津贴，2001年获得上海市卫生系统第八届"银蛇奖"特别荣誉奖，2003年获上海市医学荣誉奖，2004年获上海市优秀科研院所长奖和高等医药教材建设特殊贡献奖，2006年获中华医学会"中国介入心脏病学终生成就奖"，2009年获上海市科技功臣奖，2015年获"中华医学会百年纪念荣誉状"，2016年获"敬佑生命•荣耀医者公益评选活动"颁发的首个生命之尊奖，2017年获首届国家名医高峰论坛"国之大医特别致敬"奖，2019年获中共中央、国务院、中央军委颁发的"庆祝中华人民共和国成立70周年纪念章"。历年培养博士后、博士和硕士研究生79位。2007年捐资人民币100万元设立"复旦大学陈灏珠院士奖助学基金"，2018年改名为"复旦大学陈灏珠院士医学发展基金"，一方面致力于医疗扶贫工作，另一方面资助经济困难医学生完成学业，帮助青年人才勇攀医学高峰。

序言

—

新中国医学发展的同路人

2019年，是新中国成立70周年，也是五四运动100周年。值此欢庆时刻，得知陈灏珠院士将在他从事临床医疗、教学和科研工作的第70个年头，以95岁高龄光荣退休，深表敬佩。陈灏珠院士既是医学界的前辈，也是中国农工民主党内的资深领导同志，承蒙他邀我为本书作序，细细读来，颇有感触，便欣然应允。

陈灏珠院士是我国著名心血管病专家和医学教育家，是我国当代心脏病学主要奠基人之一，更是我国首位当选为中国工程院院士的心血管病内科专家。本书在故事的讲述中，加入了更为丰富的照片编排、插画创作、二维码声像效果、诗歌人文等元素，向读者展示了一个更为立体而又丰满的医生、学者、导师、丈夫与父亲的形象。他开拓创新、钻研医术、成果累累；他乐于奉献、为人师表、桃李满园；他热爱公益、积极乐观、淡泊谦和。

从本书所展示的各种资料中，我们所感受到的，是近百年中国的风云变幻与和平统一的可贵，是新中国医学事业发展的历史缩影，是一代又一代心怀家国天下的科学家、医学家们与祖国发展改革共成长，命运交织的独特人生际遇。

“忠厚传家久，诗书济世长”，陈灏珠院士出生在动荡时局之下，却始终保持着良好的家风传承，不但注重中国传统文化教育，更将治学治业、立身处世的高尚品德保有至今；他于国家危难与战火中求学，向往和平并立志从医，在流亡大学历经艰难，颠沛流离，却始终坚忍不拔、乐观豁达；他在新中国成立之时从医，响应国家号召奔赴祖国大江南北救死扶伤；他敢为人先，提出中国心血管病医疗发展一定要自力更生，自己去摸索；他经历十年浩劫依旧笑对人生，秉持信念，恪尽职守，在任何环境中都不放弃医疗、教学与科研；在改革开放新时期，他忘我奉献，创新进取，为我国心血管病防治事业做了无数从无到有的开拓性工作，并培养了一大批医学人才；在社会主义民主政治建设需要的时候，他参政为国，在政协工作期间，积极谏言献策、为民造福、为国分忧；在国家提出“精准扶贫”战略伊始，他与家人创立“陈灏珠院士医学发展基金”，支持家庭困难的医学生求学，帮助云南当地医生来沪学习，也为当地因病致贫的先天性心脏病儿童与肝病患者提供治疗。我们既能从中国的近百年发展中探寻到陈灏珠院士不断攀登、不断追求的身影，也能从他一生的点滴小事中折射出中国不同时期的沧桑变迁。

九十五载漫漫人生路，七十年投身医教研，每一步皆有故事与哲理。相信不同层次的读者都能体验到不同的阅读乐趣，从而有所传承、有所收获。“陈灏珠院士医学发展基金”的公益之路还在继续，会有更多的人秉承他的精神，将医学的“生命之花”传遍世界！也惟愿陈灏珠院士健康长寿，幸福快乐！

陈竺

全国人大常委会副委员长
中国农工民主党中央主席
中华医学会名誉会长
中国科学院院士

编者按

2019年伊始，复旦大学附属中山医院心内科病房每周的教学查房队伍中少了一位满头银发、温文儒雅的身影，95岁高龄的陈灏珠院士退休了。从到中山医院成为一名住院医师开始算起，他在临床、科研、教学的岗位上辛勤耕耘了七十年，直到退休前仍坚持每天去上海市心血管病研究所上班，保持每周一次英语查房，让所有的年轻医生都钦佩不已。我们希望记录下陈灏珠院士精彩丰富的人生、闪耀的人格魅力及其为国、为民做出的卓越贡献，弘扬他高瞻远瞩、开拓创新的科学精神和舍身奋斗的奉献精神，并以此为他的医学事业画上一个圆满的句号，是为著书目的之一。

七十年初心无悔、风雨兼程、砥砺前行，陈灏珠院士亦是陪伴着新中国同奋斗、共成长的老一辈医学家。他经历过抗战的苦难，深知和平之可贵；他在动荡岁月里被迫离开过专业领域，也在改革开放后迎来了事业的春天；他参与了新中国医学面对封锁的环境，自力更生、自主创新的艰难历程，也见证了众志成城、不懈努力、打破垄断、走向世界后的硕果累累。他的人生际遇、个人发展与祖国时代变迁相互交织，既代表了中国医学事业的探索、进步与成就，也折射出了新中国改革与发展的跌宕起伏。以此书为新中国成立七十周年献礼，是为著书目的之二。

与众多记录陈灏珠院士的文章与著作相比，本书的撰稿与编辑在原有素材的基础上也求新求变：一是重新梳理重要事件，并通过访谈等形式增补了更多工作和生活细节；二是详细记录了“复旦大学陈灏珠院士医学发展基金”从2007年成立至今12年的发展历程、所取得的成效和未来发展方向，并增补了陈灏珠院士在2010年以后所获得的荣誉情况；三是通过多样的形式丰富表达。本书在编辑过程中特别选取了一些珍贵的历史照片，增加了插图创作、诗歌选编、院士手稿等元素使人物更丰满、事件更生动，同时阅读也更添趣味性。在此基础上，陈灏珠院士还亲自进棚录音为读者讲述他的人生故事，并精选了一些视频资料和代表论文，读者通过扫描二维码即可享受阅读之外的视听盛宴。

我们希望尽我们所能，在向大家展示一个真实、完整的陈灏珠院士形象的同时，让不同层次的读者体验到不同的阅读乐趣，从而有所传承、有所收获。我们更希望读完本书的每个人都能找到自己的人生理想，并为之奋斗终身！

目录

第一章

严父慈母家教正 香江少年初长成

儿时成长对一个人的影响有多深远？对陈灏珠而言，是谦逊平和的慈母骤然离世埋下的学医之种，是难得相聚的严父谆谆教导传下的处世之道，是中西并蓄的书院求学求知打下的扎实基础，更是年少无知的伙伴一同玩闹留下的难忘记忆……

新会县：广东省新会县建置于东晋末年，迄今已有近一千六百年的历史，古称冈州，因盛产蒲葵而别称葵乡。新会位于广东省南部，珠江三角洲西部西江、潭江下游汇合处。从明代起，新会的文化教育就非常发达，是中国产生进士、举人和两院院士最多的城市，同时又作为岭南学派和岭南琴派的发源地，素有"海滨邹鲁"之称。著名哲学家陈献章（白沙先生），中国近代维新派领袖梁启超，中国民主革命者陈少白，中国著名历史学家、教育学家陈垣，著名歌手刘德华等都是新会人。新会还是七十多万海外华人的祖籍地，为中国著名侨乡，例如在美国旧金山市就有"冈州会馆"（即新会同乡会）这样的民间组织。

广东省新会县的棠下石头乡慈湾村（现归属蓬江区棠下镇），世代居住着陈姓家族。1888年（戊子鼠年、光绪十四年），陈灏珠的父亲陈国伦先生（又名维豪、兆达、卓雄）诞生于此。

虽然家境清寒，但陈国伦天资聪颖又勤奋努力，13岁考入广州的免费公立学校就读，由于免费学习，所以解决了上学的经济难题；17岁又考入免费的广州黄埔两广陆军中学堂步兵科；20岁毕业留校任见习官、副区队长。1912年2月，孙中山先生领导的辛亥革命成功，清朝统治被推翻。陈国伦受此鼓舞，满怀爱国热情，受聘为中国同盟模范军教练官，并于1914年北上，任北京陆军部总务厅、参事厅科员。1918年，思乡的陈国伦回到广东，受聘于当时的国民革命军粤军中工作。

1922年的春天，第一次直奉战争爆发，张作霖败北，粤军首领多次易人，国内也逐渐陷入军阀混战的局面。陈国伦深感时局动荡，朝不保夕的生活对家庭与亲人而言，是无法承受之重，然而，为了民族自强与国家荣誉，好男儿为国效力义不容辞。为了免除后顾之忧，陈国伦将全家人移居香港，安置于香港九龙半岛的东岸，即九龙城的谭公庙附近（谭公道273号），而他自己则继续独自在广东工作。两地分离是战乱裹挟之下兼顾国家大义与家庭稳定的无奈选择。

果然不出陈国伦所料，在把家安置在香港后的第三年，也就是1924年，甲子轮回，第二次直奉战争爆发，广州发生双十惨案，局势风云变幻。但这年对于陈家而言却有一件特别值得高兴的事情——11月6日，陈灏珠在香港出生了。他的"灏"与兄弟们的"浩"虽同音却不同字，既表达了辈分，又显示了特殊性；而"珠"既包含了东方之珠香港，又代表了掌上明珠之意。可见他的出生，给处于时局混乱中的家庭带来了不少欢乐。

陈国伦虽然希望能常去香港看望家人，但往往身不由己。陈灏珠出生的次年，即1925年3月，孙中山先生逝世；当年8月，廖仲恺遇刺身亡；1926年3月，蒋介石在广州制造"中山舰事件”，国民政府北伐。陈国伦为职责所系，常常席不暇暖，就要随军开拔。1937年抗日战争全面爆发，他更难以赴港看顾家人。母亲吴云香带着孩子们在香港，有身在异乡的孤独，也有前途未卜的不安，健康、聪颖的陈灏珠带给了她无限的安慰。“小时候父亲因为在广州工作，难得能来香港，我们的生活并不宽裕，母亲每笔开销都要精打细算。她不识字就让姐姐帮忙记账。姐姐记了一个小本子，每一页分上面一半，下面一半。我看了就很纳闷，为什么这些账目每一笔都只记在下面一半，上面却没有的。后来才明白，上面空的地方，有时候一个月才有一笔，甚至一年才有一笔，那里是收入，只有父亲回来才有。”

虽然一家人聚少离多，但慈母严父构成了陈灏珠儿时最温暖的家庭记忆。

我的母亲待人接物诚恳，办事情也很认真

陈灏珠的母亲吴云香，是一位善良、贤慧、谦逊、平和的家庭妇女。她缠过小脚，不识字，却能独自一人在香港操持家务，将几个孩子抚养长大，并通过日常生活的言传身教，给孩子们留下了难忘的印象。陈灏珠常把自己诚恳做事、谦逊为人、平和大观的品性归功于儿时母亲的影响。“我的母亲，是一个很温和的女性，她尽管未受过多少教育，但待人接物总是很诚恳，办事情和抓我们的教育也非常认真。”

重教育一直是陈家家风中非常重要的组成部分。由于父亲陈国伦多数时间在广州工作而不能住在香港的家里，家庭教导子女的职责便落在了母亲吴云香的身上。当时广东省教育厅规定有“经训”课，选教古文，学生学古文按传统都要背诵下来。“尽管母亲不识字，但她每天都督促我背诵古文，还经常检查。她就拿着课本看，让我站在她面前背诵。有时我文章还没有背熟，部分内容一时还未记住漏掉了，她其实也并不知道，只是叮嘱我再看，第二天再背一遍。她用实际行动教育我，凡事都要认真，要有执着精神。”

母亲的坚持与言行是孩子最好的表率。陈灏珠从小学习就很自觉很努力，学习成绩一直名列前茅，数、理、化和文科全面平衡发展。他以全班最佳成绩小学毕业，读中学时每学期也都是全班第一名。当时的西南中学有规定，学生学业成绩列全班前三名者可免收学

费，因此，陈灏珠读中学的整个过程都是免费的，为家里节省了不少开支，他的父母为此非常高兴与骄傲。

除了督促学习，母亲对陈灏珠的性格形成也有着深刻的影响。在陈灏珠的个性中，处处都闪现着母亲的影子。吴云香带着孩子们在香港生活简单，待人宽厚真诚，从不与人吵架闹矛盾。“母亲的性格一直比较内向，所以我小时候也比较内向，一直到后来念了书，开始工作了，不得已才慢慢改变了一些。但总体来说，我这个人比较低调，喜欢简单的生活，不爱与人争辩，这与母亲的影响有很大关系。”

由于父亲一直不在身边，幼年的陈灏珠温和沉静，不淘气顽皮，很早就知道自己照顾自己，并为母亲分担家务。在与母亲唯一一张合影的照片上，陈灏珠偎依在母亲吴云香的身边，一双大大的黑眼睛静静地看着前面，有着与年龄不相称的沉稳和聪慧。

然而，世事难料，人生无常。吴云香因为操劳，常年患有高血压，经常会头痛不舒服。在当时，没有药物能把血压降低并控制住。1939年，陈灏珠始终记得那年夏天酷热异常，母亲因高血压卒中不幸在香港逝世，她去世的时候才54岁。尚不满15岁的陈灏珠失去了母亲，但母亲的慈爱之心永远地留在了他的心中，给予了他连绵不断的爱与前进的动力。母亲的过早去世，以及处于混乱多难的祖国，使陈灏珠无忧美好的童年猝然之间提早结束了。这个人生变故在陈灏珠的心里播下了一颗小小的学医之种，如果当时有好的医疗手段，母亲是不是不会这么早就去世了呢？

就在母亲去世后不久，日军侵占香港，战乱蔓延，全家不得已逃离香港的家返回内地。之后几经变故，直到1947年，抗战胜利后，陈灏珠在大学四年级的暑假期间，才得以回到香港，把母亲的遗骨捧回到新会老家安葬。

我的父亲是一位无所不能的人

陈灏珠儿时，全家与父亲相聚的日子弥足珍贵。如果说母亲塑造了陈灏珠的性格，那么父亲则是他的人生导师与榜样。

陈国伦虽然不能常常回家，但只要与孩子们在一起，就利用各种时间，尽可能地抓住机会，与孩子们多交流、多沟通。“父亲放假回来的时候，大家吃过晚饭，就坐在一起，他就会开始同我们讲如何做人，如何做事。他讲他自己的经历，讲在广州工作的见闻。父亲的故事特别多，当然他也会讲一些他看到过的书里面的一些故事，譬如《聊斋志异》等，我都特别喜欢听。”

陈国伦觉得孩子小时候的教育非常关键，虽然平时的功课只能交给母亲吴云香督促，但在选择学校这样的重大事情上，都是由父亲陈国伦决定的。陈灏珠在小学和中学阶段，有过两次主动的转学。“我从小学到中学都在香港读书，父亲当时一个一个学校挑，不符合他的要求，他就帮我转学，我一共就读了三所学校。父亲非常爱国，注重我们中国传统文化的培养，不喜欢全盘西化和宗教色彩太强的教育模式。他最后挑选的中学，是在广东省教育厅立案的，用广东省教育厅安排的课程来香港办学教学生的学校。父亲一直不愿意我们在英国殖民统治的教育方式下学习，因为在什么学校念书，念什么内容的书，对我们将来的发展影响很大。”陈灏珠从民生书院，到培正中学，再到西南中学的学习内容，宗教与西方文化因素越来越少，中国传统文化因素越来越多；距离实用之学越来越远，更加倾心高深学问，这些都是父亲的选择。而这种中西文化兼容并蓄的学习也为后来陈灏珠的学医之路打下了扎实的基础。

学校之外，父亲放在家里书架上排列的书籍是陈灏珠的第二课堂。当时陈国伦有一整套20世纪二三十年代商务印书馆出版的32开本《万有文库》。这是一整套系列百科丛书，它精选了中国古代经、史、哲方面的重要书籍和西方各科的著名读物，共1 700多种，4 000余册，几乎涵盖了自然科学和社会科学领域的各个方面，汇集了中国文学、外国文学、古籍精华、语言文字、中外历史、天文地理、生物、物理、化学、数学、体育和艺术等各方面的知识，这套书装满了家中5个书柜。陈灏珠还未上中学前，最喜欢挑选翻阅书籍中的图片，慢慢地，在不知不觉中他已经可以看懂其中的文字了。上中学以后，每当有闲暇时间和寒暑假，陈灏珠就一部一部地看，《红楼梦》《水浒传》以及外国文学作品、自然科学、天文学以及诗词歌赋，在每本书里都享受到了求知的乐趣。这样经常看书，母亲还常常担

給灏珠

心孩子的身体和视力会受到影响，陈灏珠和哥哥、弟弟有时就躲在房间里偷偷地看，还一起模仿《西游记》中的孙悟空取乐，这些都是他童年记忆中最有趣的事情，在无意中为他积累了许多知识，也培养了自己爱好阅读的习惯。每当遇到读不懂的地方，陈灏珠都会折起来，等见到父亲询问他，父亲古典文学的底蕴深厚，陈灏珠每每都会得到详尽而又满意的解释，这也是父子间最温馨的互动时刻。陈灏珠后来一直保持着对中国古典文学作品的阅读爱好，即便是在成为一名杰出而忙碌的医生以后，他也常常在晚上睡觉前阅读一段诗词歌赋或读一段文学作品，陶冶情操。

父亲陈国伦很严厉，但偶尔也和孩子们嬉戏。有一次陈灏珠和父亲在二楼玩耍，陈灏珠在楼梯边被绊倒，从二楼到一楼滚了下去，幸而是木质楼梯，人是横着滚下去的，居然只磕破了一点皮，随即就站起来，像没事一样，却把母亲给吓坏了。

陈灏珠十分珍惜与父亲相处的机会，父亲很少当面称赞他，偶尔的赞赏总能让他暗喜并牢记很久。在以后的岁月中，陈灏珠获得过无数次的嘉奖，但是都无法与父亲儿时给予他的鼓励和肯定相比。父亲对传统文化的热爱与兢兢业业的工作态度，深深地铭刻在了陈灏珠幼小的心灵中。

太平洋战争爆发后，日本军队入侵，香港沦陷。1942年，陈国伦带着儿子、女儿逃难回乡，又辗转带着他去韶关求学，一路的相处让陈灏珠对父亲有了更深的了解。读书优异、工作出色、遇事沉着冷静、乐观豁达又饱含爱国热情的父亲在陈灏珠心中的形象越发高大伟岸起来，他觉得，父亲是一位无所不能之人。

1945年抗日战争胜利后，陈国伦不愿卷入国共内战，便辞职归里，热心协助乡人修筑水利并以乡贤身份参与社会事务。中华人民共和国成立后不久，他参加新会县各界人民代表大会，被选为第二、三届特邀代表、县人民委员。1956年，参加新会县政协委员会第一届第一次会议，当选为副主席，并连任至第五届。1963年，当时陈灏珠已经是一位年轻有为的心脏内科医生，他带着妻子和孩子第一次回广东老家探望父亲。父亲第一次看到自己的孙子，非常开心。小孙子在爷爷面前背诵唐诗，缠着爷爷玩耍，有时祖孙两个玩得忘乎所以。那时，父亲年事已高，渐显老态。晚上，陈灏珠与父亲像朋友般促膝谈心，交流工作学

1963年，陈灏珠携妻儿返乡探亲，与父亲陈国伦（前排中）、妹妹陈绿梅（后排右一）和陈玖梅（后排左一）合影

业以及对时局的各种看法，父亲独到而精辟的观点给了陈灏珠许多启发。

然而，父子的这次相聚与长谈不料竟成了永诀。1965年1月，父亲陈国伦在故乡广东省新会县因肺癌病逝。他病危临终前写下遗嘱："今后望我的子子孙孙务必真心诚意地拥护中国共产党，热爱祖国，听党的话，跟党走。"父亲，既是陈灏珠的好父亲，又是他的良师益友。

中西融汇的儿时教育是我成长的根基

1925年"五卅运动"爆发后，广州和香港工人为声援上海举行了轰轰烈烈的"省港大罢工"，历时16个月，使香港成了死港。随后，香港在英国统治之下逐渐成为军阀战败之后、政治人物失意之时，得以暂时落脚以图东山再起之地；也是当时进步人士、新民主主义革命者、共产主义革命者在国内受到迫害时暂时逃避的去处。在抗日战争初期，香港更是成了抗日人士从沦陷区转往大后方继续抗战的转运地；是沿海工业迁离沦陷区继续生存发展的首选地；也是将政府购买和民间（特别是海外华侨）捐赠的抗战物资运往抗日前线的枢纽；更有无数公开的或是地下的抗日活动中心。但在当时，香港毕竟归属于英国殖民统治地区，香港政府为英国殖民者的政治服务，一切以英国殖民者的利益为前提，推行殖民经济和文化。而陈灏珠就在这样的环境中成长并求学的。

1929年，陈灏珠5岁，父亲将他送到离家最近的学校——民生书院幼稚园学习。次年，进入民生书院小学学习，一直到小学五年级毕业。

彼时的民生书院刚刚创立不久，首任校长为基督教教会人士黄映然先生。学校以基督教为学校宗教信仰，但并不隶属于任何宗教团体，以英语为教学语言。书院校训为"光与生命"及"人人为我，我为人人"，即以基督精神，办全人教育，引导学生学习耶稣基督完美的人生典范，建

民生书院：民生书院（MUNSANG COLLEGE，MSC）位于香港九龙城区，创校于1926年，属于英文中学，是香港少数拥有幼儿园、小学及中学的男女学校，也是少数经历香港日占时期的学校。这所书院最初由绅商曹善允提倡兴建，他有感当时九龙城居民缺乏接受西学的机会，积极筹款兴学。后获得启德公司创办人之一区泽民遗赠的一万港币，及与曹善允同是启德公司董事的莫干生捐出的一万港币，筹得足够资金，并得到当时圣保罗书院校长史超域牧师协助而得以创办。——

立积极而坚毅的人生观，未来能对社会做出贡献，获得丰盈的人生。陈灏珠就读时，校长黄映然的两个孩子都在这个学校读书。父亲当时送陈灏珠到民生书院学习的原因，其实并非是因为学校完全用英文授课，抑或是毕业生一般都具有较高的社会地位等原因，更多的是因为民生书院是离家最近的学校，只需步行数分钟就到了，不需要借助其他交通工具。这对于父亲常年不在的家庭来说，当然非常重要。

天资聪慧的陈灏珠在民生书院度过了难忘的快乐时光。他的学习成绩始终名列前茅，一直是老师最得意的学生与家里的骄傲。书院的学习不仅给予了陈灏珠良好的启蒙教育，其全英语的授课方式更是为他打下了一生的语言基础，对他以后在临床和科研中查阅西方医学文献，撰写科研论文，翻译专业资料，参加学术会议，接诊外宾等都提供了非常大的帮助。例如，在大学阶段，面对不少全英文授课的医学课程，不少同学学习得很辛苦，他却能够清晰完整地记录笔记；在上海中山医院刚刚开始工作时，他便能够广泛阅读英文文献，并进行大量的译介工作；在“文革”期间，他承担了大量需要直接与外国病患及同行沟通的涉外医疗工作；在改革开放以后，不管接待外宾来访，还是出国交流学术，外国学者总是惊奇于他标准的英式发音、文法和遣词，常常询问他从国外哪所学校毕业。而在闲暇时间，扎实的英语功底也让他能够广泛涉猎英文文学作品，提高人文素养。尽管民生书院用英语教学，但文言文的课程也还是一直有的。至今，90多岁的陈灏珠还能记得名为《尺牍》的课本，用来帮助小学生学习写信。而其中有一封信，是写学校放假，孩子们到上海龙华游玩的故事，可见书院的古文教学还是给他留下了深刻的印象。在学习之余，作为接受政府补助的华人学校，民生书院并没有在课堂上过多宣扬和灌输宗教教义，但劝人向善、关怀弱者的利他主义精神，还是深深地种植在了陈灏珠幼小的内心里。

虽然民生书院能从幼稚园一直读到高中，但父亲陈国伦始终希望孩子们不要过于接近宗教文化，偏离汉语环境太远，而且教会人士办的民生书院与当时的中国政府教育系统完全没有任何关系，与内地的关系过于疏远。于是，在陈灏珠完成了五年级的学业后，父亲将他和哥哥、弟弟三个人一同转学到当时位于九龙塘地区窝打老道的著名中学——培正中学香港分校。

1930年，陈灏珠六岁时摄于香港

培正中学虽然也是基督教教会办的学校，但是与外籍传教士创办的学校不同，它以“至善至正”四字作为校训，包涵中西文化合璧的意味。“至善”取自《礼记•大学》中的“大学之道，在明明德，在亲民，在止于至善”的儒家经典；“至正”为《圣经》中的“你要谨守听从我所吩咐的一切话，行耶和华你神眼中看为善、看为正的事，这样，你和你的子孙就可以永远幸福”“耶和华是良善正直的，所以他必指示罪人走正路”的基督教训。“至善至正”校训蕴涵着中华民族优秀文化传统之儒家思想的精华元素。只要是培正人，都要终身追求“善与正”，永不懈怠。这与父亲陈国伦培育孩子的理念是契合的。

培正中学：培正中学（PUI CHING MIDDLE SCHOOL）于1889年由一批基督教浸信会的华人信徒和牧师创办于广州，因其勇于引进西方先进的教育经验和课程，严格选聘教师，严格管理学生，在20世纪二三十年代，已是蜚声中外的名校，时有“北南开，南陪正”的美誉。1933年，校长黄启明及校董林子丰、王国璇、谭希天在香港九龙何文田创办培正中学香港分校，依据当时中国政府规定的教育制度要求办学，并在广东省教育厅立案。新中国成立以后，广州培正中学改由政府办学，其香港分校仍由教会办学，称为香港培正中学，另外抗日战争期间在澳门也办了培正中学现在称为澳门培正中学。

1935年下半年，陈灏珠转学到培正中学附属小学读六年级。一年后，他以毕业考第一名的成绩从学校毕业。毕业时，老师指定他代表全班同学写一篇告辞信，在毕业同学录中向老师表达感恩。这封信陈灏珠至今仍有留存，全文如下：

> 列为师长尊鉴：
>
> 物换星移，寒暄屡易，学生等在校肄业，忽忽已届高小毕业，不转瞬间而离校矣。回忆春风化雨，润泽频施，诲我不倦，获益良多。而今者行将分袂，何以为情，伏乞时赐训诲，俾得有所遵循，感德无既，言不尽意，专此志别。
>
> 敬请讲安
>
> 斌社全体同学谨上 陈灏珠代笔

斌社是陈灏珠毕业那一届的社名。培正中学校园文化中，有级社制度，即以年级为单位，每届都有自己的社名、社旗，和自己的管理机构。设立级社的目的是要薪火相传，并为了方便联系毕业后的旧生，来日还能聚首一堂。陈灏珠转学到培正，已是临近小学毕业，即

1936年，陈灏珠小学毕业时摄于香港

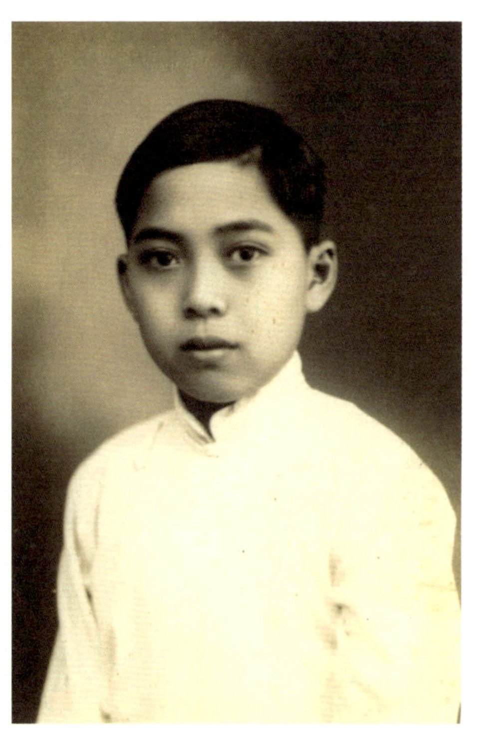

被老师指定作为本届同学代表参与撰写同学录，这是对其学业成绩的充分认可。

从小学毕业后，陈灏珠顺利进入中学部继续学习，一直就读至初中一年级结束。与民生书院的全英文授课不同，培正中学采用英汉双语教学。中文的内容明显增多，其中有一门《经训》课程，要求孩子们每日选读、背诵古文。例如《古文观止》里面的一些篇目，这也是母亲每日督导他背诵的部分。另一方面，在父亲的引导下，陈灏珠也开始自己扩展阅读古典文学书籍。从培正中学转学到西南中学前，陈灏珠已经能熟练地用古雅简洁的文言文表情达意了。多年以后，大家还能从他撰写的医学文书和学术论文中感受到优美辞藻所增添的文学魅力。

除了“至善至正”校训外，培正中学还以红色与蓝色作为校色，学生们被称为“红蓝儿女”，而学校的优良传统则被校友们称为“红蓝精神”。红色代表澎湃的热情与火热的心；蓝色代表冷静机智与周到的思考和策划，避免冲动和鲁莽。一动一静表达了培正人热情沉稳的精神。培正的“红蓝精神”也一直影响着陈灏珠对人生、对工作以及对家庭、朋友的态度。

但是，即便孩子们在培正中学学业出色，生活愉快，父亲陈国伦对学校的宗教背景和课程设置仍然心存疑虑。他始终希望孩子们能接受更为传统的中国文化教育，既不盲目推崇西方殖民文化，也不要太受教会的干扰与影响。这也反映了当时中国知识分子思想意识中极其宝贵的一个方面，他们极其热爱国家，珍爱中国的传统文化。在比较和考量了多个学校后，父亲在陈灏珠完成了初中二年级学业后，又把他的三个儿子转学到了完全由内地政界人士在广东省教育厅立案办的西南中学。学校以“新学制、新科学、新管理”为宗旨，完全按照广东省教育厅的教育方案组织教学。

西南中学位于香港半山腰的般含道，离家很远，只能住读。好在13岁的陈灏珠十分懂事，寄宿在学校的宿舍里，一个星期才回一次家，星期六回家，星期天傍晚就得返校。西南中学的课程设置同广州的学校几乎没有两样，教学语言基本以中文教学，

西南中学：西南中学于1928年由张澜洲先生创立并担任校长。张澜洲名子柱，字澜洲，号梅景，与陈家同是广东新会人。他还担任香港新会商会主席，在同乡中具有一定影响力和知名度。他从法国留学归国，思想独立，学校既不挂英国旗也不挂中华民国国旗。西南中学分设男女校，以中文为主要教学语言。后因战乱原因被日军侵占而停办。

1939年，陈灏珠初中毕业时摄于香港

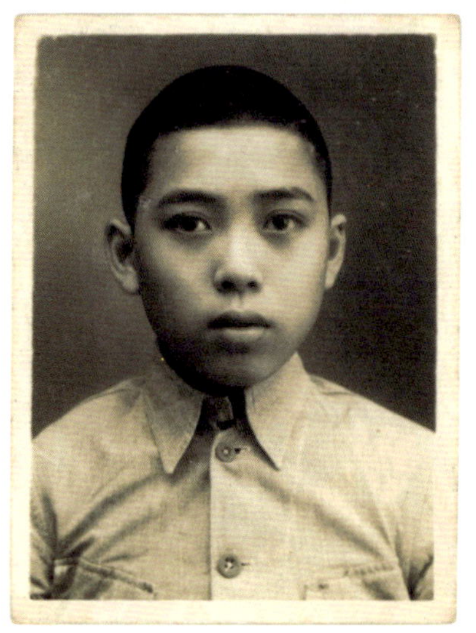

与民生书院和培正中学之间有很大的差别。虽然学业设置有了改变，生活上也是第一次独立，饮食起居完全要自己照顾自己，但陈灏珠很快就喜欢上了西南中学的生活，记忆中都是有趣与美好的回忆，并没有因为环境突变而不适应。

陈灏珠在西南中学学习期间，成绩一如既往的出类拔萃。考试前，其他同学都在“三更灯火五更鸡”中用苦功，他却没有任何压力，非常轻松，每次考试成绩都是第一。西南中学为鼓励和吸引卓越学生，规定学习成绩位列班级前三名者，一律免收学费。陈灏珠受惠于这项政策，在西南中学就读的整个时期都是免费的。他在课程学习中高效而专注，化学课笔记因内容详尽而准确，被老师选定为下一年级学生的辅助教材。在几何课上，他常常采用与老师讲授不同的方法去论证，完全符合学校创新求变的教学理念与精神，多次受到老师的表扬。西南中学的中文学习内容也逐渐增加，陈灏珠学习背诵了更多的古文。一些经典的篇章，例如《滕王阁序》，他至今能够背诵如流。

学业、生活一切看似都那么顺遂平安，年轻自信的陈灏珠对于高中生活和未来都满怀憧憬。然而，1939年母亲的突然离世让他伤心至极，陷入了巨大的悲痛中。当时父亲仍在广州工作，已经在香港结婚成家的姐姐坚强地承担起了照顾弟妹们日常生活的职责。好在西南中学几年的住读生活历练，已经使陈灏珠从稚气未脱的初中小男孩，成长为独立生活能力很强的小男子汉，也具备了情感控制的能力，总算没有耽误学业。但是，谁又能料到求学与成长路上所面临的考验并不仅如此，国家战乱再次不期而至。

1941年末，就在陈灏珠高中毕业前夕，第二次世界大战太平洋战争爆发，日军进攻英属香港，发动了香港战役，不到一个月的时间，香港就沦陷了，中国内地也因此丧失了海外援助的重要据点。而西南中学也在这一过程中被日本侵略军所占领，美好憧憬骤然破碎，陈灏珠在香港的生活，难以继续了。

儿时不经意地玩闹让我懂得对自己和别人的生命都应该珍惜

在陈灏珠青少年时期，曾发生过两件与小伙伴玩闹的事情，对他之后从医有着深远的

1941年，陈灏珠高中三年级时摄于香港

影响。他至今回忆起来，仍然记忆犹新。

陈灏珠十岁那年，民生书院组织小学生到学校附近的慈云山秋游。“我一大早就起了床，匆匆地吃了些早饭，再把母亲前一天就准备好的干粮和水收拾在一个简单的背包中，就去了学校。因为去慈云山秋游是我和其他三个好朋友都渴望已久的活动。”

慈云山：慈云山位于香港的黄大仙区，海拔488米，是九龙半岛最为主要的山峰之一。————

慈云山海拔并不是很高，那天阳光灿烂，四个小伙伴一路遥遥领先，沿着山路上的石头台阶往上走，爬到顶峰时，已经是上气不接下气。回头看看，老师和同学们还在费劲地往山顶爬。小伙伴们觉得拔得头筹，都非常高兴，以至于上山路上有卖茶的人家和卖纪念品的店铺，山顶有佛教的寺庙和宋代的一些遗迹，这些都来不及细看，便决定抢在老师们到达山顶前先下山去。大家一路只顾往山下走，因为要避开老师的视线，慢慢地就偏移了石头铺就的山道，来到一个开阔较平缓的斜坡地，就以为快要到山脚了。伙伴们围坐在一起，一边打打闹闹分享各自从家中带来的各种饼干、面包和糖果，一边等老师和同学们下山汇合。但是，不知道过去了多少时间，直到太阳已经开始偏向西方，还是没有看到老师和同学们的踪影。大家方觉不妙，再向四周看看，才发现是成片无边无际的灌木丛和杂草，看不到一个住家和人影。四个小伙伴本以为只要找到正规的下山之路就可以了，可是走了很长一会儿，才发现除了杂草和灌木丛外，找不到任何下山的参照物，到处都觉得像路又不像路，显然他们已经迷路了！四个小伙伴这才从高兴中回过神来，都意识到了潜在的危险。

太阳已经开始落山，斜阳下，这片杂草丛生的荒地让大家心中充满恐惧。这时陈灏珠惊喜地发现了一条五米多宽三米多深的排水沟，那一刻的心情就像一个孤独无助的人有了一线希望，抓住了最后一根救命稻草。因为平时他就曾注意到九龙半岛有由石块和水泥砌成的排水沟，纵横交错，平时几乎干枯见低，但一到雨季，排水沟就会积满水，而且水流湍急，常常会有附近鱼塘中的鱼被冲到排水沟里，随着水流流到大海边的出口。有一年雨季，他还和哥哥一起在离家不远的海边看到排水沟出海口处有许多人用鱼网捕到许多被水冲来的鱼。虽然现在不是雨季，水沟底部只有浅浅的一线水流，但陈灏珠认为沿着排水沟水流的方向走，一定能走到大海边，而一旦到了大海边，就能找到回家的方向。陈灏珠的家就在海边，而那片海滩是他最熟悉的。伙伴们听从了陈灏珠的建议，决定沿着排水沟，顺着水流的方向走，虽然回家的路可能很漫长，但至少不会再迷路了。他们走了两个多小时，当夕阳收起最后一抹嫣红时，四个小伙伴拖着疲惫的身体终于来到了海边，并从熟悉的海滩处寻路安全回到了家。老师和家人此时都焦急万分，到处搜寻，担心一旦天全黑下来，孩子们会遭遇不测，后果不堪设想！还好，四个小家伙虽然饱受惊吓，却都安然无恙。而陈灏珠也从这件事中吸取了教训，"如果遇到突发的事情，最重要的是冷静，思考可以脱离危险的方法。恐惧会摧毁一个人的意志，进而引发不测，严重的还会危及生命。"

另一件事情发生在陈灏珠高一时。在西南中学，陈灏珠是同班中年纪较小的学生，那些高年级同学有些要比他大个四五岁，正是青春期中最顽皮不安定的时期。住读的集体生活中，老师的管教非常严厉，一些胆大的同学就设法恶作剧捉弄管住读生的学监老师。有一次，两位高年级同学，小个子坐在大个子的肩上，然后蒙上一条白色的床单，床单上下各挖出两对洞，露出他们的两对眼睛，装扮成一个身高达到两米的白色"幽灵"。等到晚上学监老师定时来检查寝室的时间，他们就在路灯阴暗的角落里站着，等候学监老师的到来。结果老师可能远远地看到了这个怪物，也有些害怕，那晚就没有来检查寝室，大家觉得非常有趣。可是，也有一次学长们的恶作剧，却像一个噩梦，铭刻在了陈灏珠的记忆中。

那时，有一位比陈灏珠低一年级的同学，他常常自诩胆子大，什么也不怕。而有些学长则认为他只是吹牛，于是决定搞一个恶作剧，吓唬他一下，看他是不是真的胆大。一天晚上，几位学长先是在寝室的门角落里放了一张小桌，桌上用枕头堆得像一个"雪人"的模样，用白色床单包起来，然后用马粪纸剪成一个面孔的模样，放在"雪人"的头部位置，纸上挖了三个孔，上面两个像眼睛，下面一个当成嘴巴，在嘴巴处把里面的白床单拉一点出来，像根舌头，这样就变成了一个白身、灰黄面孔、白眼睛、嘴巴伸出白色舌头的"鬼怪"。当门打开时，门板把它遮住一点也看不见，当门关上时，它就完全显露出来，十分吓人。晚自修结束后，大家都回到寝室准备睡觉，此时，几位学长要大家都悄悄地离开寝室到教室去。等大家都离开后，寝室里就只有剩下他们和自诩胆大的那位同学了。他们和那位同学打了声招呼说要出去一下，同时把门关上。不多久，自诩胆大的同学大概终于抬头在宿舍昏暗的灯光下看到了这个“鬼怪”，发出令人惊恐的凄厉惨叫，接着就拉开房门，边叫边飞奔而出，在宿舍楼道里狂奔。同学们从他背后赶上，把他拦住，但看到他失魂落魄的样子，大家都惊得呆住了，有点不知所措。几位学长觉得自己闯了祸，迅速回到寝室把“鬼怪”拆掉，等到学监老师来了解情况，已经什么也看不到了。事情就这样结束了，也没有听说处罚什么人。但从这次事件后，那位同学就病倒了，神志恍惚，然后休学、返校、又休学，学习时断时续，过了大约十个月没有来上课，听说最终不治去世了。

这次恶作剧对所有同学的心理震撼都非常大。俗话说：“人吓人，吓死人。”这件事正好应了这句俗语。试想，连年长的学监老师看见白色“幽灵”都要远远避开，那少年同学看见“鬼怪”能不被吓破胆吗？这次事件使陈灏珠第一次意识到了生命的脆弱，感到对待自己和别人的生命都应该珍惜，时时呵护，恶作剧过了头，往往就变成了悲剧。

第二章

逃难路上苦中乐　流亡大学志从医

太平洋战争爆发后，中国内忧外患，战火纷飞，民不聊生。在陈灏珠的生活学习中，时刻充斥着各种艰难困苦；逃难的路上，常常亲眼见到满目疮痍的家园和鲜活生命的消逝。但在父亲的悉心教导下，陈灏珠乐观豁达，坚守理想，立志从医。从江西到福建，颠沛流离，他跟随着国立中正医学院一路流亡，坚韧不拔，勤勉好学，并在大学最后一年的临床实习阶段，成了上海中山医院的一名实习医生。

1937年7月7日，日本发动全面侵华战争。1938年10月，广州失守，内地沿海地区先后沦陷。当时的香港尚属英国殖民地，暂未被日本侵略者占领，一时之间，香港成为内地难民的避难之所。不少抗日和民主人士都在香港暂时躲藏后再转往大后方继续抗战，有些工人随上海或广州的工厂迁来香港重新开工，部分学生流亡到香港继续求学，还有富商大贾逃离沿海沦陷区到香港来投资。在一段时间里，香港仿佛是世外桃源，而陈灏珠也得以在相对和平和稳定的环境里生活与求学，比当时多灾多难的祖国同龄人都要幸运很多。

然而，表面的繁华掩盖不住暗流汹涌，日本帝国主义早已对香港虎视眈眈。1941年12月，陈灏珠高中三年级上半学期尚未读完，太平洋战争就爆发了。日本鼓吹建立"大东亚共荣圈"，悍然进攻香港，香港人开始了苦难的生活。

1941年12月8日，日军开始"南方作战"行动，一方面派出飞机前往偷袭珍珠港（夏威夷时间12月7日），另一方面则空袭了香港启德机场及空军基地，并派出三灶岛的攻击机轰炸赤鱲角的船只。陈灏珠儿时所居住的九龙城离启德机场非常近。根据当时的一份史料记载，日军空袭不仅摧毁了英国空军基地，也使"宋皇台附近的民房被炸毁了不少"。宋皇台离陈灏珠的家步行只有10分钟的距离，万幸炮弹并没有落在他家，但周边都已经是残垣断壁了。而陈灏珠当时住在香港半山腰的西南中学宿舍里，山顶上有个炮台，只听到日军不断用炮轰击这个炮台，大约几个昼夜不断，震耳欲聋。后来炮声停了，香港也就失守了。12月25日，经过不到20天的狂轰滥炸，英军最终放弃抵抗，无条件向日军投降，香港沦陷，是日因而被称为"黑色圣诞"。12月26日，日军派出2 000人举行占领香港的入城仪式和胜利巡游。

宋皇台：宋皇台位于香港九龙城启德区，是海边堆叠大石头中最高最大的一块。相传南宋末年宋端宗赵昰和其弟赵昺被元朝军队追逼，南逃流亡到此躲避，宋皇台因此得名。在香港日占时期，日军要扩建启德机场，经多次爆破，炸毁了整块巨岩，连带在宋皇台后方的名胜玟杯石亦一并炸毁。

香港作为世界上最重要的进出口岸之一，有大量的仓库和各种物资。日军占领香港后的第一件事，就是对所有仓库物资进行疯狂的抢劫和掠夺，无论是英国政府的，还是当地商人的，都无一幸免。日军又在所有主要交通路口设置岗哨，盘查过往的每个行人，并强迫过往的居民，无论老幼妇孺，路过岗哨时，必须向站岗的日本兵行九十度鞠躬礼，否则不是遭毒打，就是被刺刀捅伤，或被送往看守所。

1942年1月，日军开设总督府实行军政统治。在物资匮乏的情况下，日军通过发行“军票”取代本地货币，掠夺香港人民的财产。开始时“军票”对港币的比率定为1∶2，到后来变成1∶4。在日本战败后，所有的“军票”都变成了毫无价值的废纸。不但如此，他们还将香港的存米抢走充作军粮，造成香港严重的粮荒。所谓的“粮食配给”就是给所有成年的居民每人每月限定配给9斤8两（4 900克）含有大量沙子和各种杂质的“配给米”，每个家庭必须排队购买。这些“配给米”根本不能维持一个人的生存，一些家里没有存粮的居民，只有忍受饥饿，很多人只能以树叶、树根、番薯藤等充饥，还有许多人最终饿死了。后来，陈灏珠从香港纪念抗战胜利60周年新闻报道中得知，在日寇占领香港的3年8个月中，香港人口急剧减少，死了约60万人，占当时总人口的1/3，主要都是饿死的。

工厂停工，学校停课，商店关门，百业凋零，大家忍辱负重，在沦陷区偷生。陈灏珠家也备受折磨，生活陷于窘困。剧变首先是失学。根据关礼雄的《日战时期的香港》报道，战前，香港共有中小学1 300多间，学生共有11万。轰炸之后，几乎所有学校均告停课。陈灏珠和哥哥、弟弟、妹妹一起被迫辍学。高中三年级上半学期，本该全心准备参加大学入学考试，却因为日寇的入侵，一切都变了。战争与失学使未满18岁的陈灏珠对日军暴行与民族积弱感受到切肤之痛。母亲早逝，父亲排除万难从广州赶回香港家中，为一家人的生存而奔波。万幸的是家里还有些许存粮，虽没有其他副食品，但尚可勉强支撑几个月的时间，不至于挨饿。日军占领香港后经常要戒严，日军军官出行时，被占领区的居民必须回避，戒严时日军封锁街道不许人和车辆通行，街道两旁站立着荷枪实弹的日本兵，显得恐怖而神秘。陈灏珠和哥哥、弟弟有时一起躲在家中二楼阳台上，从栏杆后面的缝隙中偷偷地看大街上发生了什么事情。一天，日军戒严，大街上顿时非常安静，一会儿传来了汽车的声音，陈灏珠躲在阳台的栏杆后偷偷地向街上看，只见一辆又一辆的卡车开过去，车上都是荷枪实弹穿着黄色军衣戴着军帽的日本兵，而在最后一辆卡车上，蜷缩地坐着许多年轻的女子。她们身上衣着单薄，双手抱着腿，把头垂依在膝盖上，似乎很疲倦。当时年少的陈灏珠只想到这些女子一定是被日本兵抓来的，太惨了。直到多年后看了报道，他才意识到，那些可怜的女子很可能就是被日军抓起来，移动着带来带去的“慰安妇”。还有一次，陈灏珠看到大街上人们因为日军戒严被驱逐到指定的地方不许走动。这时，一个失去了一条腿的残疾男青年，拄着拐杖与一个看似他母亲的年老妇女，相互搀扶着，跌跌撞撞、惊惶失措地向日本兵指定的方向奔去。这一幕让他心里异常难过，在战乱中，这位年老的母亲和她有残疾的儿子将怎样生活下去？眼前的情景已经够悲惨了，但今后还更叫人担心！70多年过去了，这两个情景一直铭刻在陈灏珠的脑海中，每每想起他都会感慨万分："你们在和平年代成长起来的孩子，对日本侵略战争的残酷和灭绝人性，不像我们体会得那么深切。对那段不堪回首的历史，年轻一代一定要了解，要牢记，使它再也不能重演。"

即便是这样的日子也没有持续很久。日军炸毁了古迹宋皇台，准备铺设跑道，扩建启德机场并使之成为军用机场，便寻找理由强占启德机场附近的所有居民住所及商业设施。1942年3月，就在陈灏珠一家人生活窘迫，坐困愁城之时，日军强制执行"归乡政策"，他的家被圈定在了搬离范围之内。陈灏珠一家和邻居们顿时都面临着流离失所的局面，一起体会到了国破家亡的滋味。此时，年富力强的哥哥已先行与一些同学离开香港，到达广东的北部继续学业。家没了，香港再也没有什么值得留恋牵挂的了，与其在日军的淫威下忍辱偷生，不如归乡。父亲陈国伦果断决定带领陈灏珠和年幼的弟妹到那时尚未沦陷的老家广东省新会县避难，这样，他们便踏上了归乡之路。

归乡政策：由于粮食短缺，经济委顿，日本在占领香港期间执行归乡政策，软硬兼施强迫大量市民归乡，以缓减人口压力。1942年1月，由占领地政府民治部成立"归乡指导委员会"，每月均安排火车和轮船将市民强迫离港，但这些交通工具只将人送出境，离境后回乡的路途就要各人自理，许多人负担不起路费，只能徒步回乡。其中不少家庭在路上失散，或被迫抛弃幼儿、老人，或在途中饿死、病死，被洗劫一空者更是不计其数。根据1984年广东人民出版社出版的《广州文史资料专辑——广州百年大事记》下册记载，至1942年2月初，由香港返乡难民已超过46万，仅2月6日一天，就有8 000人抵达广州。至1942年底，已有60万名市民离港返乡。

父亲的沉着、冷静、乐观是我们逃难路上给予信心的法宝

从香港返乡逃亡的路，主要有东线、北线、西线三条。东线从九龙出发，先步行穿越一段崎岖的山路，到达西贡海岸后，再乘船经过大半个晚上的航行，渡过大鹏湾，在大梅沙、小梅沙、上洞或沙鱼涌等地登陆。北线则完全是陆路，由九龙半岛一路北行，经过新

界，到达与深圳接壤的边界。这条路线，几乎完全靠步行，花费虽少，但沿途会随时遭遇日军的盘查搜掠，如果家有老幼，则更难以完成。西线则主要是水路，以香港岛为起点，中途以大屿岛或临近小岛，如长洲岛等为跳板，向西穿越珠江口，到达广州或澳门。

在抗日战争前一段时期，父亲陈国伦经常经西线往来于香港和老家新会，因此，对西线路途非常熟悉。一般晚上在香港搭乘轮船，第二天清晨就能到达广州或江门，再乘半天的长途汽车就能回到老家。虽然当时局势混乱危险，但因为有无所不能的父亲在，让陈灏珠和弟弟、妹妹对安全撤离都充满了信心，从未到过新会的他们，甚至有些期盼着回到老家。然而，这次回家的路途危险重重，困难还是超出了父亲的预计。

当时的广州早已经沦陷，陈灏珠全家从香港乘船到广州，尽管也遭到了日军的盘查，但由于父亲和孩子们一起只带着有限的行李物品，而且父亲从容冷静地应付遇到的各种盘查和搜检，总算有惊无险地顺利抵达广州。到广州后，发现日军侵占下的广州也是极度的紧张，每天几次拉响警报，较香港有过之而无不及。而且日军在市内每个十字路口都设置关卡和堡垒，盘查路人，百姓日常生活深受战乱之苦，米价飞涨。如果滞留广州，全家生活将无以为继，因此未做休整，父亲便带着陈灏珠与年幼的弟妹继续向新会出发。真正艰难的逃亡之路才刚刚开始。

从广州到新会正常的交通已经阻断，无论采用什么交通工具都要穿越日军的多道封锁线，而穿越封锁线恰恰是最危险的事，因为一旦被巡逻的日军发现，就可能会被开枪打死。而且途经地区，日本宪兵、特务、伪政府汉奸以及各类形形色色的人鱼龙混杂。但不管情况如何困难，父亲陈国伦决心一定要送孩子们安全回到家乡去。他历经万难，打听到在封锁线的一些点上有个可以帮助穿越封锁线的组织。这是一个不知道由多少人聚集起来的地方武装组织，专门从事以武装保护偷越封锁线的买卖。他们利用珠江三角洲水网交错的地形特点，摸准了封锁线岗哨之间的河道，掌握了日军沿封锁线巡逻的规律，能找准空隙，帮助偷越者从日军占领区的一面穿越河道到河对岸的未沦陷区，即便万一被发现，他们也能和日军对打。虽然并不十分安全，但总算是给人一线生机。父亲通过熟人，支付了一笔费用后，被告知全家可以分成几批，每个人只能带着简单轻便的行李，利用夜色，由他们武装保护带领通过封锁线，并约定了时间到一个指定的地点与他们汇合。这天，陈灏珠一家在父亲的带领下来到了指定地点，傍晚和这个武装组织接上了头，天黑后跟随他们出发。也不知道在黑夜里走了多长时间，经过了什么地方，终于到达一条河的岸边，那是一个渡口，有一条木船靠着，这条船仅能容纳三四个人。上船后，由艄公无声无息地把船摇到对岸。这条河并不宽，河面也就是十几米的宽度，打个来回也花不了多长时间。但因为当时情况紧张，坐在船上有度分如年的感觉。陈灏珠一家好不容易分三批越过了封锁线，父亲在最后一批压阵，万分幸运，他们既没有遇到日军的巡逻队，也没有遇到巡逻艇。陈灏珠的堂哥就在对岸接他们。跟着堂哥又走了一段路，黎明时分终于回到了老家广东新会。全家悬着的一颗心终于可以放下了。陈灏珠看到陌生而又亲切的家乡景物，见到家乡的亲朋，回想夜里渡河的紧张情绪，恍如隔世。

在新会棠下石头乡慈湾村的祖家，父亲有一幢两层楼的老房子，孩子们在长途跋涉，历经千辛万苦后，终于有了一个可以安顿下来的住所。虽然新会还没有沦陷，但乡亲们都很警惕，因为日本兵曾经骚扰过这里。听乡亲们说地方武装还没有力量和日本兵打起来，所以那次日本兵进村时，大家就疏散到村外的田地、桑树林或甘蔗林去躲避，而日军也没有力量到村外搜索，所以日军撤走后大家就都回来了。相对来说，那时的老家还算安定。

可谁都没有料到，天有不测风云，躲过了人灾，却没有逃过天祸。1942年夏秋之交，珠江流域的西江水系发生水灾。在连绵阴雨近一个月之后，河水猛涨，新会渐成泽国，举目远眺一片汪洋，田里作物颗粒无收，鱼塘里养的鱼都跑掉了，本来是鱼米之乡，一下子什么都没有了。乡亲们把家往村后的山上移，陈灏珠家的房子里水深达1米，大家只能住到二楼，外出办事就要从窗口爬出去，沿着一根麻绳吊到小木船上才能划船出行。这对于原本就很困难的生活来说，无疑是雪上加霜。陈灏珠和弟弟、妹妹无书可读，生活又艰难，困守于大水之中，心情极为苦恼。

水灾终于在秋冬之交渐渐退去，受困于大水四个月后，父亲思前想后，毅然决定北上到广东省韶关市工作（韶关当时为广东省临时省会所在地），并带上三个年纪较长的孩子灏珠、显求和婉梅去韶关读书，而年幼的紫梅、绿梅、浩瑛、雅梅则留在家乡读书。

从新会到韶关，350多千米行程，大部分都要依靠步行，由于当地局势混乱，为了安全，他们必须日夜兼程连续赶路。1942年一个初冬的早晨，父亲陈国伦带着三个孩子出发了。他们先步行到鹤山县的沙坪镇。当时的沙坪镇是鹤山县政府所在地，位于交通要道，也是一个商品集散地，商贾云集，比较繁荣。从沙坪镇出发，沿珠江流域北江水系北上才能到韶关。从沙坪镇到韶关市可以选择的交通工具有木炭长途汽车和搭乘民船。所谓木炭汽车就是用木炭作为燃料的汽车。因为抗日战争时期遭到日军的封锁，内地缺少汽油、酒精等燃料，就只好用木炭燃烧汽化来代替汽油作为燃料开动汽车。这种汽车由一般汽车改装而成，但木炭燃烧汽化后提供的能量不大，推动汽车前进的力量不强，上坡有时走不动，要客人下车帮忙推一把才行。民船就是普通的小木船，由于是从北江逆流而上，要在船的两旁各有一人拿竹竿插到河底用力往后撑，才能推动船体向前进，动力有时候还不够，需要由两个纤夫在河边背上缚着绳子拉着船前进。这两种交通工具在父亲陈国伦看来都有很大的弊端：木炭汽车常常出事故，不太安全，而坐民船因为逆流靠纤夫拉速度太慢，还不如自己走路来得快。所以大多数时候，还是父亲带着三个孩子一起走路。父亲那时54岁，走在最前面，陈灏珠18岁，陈显求17岁，陈婉梅13岁跟在后面，不多的行李则雇了个挑夫挑着走。一家人日出之前上路，日落之后找个客栈住宿，每天要走几十里路。

虽然路途辛苦，但父亲的沉着、冷静和乐观，给了孩子们无穷的信心与力量。初冬的广东天气不算冷，但有一天清晨，在英德县的山间，一行四人在地上看到了难得一见的霜。在香港，陈灏珠他们从来没有见过下雪，也没有见过霜，看到了霜，陈灏珠便念出了诗人李白的《静夜思》：“床前明月光，疑是地上霜。举头望明月，低头思故乡。”父亲笑着点了点头，却又告诉他们，这番景象其实最符合诗人温庭筠的《商山早行》：“晨起动征铎，客行悲故乡。鸡声茅店月，人迹板桥霜。槲叶落山路，枳花明驿墙。因思杜陵梦，凫雁满回塘。”这首诗淡淡几句勾勒出了一幅凄清的山村早行图。父亲还说当年温庭筠写这首诗是走在陕西商山的路上，而他们走在广东英德的路上，情景何其相似！那天，他们清晨赶路，月亮还悬挂在半空中，路旁人家茅屋里的鸡啼声此起彼伏，树叶青草上覆盖着一层薄薄的白霜，而最厚的霜则是积在一段他们走过的木桥上，一家人的足迹，就叠印在了落满白霜的板桥

之上。听着父亲娓娓道来地解释诗句，陈灏珠忽然觉得诗中的“人迹板桥霜”中的“人”正是他们，而“鸡声茅店月”正是他们所看到的景象和听到的声音。诗人的观察是多么细致，描写得多么确切啊！这一刻，他们陶醉在美丽的景色之中，完全忘却了长途跋涉的艰辛。文学艺术，能缓解逃难途中的忧伤情绪，这是祖国山河与祖国文化所赋予的馈赠。

一路不停地走，走而不停，在离韶关还有数十里时，全家人都已经疲惫不堪，尤其是年仅13岁的妹妹，每天跟随家人晓行夜宿，苦不堪言。父亲怕孩子们过度劳累和生病，就选择改坐民船。人在船上活动空间很小，只能看看两岸的景色，晚上船工休息，大家就睡在船上。一家人挤在狭小的船舱内，虽然疲惫不堪，心里却很温暖。就这样两天后才终于到达了目的地韶关。到韶关下船后，大家都觉得身上发痒，脱下衣服查看，内衣上密密麻麻的白色虱子，把大家吓了一跳，显然是在船上染上的。大家急忙洗头洗澡，换过所有的衣服，把衣服先煮沸，再洗干净，好不容易才把虱子消灭掉，幸好后来谁都没有患上可能由虱子传播的传染病。长途跋涉、木炭汽车、逆流坐船、染上虱子，这些对于自幼生长在香港稳定环境中的陈灏珠来说，是前所未有的。

历经十余天，一路上也没有发生什么意外，“我们能顺利从香港逃回新会，再从新会跋涉到韶关，主要都是依靠父亲。他遇事从来不慌张，都是积极地思考解决办法。在生活中遇到困难是难免的，重要的是我们面对困难的态度。这是父亲教会我的。”

在韶关，陈灏珠听朋友们说，从广州逃难来的有些学生在路上不幸遇到了日本兵，被抢劫得身无一物，更悲惨的还有被轮奸或者直接被枪杀的。路途中的所见所闻让他体会到了日本兵的残暴，国家积贫积弱，战乱无情，做什么才能救国呢？这些都让陈灏珠进一步去思考自己的人生理想与使命，最终促使他走上了学医之路。。

吾不能为良相，必为良医，以医可以救人也

父亲陈国伦通过过往的关系很快就进入国民政府田赋粮食管理部门工作任职，陈灏珠和弟妹则进入韶关的广东省立琼崖中学粤北分校继续他们中断了的学业。陈灏珠读的是

高中三年级最后一个学期。琼崖中学原本是广东省政府在海南建立的第一所省立中学，海南岛被日军侵占后，部分师生迁移到韶关，在黄田坝半山腰成立粤北分校，收容逃难来的学生。校舍多用毛竹、木板等搭建而成，寄宿的宿舍也是学校临时搭建而成，简陋透风。每当夜深人静，陈灏珠还是会常常想起几年前，日军还没有侵占香港，周末从西南中学回家，与父母和兄弟姐妹开心地围坐在一起，那种暖暖的幸福生活的情景。但他知道，自己从此要独自勇敢、坚强地面对和处理遇到的所有难题了。

琼崖中学：琼崖中学（现名琼海市嘉积中学）前身为1902年创办的崇实学堂。1917年，广东省政府以崇实学堂为基础，在万泉河东岸的琼东县嘉积镇建立海南第一所也是唯一一所省立中学。1933年改名为广东省立琼崖中学。1939年因日军侵略，迁至广东雷州半岛遂溪县麻章镇，改称为广东省立琼崖联合中学。1942年迁至广东化州县，另有部分师生转移到粤北韶关，在“海南同乡会”的支持下，在曲江县黄田坝成立了粤北分校。1945年迁回嘉积镇。新中国成立后改名为嘉积中学，是海南省最好的中学之一。

1943年的夏初，正当陈灏珠临近高中毕业时，祸不单行，学校发生了一场重大的火灾事故。有一天，一位老师的夫人烧饭时，不慎引燃了她所住的宿舍。由于学校的临时宿舍多数是用竹子、木板、稻草搭建而成，极易燃烧，导致火势迅速蔓延。在噼噼啪啪声中，大家看到大部分校舍在熊熊的大火中燃烧坍塌。经过竭力扑救后，只剩下孤零零的几间校舍。所幸没有人员伤亡，大家身边也都没什么值钱的东西，财产损失也不大，但学生们却没有地方住了。火灾发生后，学校只好中断了除毕业班外的所有课程。陈灏珠和毕业班的同学一起留了下来，居住在火灾劫后剩下的校舍中，继续学习。劫后的校园一派凄凉的景象，国破家亡之痛，断学一年之苦，激励陈灏珠更加努力地学习，完成中学学业。果然，他的努力没有白费，毕业考试时，他再一次拿到了全校第一名的好成绩，获得了广东省立琼崖中学粤北分校的毕业证书。

高中毕业后的那个夏天，陈灏珠仍然住在学校仅存的破败宿舍里，准备参加大学的招生考试。其实，他也已经没有什么地方可以去了。当时父亲在韶关工作，也是住在单位的宿舍里，弟弟、妹妹年幼，更需要父亲的照顾。陈灏珠觉得自己已经长大成人，不希望再去增添父亲的烦忧。少年时代生活道路的崎岖，早已磨炼出他能够坦然面对各种生活挫折的勇气。他常用孟子的话鼓励自己：“故天将降大任于斯人也，必先苦其心志，劳其筋骨，饿其体肤，空乏其身，行拂乱其所为，所以动心忍性，曾益其所不能。”中学毕业时候，陈灏珠已经是一个顶天立地的男子汉了。

1943年这一年，从各个沦陷区逃难过来的中学生非常多，同时，受到战争影响，大学招生名额非常有限，因而竞争激烈。陈灏珠高中毕业时，由于成绩出类拔萃，学校原来准备保送他到因战乱西迁至贵州的交通大学（现为上海交通大学）就读，但由于日军进逼贵州独山，到贵州的交通断绝，交通大学也准备再次搬迁，因此无法前往。学校又打算保送他到当时的中央政治学校就读，该校是国民党政府培养县长、省长和外交官的摇篮，但陈灏珠对政治完全没有兴趣，他青少年时期一直想成为一名工程师，就放弃了这个保送的名额。国立中山大学在韶关招生，陈灏珠便先报考了机械工程专业。父亲获悉后，没有反对，只是建议他多投考几个大学，因为在动荡的岁月中，万一学校有任何变故，就会面临失学。陈灏珠想到了因为患高血压突发脑出血去世的母亲，又回想起一路上那些家破人亡的悲惨场景，战争年代国家需要医生，于是，他又报考了已经搬迁到湘、赣交界处江西省永新县的国立中正医学院。后来，陈灏珠还参加过国立广西大学的入学考试，报考了化学系。他认为无论是学机械、学医或是学化学，对抗日救亡都将会有用武之地。他的弟弟显求、妹妹婉梅则在中学毕业后，都分别考取了国立中山大学的化学系和医学系，这又是后话了。

或许是阴差阳错，又或许是命中注定，1943年的秋天，陈灏珠首先收到了国立中正医学院的录取通知书，随后才收到中山大学和广西大学的录取通知书。那几天，他辗转反侧，思考了很久，一边是自己从小喜欢的工程系，另一边是可以救死扶伤的医学院，自己应该何去何从？最后，他还是从中国古典文学中找到了自己未来为之努力并奋斗的方面。“在决定的过程中，我忽然想起宋朝大文学家范仲淹说过‘不为良相，愿为良医，以医可以救人。我对政治不感兴趣，但又想报效祖国，服务百姓，那就学医吧。”于是，陈灏珠便下定了决心弃工从医，去国立中正医学院求学。

在陈灏珠成为名医的多年以后，家人和朋友问他：“如果你的生命能再来一次，你还会作出同样的选择吗？”他笑着回答：“无疑还会如此。少年时代，对许多事物都感兴趣，可塑性是很强的，学什么专业，干什么工作似乎都可以。但是分析下来我注定要成为一名医生。医生这个职业只有上班时间没有下班时间，工作非常辛苦，但我们服务的对象是病人。战乱里看到过太多的生命流逝，所以我看到病人从死亡的边缘被救回来恢复健康，我就感到非常愉快，这就是‘苦中之乐’。一个行医者很难不热爱自己的事业。倒是我的大儿子，在他读书的时候正好看到我因为‘文革’的关系工作忙得不可开交，几乎没有安宁的生活，抽不出时间陪他，所以他非常排斥选择学医。现在他已经成为一名杰出的总工程师，而原本也想成为工程师的他的父亲却爱上了医生这个职业。”

我的基本功都是流亡大学里“逼出来”的

抗日战争时期，我国的高等教育事业遭受空前浩劫，但它顽强地生存、抗争、发展着。为了保存“读书种子”，培养人才报效祖国，不到万不得已绝不停办，国立中正医学院正是其中之一。

国立中正医学院1937年9月创立于江西省南昌市，推行“公医制”，不收学费，提供免费食宿，还有补贴，但毕业后不能自己开业，一定要在公立的医疗机构服务。学校从成立之时起就伴随着战争的烽火硝烟，辗转从江西南昌迁至赣西永新县、云南省昆明市、贵州省镇宁县。1941年夏天，学校回迁至湘、赣交界处的江西省永新县，也就是在这里，陈灏珠开始了他的大学生活。

抗日战争时期国立中正医学院搬迁史：抗日战争时期国立中正医学院搬迁史国立中正医学院于1937年9月在江西南昌成立，是江西第一所独立学院也是惟一的本科医学院。学校成立时，抗日战争已经全面爆发，南昌频遭日军空袭。1937年12月学校迁移至赣西永新县。因缺乏教授开课，1938年秋与上海医学院一起西迁云南昆明联合办学。1940年，昆明白龙潭院址被炸，上海医学院决定迁往重庆，中正医学院则迁往贵州镇宁县。1941年初回迁江西永新。1944年7月，长沙失守，学校迁往南康县，高年级学生住县城，低年级学生住唐江镇。1945年1月又迁往福建长汀县。1945年抗战胜利后迁回南昌原校址。新中国成立后经多次合并、更名，现为第三军医大学。————

永新县位于江西省西部、罗霄山脉中部，毗邻湘东，南接井冈山，崇山峻岭，是老革命根据地。陈灏珠求学的时候，学校从贵州省镇宁县迁至永新县已经有一年多，因此上课用的教室和实验室都还比较齐全，还有100多架进口显微镜，那是学校最宝贵的一笔财富。在上生物学、组织胚胎学、细菌学、寄生虫学、病理学等需要用显微镜的基础课程时，每个同学都能够配备一台，很值得自豪。但是，学习生理学、生物化学、药理学等课程所需要的实验室设备、器材、试剂等就比较短缺了。

当时，国内医学院教学主要分为“英美派”和“德日派”。“英美派”所有课程采用英语教学，如北京协和医学院、湘雅医学院、国立上海医学院、国立中央大学医学院和国立中正医学院都属此列。“德日派”则采用德语教学，如同济大学医学院和同德医学院。也有少数用法语教学的，如震旦大学医学院。用中文教学的医学院反而很少。作为“英美派”，国立中正医学院的老师几乎都是从美国留学归来或是北京协和医学院的毕业生，跟随着学校一起内迁来的。抗战期间，学校虽然坚持治学严谨，所有的课程仍用英语教学，但因为外部受到日军的封锁，已经没有新的英文教材可进了。图书馆中的英文医学教科书和专著可供查阅的虽然不少，但也多年没有新书补充，显得老旧。因此，学生只得把老师用英语讲授的内容当堂记录下来当作教材，动作稍慢，就会跟不上进度。

国难当头，学校设施有限，周围的老百姓都自愿把祠堂借给学校作为宿舍使用，同学们就分散着住在周围几个大姓家族的祠堂里。祠堂一般是砖木结构的两层楼房，底楼是同学们自修的地方，二楼是同学们的宿舍和这些大家族的祖先牌位。到了晚上，同学们在成排的简易书桌上，点起一盏盏桐油灯，在如豆的灯光下温习功课，做老师布置的作业或者写实验报告。陈灏珠还清晰地记得就在桐油灯光下，他画出了一幅幅寄生虫学教授要求的寄生虫卵图谱，还很逼真。由于教材全靠上课听写，英语不好或是记笔记速度慢的同学在温习功课时就忙于借其他同学的笔记来核对补充。因为专业课的几位老师分外严格，几乎每堂课均要小测验，同学们都感到压力很大。而陈灏珠听课记笔记的本领，是令所有同学叹服的。老师的课刚讲完，他已经完整地记录下所有讲课的内容了，而且笔记标题醒目，小节和段落条理清晰，字迹清劲隽秀，不那么潦草，是他特有的“陈体”。因此，他的笔记经常成为同学们争相借阅的样板。陈灏珠回忆道：“其实，我每堂课也都很紧张，为了记录下老师的讲解，不能有半分的松懈，思想必须高度集中。哪怕当堂有所疏漏，课后也都要仔细回忆一下，补充笔记。每天都是如此，我记笔记的能力就是这么练出来的，也锻炼了我的记忆力。”

虽然战火纷飞，但教育仍是立国之本。国民政府为了多争取沦陷区的学生到内地来读书，学校大多采用公费制，并且还提供食宿。不过内地物资匮乏，粮食供应紧张，大学生只能每天吃“军米”和蔬菜。“军米”是供国民党士兵吃的米，品质很差，稗子很多，还掺沙子。虽然不在前线，陈灏珠和同学们也因此体会到了抗战士兵的艰苦。同学们大多不是江西本地人，而且在战乱中很难与家里保持联系，没有了家庭的资助，光靠学校提供的饮食营养是不够的。家境比较好的同学偶尔收到家中的汇款，同学们就会相约一起去城里的饮食店“打牙祭”。在店里，大家吃着“美食”，你一句我一句，天南海北，包罗万象，无所不谈，嬉笑间还偶有歌声传出，好不热闹。虽然那时并没有什么其他娱乐活动，生活和学习又很艰苦，但相对平静的大一生活还是给陈灏珠留下了美好的回忆。

可惜，战局瞬息万变，连这样的学习生活都没能持续多久。大家从新闻中得知日军正大肆向中国内陆纵深进犯，1944年6月，湖南长沙失守，占领江西北部南昌一带的日军顺势向南推进，可能不日就要到达永新县，国立中正医学院再次面临搬迁。果不其然，陈灏珠大一刚读完，日军就入侵至江西中部，学校不得不向江西南部赣州市迁移，确定的地点是南康县，其中高年级学生住县城，而像陈灏珠这样的低年级学生则住县城北面的唐江镇。

学校仓皇逃离永新时，只能重点把教学用的仪器设备和图书馆的书运输出去，老师和同学们都只能携带一些轻便的行李，自行设法前往目的地集合。从永新县到唐江镇，可以选择搭乘长途“木炭汽车”，或沿着赣江及其支流乘船逆流而上。木炭汽车虽然价格便宜，但因其动力不足很不安全，事故频发。学校从贵州镇宁迁回江西永新的途中，就有几位同学搭乘的木炭汽车发生翻车事故，其中一位同学当场被压死。因此，同学们大都对乘木炭汽车心有余悸。也有同学决定从永新步行到唐江去，但随着日军纵深推进，步行遇到盘查的危险系数也很高。陈灏珠思前想后，和几位同学最后选择走水路。“因为我有父亲带领着从新会到韶关的路途经历，那比从永新到唐江还要长很多，也都知道木炭汽车和逆流乘船的情况了，所以心里虽然紧张，但并不怎么担心和害怕，觉得自己总能解决。”

从永新取水道到唐江，要先乘一段汽车到泰和县。该县在赣江西岸，这一段水路江水较深，可以搭乘小汽船到万安。从万安往南走，江水就越来越浅了，小汽船只好慢慢地航行。有一位水手坐在船舷上，手里拿着一根有刻度竹竿不停地探测水深，并不断地向舵手大声报告。再往南走，江水更浅了，小汽船不能通航，大家只好改乘小木船。小木船全靠人力运作，逆流而上十分费力，船家在船上用竹竿撑，纤夫在岸上用绳索牵拉，速度很慢。但好在两岸为丘陵地带，山峦起伏，种植着许多树木，绿树掩影、鸟语声声，自然环境很是优美。当然也有特别险峻之处，千里赣江有十八个著名险滩，水流湍急，礁石突兀，称为十八滩。其中有九滩在万安县境内，“惶恐滩”作为十八滩的最后一个锁口大滩更是险要异常，并常常出现在古代文豪墨客的诗词中。陈灏珠在途经十八滩时，看见水石喧争，就想起北宋著名诗人苏轼曾写过“七千里外二毛人，十八滩头一叶身。山忆喜欢劳远梦，地名惶恐泣孤臣”的名句。但最贴合陈灏珠此时心境的，还莫过于南宋民族英雄和爱国诗人文天祥的那首《过零丁洋》：“辛苦遭逢起一经，干戈寥落四周星。山河破碎风飘絮，身世浮沉雨打萍。惶恐滩头说惶恐，零丁洋里叹零丁。人生自古谁无死？留取丹心照汗青。”同样的国难深重、山河破碎、到处流亡，但诗里慷慨激昂、舍生取义的爱国热情却感染了陈灏珠，他暗下决心学好医学以报效祖国。木船过十八滩非常容易搁浅或者把船撞破，引起沉船事故，秋冬枯水季节过滩的危险性更大，但幸好陈灏珠他们有惊无险，平安无事地通过了。船到赣州后转入支流上犹江，最终抵达了南康县的唐江镇。

唐江镇地处江西省南部，盛产蔗糖，历来是富庶之地。学校为低年级学生搭建了临时校舍，男学生宿舍借用了一个废弃的作坊仓库。那是一个很大的平房，中间只有柱子支撑而没有任何间隔，百余位同学一起睡在用竹子搭成的通铺上。白天听课、记笔记、做实验，晚上还是在桐油灯下自习。颠沛流离、单调艰苦的生活中，也有着欢乐的一面。例如，有同学家里汇来一笔钱要去拿，几个同学就一起结伴，步行一个半小时到县城，既办事情又顺便“打牙祭”，然后再步行一个半小时匆匆返回唐江镇。在唐江有一座建筑精美的天主教堂，尖尖的屋顶，伸向蓝天。教堂由一位美国神父主持，大家称他为Father McQuarie。这位神父性格开朗、幽默、风趣、和善，看到来了一帮子大学生，非常愿意和他们交往。他英文和法文都非常流利，于是学校聘请他兼教一门英文课，与同学们建立了亲密的关系。

可好景不长，在僻静的唐江镇学习了一年（1944~1945学年），在陈灏珠大二读完时，日军又从江西中部向南推进，逼近赣州，学校不得不再次迁移。这一次学校决定跨省搬迁，由西向东撤往福建省长汀县。因为长汀是著名山城，日军难以攻入，但这也意味着流亡之路更为艰难。

这一次，学校也只是告诉同学们所要到达的目的地，要求他们自己设法过去。从江西省唐江镇到福建省长汀县路途漫长，途中要经过江西的瑞金县，穿越许多崇山峻岭。这段路程多为上山陡坡，动力不足的木炭汽车是不能开的，因此许多同学担心即使有钱坐车，能不能安全到达仍是个问题。同学们聚集在一起，商议该怎么办。毕竟有钱坐得起汽车的人并不多，多数人还是决定结伴步行去福建。步行上路要牵涉到行李怎样带的问题，如雇挑夫来挑，何来钱？肩挑背扛？文弱书生即便挑得动也不能持久。不少同学就买条扁担两个人来扛，既可互相帮助，也较省力。还有同学合起来买独轮车推着上路，既比肩挑背扛省力，又可轮流推，最能持久，到目的地再把它卖掉，还能拿回成本。就这样，大家一起上路，因为需要翻山越岭，一路走来有快有慢，有些同学走了两个多月才到达长汀。

陈灏珠这次东迁与其他同学相比，就幸运多了。他的父亲恰好在他离开唐江之前寄了一点钱给他，他到赣州拿到这笔钱后，就坐木炭汽车先到了会昌县，木炭汽车到不了位于山区的长汀，正当他思考下一步该如何走时，遇到了一位中学时的老朋友，这位朋友恰好在做木炭汽车运输生意，自然也有些其他门路，便让陈灏珠等在会昌，他去帮忙想想办法。就这样，陈灏珠在会昌找了个客栈住了下来，同学都陆续走了，他口袋里的钱也越来越少，日困愁城，很是焦急。大约等了两个星期，这位朋友突然告诉他，机会来了。原来，朋友知道长汀有一个军用机场，有美国来华参战的飞机、飞行员和地勤人员驻扎在那里，一些运送军用物资的卡车会不定期地从江西运输物资到长汀，只要搭上这种车，一个晚上便可以直达长汀。这天傍晚时分，朋友匆匆跑来告诉陈灏珠："有一辆美国人开的卡车，今天夜里要出发到长汀机场，司机同意让你搭车，你马上收拾行李，现在就得赶紧走。"陈灏珠简单地收拾行李，便急忙跟着他上路。在一个偏远的停车场里果然看到有一辆军用十轮大卡车停在那里，车上装载着许多机械设备，驾驶室里坐着一位美国司机。由于陈灏珠英语流利，语言沟通没有任何问题，大家谈得非常融洽。因为白天卡车目标太大，可能会遭受日军飞机的攻击，所以只能选择夜行车。司机让陈灏珠背靠着驾驶室，坐在大堆的机械设备中间就上路了。天很快就黑了下来，一路上，陈灏珠只觉得卡车开得很快，不停地颠簸，不断地爬坡和转弯，就是感觉不到下坡，可见长汀海拔一定很高，山城名不虚传。黑夜寒风拂面颇有冷意，两边高高的山峰，黑黝黝的阴影，山峰下的深谷什么也看不清楚，让人有些害怕。陈灏珠也顾不上紧张，只是牢牢地抓紧身旁的机械设备，别让自己掉出车外。也不知道开了多久，当清晨的第一缕曙光出现后不久，车子就在路旁停了下来，长汀，终于到了。用力猛吸了一口长汀清晨的新鲜空气，陈灏珠知道自己又渡过了一个难关。下车后，他向司机一再道谢并告别后，大步向前朝着学校的集合地进发。

几经询问，陈灏珠终于找到了学校的集合地，发现仅有小部分同学先他抵达，几个星期后，才有了更多一些同学推着独轮车或背着行囊陆陆续续地到达。这段风餐露宿的艰难行程真是一言难尽。有些同学一路上把身边所有值钱的东西都卖掉才最终到了长汀；有些同学结伴穿越荒无人烟的地带，相互扶持，成了终生伴侣；也有些同学因为路上感染了疾病到不了学校，不再来上学了；还有一些同学在唐江分开后就从此杳无音信，不知去向。相较之下，陈灏珠对自己能够在美国卡车司机的帮助下，一夜之间安然抵达而感到万幸。他听好友讲述过一个东迁路上的小故事：一天傍晚时分，大家翻山越岭已经走得又累又饿，便像往常一样决定到附近的百姓家借宿一晚。衣衫褴褛的主人非常好客，热情接待。睡觉前，一个淘气的同学开玩笑地对主人说："我们几个是准备上京赶考的书生，请您明天早上早点叫醒我们。"没想到第二天清晨，月亮都还未下山，主人便来敲门了："天亮了！赶快起来上京赶考了！"这些"赶考的书生"面面相觑，清王朝被推翻已经30多年了，中国早已结束了长达2 000多年的封建君主专政，而这山里的老百姓竟然还相信他们是去京城应考。听到这里，陈灏珠和同学们都唏嘘不已，他们既为中国老百姓的纯朴所感动，又为中国农村的闭塞落后而悲哀。

与从永新到唐江的省内搬迁不同，这次跨省东迁后，一些班级的同学减少了很多，学校对班级进行了重组，上课就借用早就避难到长汀的厦门大学的教室，宿舍则是向长汀县政府借了一个大礼堂，睡双层床铺。长汀在山区，本来进出就很不方便，现在周围的交通更因为战争而时常中断，导致物资稀缺，连蔬菜的供应都减少了。学校几经搬迁连图书都所剩无几，更不用说教科书和参考资料了。但即便如此，教授们仍然坚持用英语授课，陈灏珠和同学们也一如既往地专注听课，快速记笔记，认真做实验，晚上在桐油灯下温课自修，学习与在永新和唐江并无二致。只是有时听到飞机飞过的声响，说明附近有个机场。生活虽然艰辛，但陈灏珠和同学们常常寻着法子自得其乐。长汀群山环抱，景色优美，有一条叫作汀江的河流绕城而过，其中一段与临时学生宿舍不过隔着一片梅林，在梅花盛开的季节，香气扑鼻，夏天绿叶也能遮挡太阳。这一段河水平时不过1~2尺深，它由高山上的泉水汇流形成，清澈见底，从水面上可以看到鹅卵石堆积成的河床。这昼夜流动着的清澈河水正是陈灏珠和同学们夏天洗澡的好地方。傍晚时分，泡在汀江的凉水里，看着绿树蓝天，听着归巢的鸟叫，暑气顿消。而另一个印象深刻的活动就是“打牙祭”。陈灏珠的同班同学里，有一位是从非洲毛里塔尼亚回来读大学的华侨，叫吴文奎，英语和法语都非常流利，他的叔叔是中国肿瘤放射治疗学的开拓者之一。那时，他找到了一份给长汀县县长做兼职翻译的工作，报酬颇丰，在穷学生中成了“富翁”。同学们也常常受到他的邀请，有了“打牙祭”的机会。由于经常吃不饱，“打牙祭”的时候“富翁”还有些矜持，穷学生们可就狼吞虎咽了。长汀飞机场的美国驻军也会举办一些舞会，邀请同学去参加，不过主要是女同学。厦门大学的老师偶尔也会到学校来讲课，陈灏珠就曾听过一门胶体化学课。

就这样，陈灏珠与坚持下来的同学们在长汀一起读完了大学三年级的课程（1945~1946学年）。

在这期间，一条振奋人心的消息传来，在中国土地上耀武扬威了八年的日本侵略者被打败了。1945年8月15日，日本宣布无条件投降，抗日战争终于胜利了。学校连年受日军的追迫而搬迁，在颠沛流离中苦苦维持，师生历经磨难，用“流亡”两个字来概括并不为过。而今，漂泊不定的学习生活终于结束了，那种喜悦的心情无法用言语表达，回忆那一刻，陈灏珠觉得连“欣喜若狂”这四个字都不足以涵盖。但流亡大学所付出的惨重代价却再也追不回来了，陈灏珠所在的班级当初同时入学的有100位同学，大学毕业时，只剩下30多位了。

从逃离香港到流亡读书的经历，锻炼了陈灏珠适应艰苦环境的能力，磨炼了他的意志，使他具备了坚强的毅力与乐观豁达的精神。自幼生长在香港富庶繁华之地的陈灏珠第一次接触到了中国落后地区的普通民众，这让他在之后从医从政的生涯中，始终保持着对

1948年，国立中正医学院第七班全体学生与老师合影，左7为陈灏珠

这一群体的特殊关切。半个多世纪后，当陈灏珠接受采访，再次回忆起自己的“流亡”大学时代，他用平静而感恩的口吻描述着那段历史，谈到最多的不是困难，而是他在流亡大学里学到的三样东西：快速记笔记的本领，扎实的专业外语功底和强健的体魄。在艰难的环境中，不向困难低头，不屈不饶，同舟共济，齐心协力，潜心学业，勤奋工作，报效祖国，这是经历过抗战年代的学子们传承给一辈又一辈年轻人的精神信仰与财富！

治学严谨的名师培养了我宽广而扎实的专业基础

1946年7月1日，国立中正医学院的师生们回到了江西南昌，学校新建了学生宿舍和部分实验室，但图书馆、餐厅、礼堂等，都还百废待兴。陈灏珠还记得在回南昌的路上，大家都坐上了正规的用汽油发动的汽车，在离开长汀时，他特别注意看了公路两旁的景色，那高山深谷，险峻得令人惊骇，回想到一年多前从会昌搭乘美军卡车来长汀的那个晚上，多亏天黑看不见，要不然也太惊险了！不过与去时前途未卜相比，胜利归来的心情大不一样，他想起唐代诗人杜甫在“安史之乱”平息后写下的名篇：“剑外忽传收蓟北，初闻涕泪满衣裳。却看妻子愁何在，漫卷诗书喜欲狂。白日放歌须纵酒，青春作伴好还乡。即从巴峡穿巫峡，便下襄阳向洛阳。”欣喜之情何其相似，只不过杜甫坐的是船，陈灏珠坐的是车，而且杜甫要回到自己的家乡，陈灏珠则是去往国立中正医学院的创始地，自己的家还是回不去，不免又多了一丝思乡之情。

回到南昌后，生活总算安定了下来。虽然当时内战硝烟再起，校园内也有斗争，但回迁大学的教学秩序总体没有受到什么影响。为了补上流亡中因条件限制而没有开设的课程，大四、大五的专业课越来越多，在两年的时间里，共学习了内科学、外科学、妇产科学、小儿科学、耳鼻喉病学、实验诊断学、泌尿科学、热带病学、药理学、法医学、矫形外科学、眼科学、皮肤花柳病学、公共卫生学、X线、神经病学等将近20门课程。

在这期间，有四位老师的言传身教深刻地影响着陈灏珠后来的医、教、研工作。

第一位是内科学家杨济时教授。他1926年毕业于协和医学院，获医学博士学位，1930年留学美国，后任哈佛大学研究员，1932年回国。杨济时教授讲课十分生动，声音洪亮，学生们都被他的精气神所吸引。1956年时，周恩来总理亲自批准天津十位医生为国家一级医学专家，其中就有杨教授。他在内科临床和医学教育工作，尤其是血液病的研究上作出重要贡献。

第二位是内科学米景贤教授。他1928年毕业于清华大学，1930年毕业于美国芝加哥大学化学系，1934年毕业于该校医学院，获医学博士学位，同年回国。陈灏珠在国立中正医学院就读期间，米景贤教授担任医学院内科学教授兼该科主任，尤其擅长血液病、内分泌疾病的诊治。

第三位是黄克纲教授。他1928年毕业于协和医学院，1932年入美国约翰·霍普金斯大学公共卫生学院学习，1933年回国。黄克纲教授给陈灏珠和同学们讲授心血管病的课程，因此，陈灏珠也一直视他为自己心内科学习的启蒙老师。在1956年全国评定教授职称时，黄教授位列一级教授。

第四位是黎鳌院士。他1941年毕业于国立上海医学院，此后长期在国立中正医学院执教，讲授外科、骨科等课程。在教陈灏珠那一届学生时，虽然当时的黎教授还属于年轻讲师，但脾气却很大。教学中，学生反应慢一些，就会遭到严厉批评，出错了当然更要被训斥。在陈灏珠的同年级同学中，黎介寿、黎磊石是黎教授的胞弟，但他们似乎并没有因此而被优待，反而受到更加严格的要求。黎教授是我国烧伤医学的开拓者和奠基人，他与两个弟弟均为中国工程院院士，两位弟弟分别在普外科、肾脏病学做出卓越贡献，成就一段传奇。

1948年7月，陈灏珠终于读完了国立中正医学院五年所有的理论课程。学校的公医制度，欧美派的英文教育，老师们的学术修养，都深深地影响着陈灏珠的学术风格及未来走向："是这些治学严谨的名师培养了我宽广而扎实的专业基础，他们教书育人的认真态度，一丝不苟的敬业精神，理论联系实际的科学作风，始终教导着我，激励着我。"在国立中正医学院毕业的256位同学中，后来当选院士的有六位之多。

1948年的夏天，陈灏珠大学五年级结业，即将进入大六的临床实习阶段，同学们都纷纷写信申请找好的医院去实习，陈灏珠也不例外。机缘巧合，在国立中正医学院王子轩院长的推荐下，陈灏珠最终进入上海中山医院实习，开启了与中山医院70年的不解之缘。

重庆高滩岩 400038

中国人民解放军第三军医大学第一附属医院烧伤研究所公文笺

灏珠教授：

来信和照片均收到。十分高兴和感谢。照片太珍贵了。我准备将它放大，送给我校展览室和档案室。你能否将底片寄我一用（用后归还），则放大效果更好些。

我算了一下，我们已是将近半个世纪（你1948年离开母校）未见面。不是这次院士大会，也许还见不到面。可惜时间太短，未及细谈。希望下次院士大会能多聊聊。

祝好

黎鳌

98.7.1

1949年，陈灏珠在国立中正医学院拍摄的毕业照

第三章

前辈引领事业起 临床前线多奔袭

1949年的秋天，中华人民共和国成立了，举国欢腾！此时的陈灏珠刚刚结束临床实习期，正式加入上海中山医院，成为一名住院医师，为新中国的医疗事业添砖加瓦。24小时值班，他从不叫苦叫累；跟着前辈教授做临床、搞科研，他敢于担当，勇于创新；参与防治血吸虫病、参加抗美援朝医疗队，祖国哪里需要他，哪里就有他的身影。陈灏珠最终选择了心血管内科作为自己的毕生事业，并依靠自身奋斗脱颖而出。

上海中山医院（现名为复旦大学附属中山医院）创始于1936年，为纪念中国民主革命先驱孙中山先生而命名，是由中国人自己创办并管理的一所规模较大的综合性医院。医院于1937年开业收治病人。淞沪会战时，中山医院积极地参加抗日救国的行列，救治抗日将士；上海沦陷之际，医院夜以继日组织病人撤退，直至日军占据前一小时，才将伤病员和仪器设备转移完毕。此后8年，他们随国立上海医学院从上海迁至昆明，又由滇迁渝，先后与重庆中央医院、宽仁医院合作，成立国立上海医学院附属医院。1946年3月，在抗战胜利后，国立上海医学院附属医院一行29人，奉令返沪组织中山医院复院。当年11月，中山医院正式复业，由我国著名外科学先驱沈克非教授担任院长，全院有医师70余人，护士100余人。彼时的沈克非刚从美国芝加哥大学毕业回国不久，学习国外先进理念，他认为一个大学或一个医院的发展，一定要避免“近亲繁殖”，要从其他医学院校引进优秀的毕业生来工作，这既有利于广纳贤才，也有利于不同教育背景的人才在相互砥砺中共同成长，使得医院充满生机和活力。因此，沈克非提出了一项富有长远眼光的举措——吸引各地优秀医科学生到中山医院实习，并从中择优录用。沈克非的这种做法获得了不少医学院的大力拥护，纷纷推荐优秀的毕业生前去实习，这其中就包括了时任国立中正医学院院长的王子轩，他每年都推荐两名成绩最优秀的学生赴中山医院实习。

1948年7月，陈灏珠刚刚完成国立中正医学院五年的理论课程，正忙碌地准备着南京中央医院的临床实习生录取考试（大学六年级为临床实习阶段）。他在大学阶段学习刻苦，毕业成绩卓越超群，英语口语也很出众，深得院长王子轩的赏识。是年，中山医院一开始招收实习生推荐，王院长就立即推荐了陈灏珠。中山医院秉承“以病人为中心”的精神，倡导“严谨、求实、团结、奉献”的院训，这些都与陈灏珠的从医理念不谋而合。在被推荐到中山医院后，陈灏珠就放弃了中央医院的考试。如果没有沈克非院长的“杂交”人才引进政策，没有王子轩院长的鼎力支持，没有陈灏珠自己的不懈努力与优异成绩，他恐怕要与中山医院无缘了。

初到中山医院，陈灏珠就被它深深地吸引：院长沈克非教授，内科名誉主任林兆耆教授、内科主任钱悳教授，还有年轻的主治医师陶寿淇、钟学礼、陈悦书、李宗明等，可谓英才辈出，人才济济。这样的工作团队，产生了巨大的向心力，陈灏珠全情投入，不知疲倦地学习与工作。他当时住在实习医生宿舍中，可以就近每天24小时为病人服务，连续观察所负责的每位病人的病情。中山医院极其强调实习医生在实践中接受历练，医疗工作的“三基三严”（基本理论、基本训练、基本操作；严肃态度、严格要求、严密方法），一般病人入院后的体格检查和血、尿、粪等常规检查，以及发热病人的血涂片、血吸虫病人的粪便孵化查毛蚴等工作，都由实习医生亲自动手去做，而且必须在病人入院后24小时之内完成。肝功能等重要试验样本要实习医生亲自送到化验室去。入院患者的病史也都由实习医生书写整理。由于经常要向上级医师汇报化验检查结果及病情变化，因此，对病人的病史内容都要熟记于心。每天上午，陈灏珠随主治医师查房；下午和晚上，随助理住院医师查房；周日上午随总住院医师查房。作为实习医生，还要写病程记录、会诊申请单、辅助检查申请单、上级医师讨论记录、出院记录等。中山医院还有科室和全院的定期学术会议、学术讲座等业务学习制度，以及主任教学查房、病理、病例讨论制度。陈灏珠常常忙得饭也顾不上吃，觉也不能好好睡，但他却感觉到生活异常充实而满足。

中山医院的教授们带实习生是出了名的严格，特别注重言传身教，他们对病人的认真负责，对医术的精益求精，深深地影响着年轻的医师。70年后，陈灏珠回忆起跟随前辈们查房的日子，仿佛就在昨天：“那时骂人最厉害的是沈克非院长。厉害到什么程度呢？他一星期一次教学大查房，看好几个病人，然后讨论。实习医生也去，住院医师也去，主治医师也去。总住院医师负责安排讨论，他总安排女实习医生报病史，不安排男的。因为男实习医生要是报出了什么差错，会被骂得非常厉害。女同学他不骂，因为他是留学过的，讲究女士优先。”相比沈院长，林兆耆教授就要和蔼多了，但在临床要求上同样的一丝不苟。在查房时，他的思维非常活跃，经常采用问答方式，对病情层层深入地剖析和总结。“林兆耆教授有一个特点，就是他分析问题或者探讨结论的时候，往往就只讲一半，然后随机点边上的医师来接。”作为学习目标，林教授要求下级医师和实习医师必须熟悉每个病人的病历，掌握各项检查结果和病情经过的细节。2007年复旦大学出版社出版的《上医情怀》记录了他注重细节的一个小故事。一位医生报告说：“病人小便常规化验正常。”林教授立即予

1949年7月，中山医院的在册职工名单里记录着陈灏珠的信息

0000006

		姓名	年龄	籍贯	经历
〃	〃	郁解非	二五	江苏吴縣	上海医学院畢業
〃	〃	彭淑幹	二六	廣東陸豐	仝右
内科	〃	孫曾一	二八	江苏無錫	上海医学院畢業 紅会医院医師
〃	〃	張家吉	二九	江苏[illegible]	上海医学院畢業 紅会医院医師
〃	〃	葉根耀	二六	浙江杭縣	中央大学医学院畢業
〃	〃	劉裕昆	二九	河北滄縣	上海医学院畢業
〃	〃	任芳璧	二四	安徽旌德	仝右
〃	〃	陳灝珠	二五	廣東新會	中正医学院畢業
〃	〃	錢啟東	二四	浙江上虞	上海医学院畢業
〃	〃	夏愛玉	二四	浙江青田	仝右

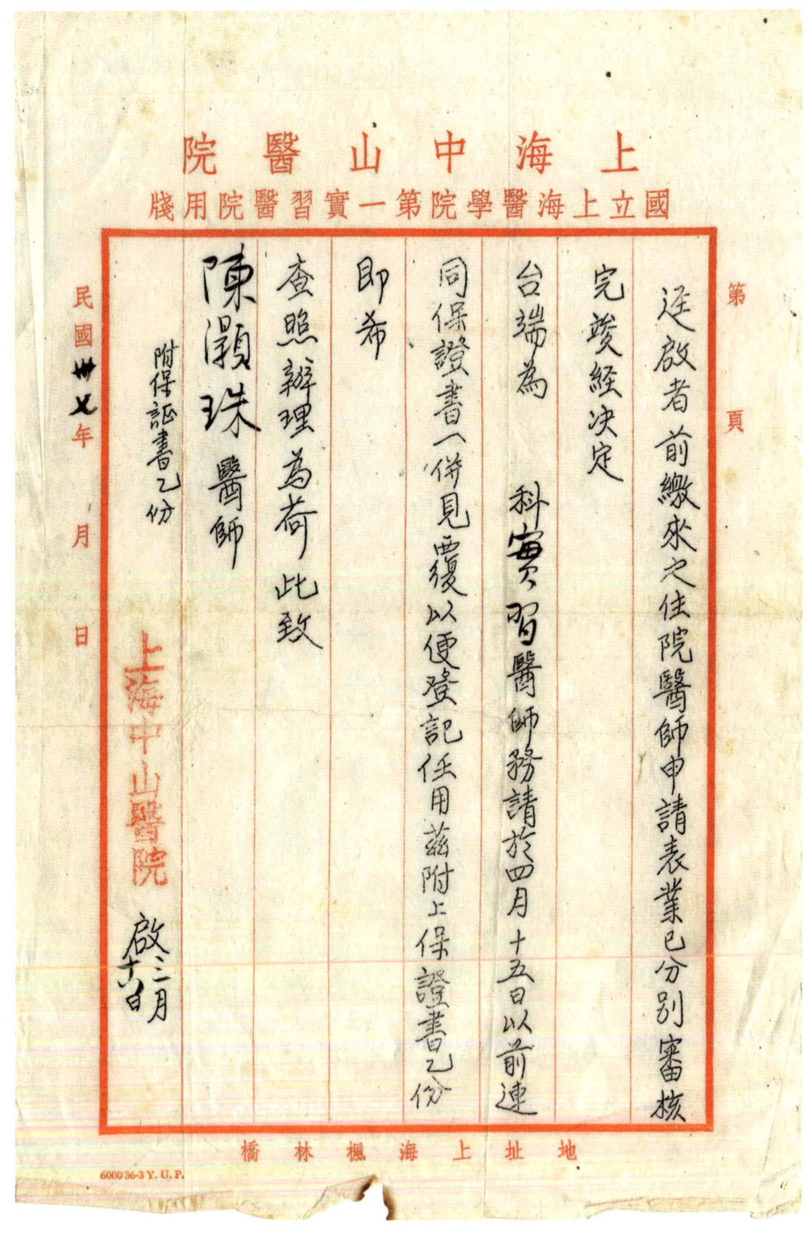

上海中山醫院

國立上海醫學院第一實習醫院用箋

第　頁

逕啟者前繳來之住院醫師申請表業已分別審核

完竣經決定

台端為　科實習醫師務請於四月十五日以前連

同保證書一併見覆以便登記任用茲附上保證書乙份

即希

查照辦理為荷此致

陳灝珠醫師

附保証書乙份

民國卅七年　月　日

上海中山醫院　啟　三月十日

地址　上海楓林橋

6000 36-3 Y. U. P.

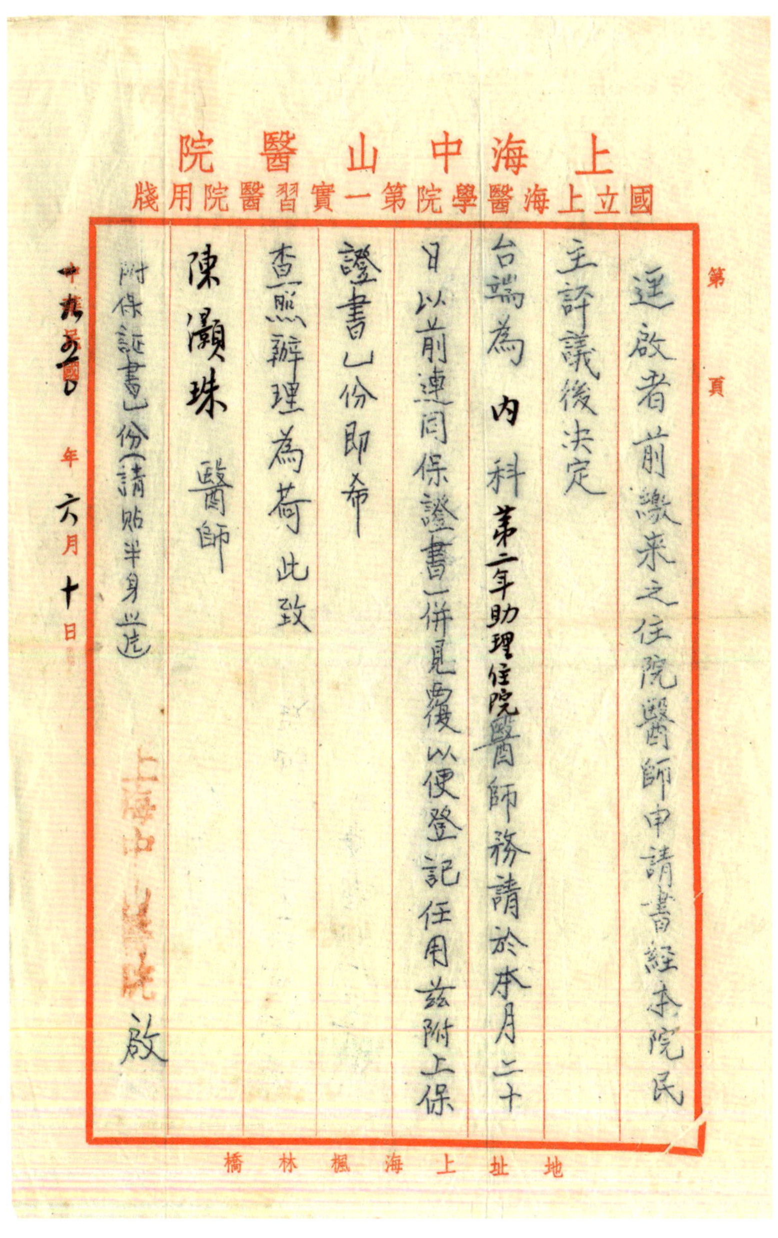

上海中山醫院

國立上海醫學院第一實習醫院用牋

第　頁

逕啟者 前繳來之住院醫師申請書經本院民主許議後決定

台端為 内 科 第二年助理住院醫師務請於本月二十日以前連同保證書一併見覆以便登記任用茲附上保證書乙份即希

查照辦理為荷 此致

陳灝珠 醫師

附保證書乙份（請貼半身照）

啟

中華民國　年 六月 十 日

地址 上海楓林橋

以纠正："小便怎么化验？化验的是尿液！"内科主任钱惪教授的性情最耿直，不管是谁，只要犯错，就要挨骂，有时甚至会把书写不符合要求的病史直接扔出去。一次，一位刚刚从上海医学院毕业在中山医院实习的女同学，因为病史书写不合格，而被他当众严厉批评，这位实习医生回到宿舍大哭了一场。但钱教授对下级医生的点滴成长也会给予最大的鼓励和支持。5年后，正是这位实习医生的论文，由钱教授逐字逐句地修改，并将其作为第一作者，在全市内科学术会议上宣读。对老师而言，今日的学生就是未来治病救人的良医，因此不能出任何差错。恰恰正是因为有了这些名师不遗余力地亲自严格带教，才让实习医生从一开始就学到了很多书本上学不到的知识，锻炼了严谨求实的临床思维，提高了诊治疾病的能力，培养了献身医学的精神品质。

在这样的环境中，陈灏珠接受了各科室正规而严格的临床医学基本训练，业务知识不断充实。他在实习期间就急切地向中山医院提交了要到内科工作的申请表。经审核，他在1949年3月尚未毕业时就已经获得了医院的正式录用通知。1949年6月，一年实习期满之后，陈灏珠大学毕业，随即成了中山医院的一名正式员工，任助理住院医师。而在毕业后的70年时间里，他在中山从医、执教，直到退休。

做了医生，就是24小时工作制

1949年的秋天，中华人民共和国成立了！即将步入25岁的陈灏珠为此兴奋欣喜。他胸怀学医为民，报效祖国的鸿鹄之志。当时的上海中山医院沿袭欧美国家的医生培养制度，实习医生要求24小时值班制，要求住院医师24小时在医院，不分昼夜处理病人，这也是"住院医师"称谓的来历。

刚参加工作的陈灏珠成了科室最年轻，也最勤奋的住院医生。他住在医院内设施简朴的集体宿舍里，从实习医生到住院医师，再到主治医师，住了整整6年。因为病人病情有任何危急的变化，首先就要求住院医师在第一时间出现在病房，24小时始终在工作状态里，陈灏珠过得忙碌而充实。每周日的下午，是住院医师唯一可以休息离开医院的时间，但按照规定，在傍晚前必须回到医院。住院医师每两年要考评一次，没有通过考评的医生就要直接“开路”（上海话，意为被开除）。那时住院医师的宿舍，每晚11点以前总是灯火通明，大家都忙着看书，做功课，丝毫不敢松懈。有时候，医生们离开医院去看一场心仪已久的电影，就算是最大的奢侈了，即便这样，也需要事先把自己负责的病床委托给同年资的其他住院医师，以免有任何疏漏，可谓提心吊胆。在陈灏珠看来，24小时的住院医生培养制度，看似少了点人情味，但无形中产生了一种束缚力，营造了一种求知上进的良好氛围。

回忆自己的住院医生经历，陈灏珠认为自己扎实的大内科基础以及缜密的临床思维都得益于住院医师期间的严格训练，“虽然那时的住院医师训练非常严格和辛苦，用现在的眼光看起来似乎有些‘不人道’，但从解放之初培养人才的角度来看，却也是有必要的。当时医疗人才紧缺，培养速度要快，水平要过硬，不但要会看病，还要会教学生，会做科研。扎实的医疗技术基础需要经过严格的训练才能打好，那就只有全身心投入工作，全天候的观察，才能了解到患者病情变化的全过程，临床诊疗的常规操作才能烂熟于心。住院医师同时也是助教，需要带学生实习，所以就需要自己多读书，查找阅读文献，充实更多的理论知识。临床医学还有许多问题没有解决，要摸索，我们就要进行科学研究，寻找解决的方法。只有这样才能在医、教、研各个方面有所进步和发展。”

后来，随着医疗教育改革，对“24小时制”有过几次大讨论：一是实习医生是否需要24小时值班；二是住院医师是否需要24小时住在医院里。最后，这些制度都因为不够人性化而被取消了。然而，或许是在逃难和内迁的过程中早已具备了不向困难低头的精神，陈灏珠对这段严格的受训岁月不以为苦，反而是充满了感激之情。在之后很长的一段行医岁月里，他一直保持着24小时呼叫到达的习惯，他的家始终离医院很近，病人如有需要，他走几分钟就能到达。“病人的危急情况不会只在你工作的8小时内发生，所以做了医生，就是24小时工作制，这是选择做医生之前就应有的觉悟。”

诊治过程是一个不断发现问题、寻找方法、解决问题的过程

24小时住在医院宿舍里，有了充裕的时间工作和学习，陈灏珠心无旁骛地扑在了医疗、教学、科研第一线。他每周定期看门急诊，为医学生进行床旁示教；他每天带着实习医生观察住院病人，询问病史，做体格检查，做有关的化验，例如，用显微镜观察病人的血液涂片寻找疟原虫或利什曼原虫，观察粪便寻找各种寄生虫卵，做粪便孵化寻找血吸虫毛蚴等；他跟随主治医师查病房，汇报病历、医嘱，记录病情过程，进行内科诊断，并且还自己动手实践静脉抽血、静脉注射和滴注药物治疗的操作，这些工作反复进行，逐渐达到了可以随手拈来，滚瓜烂熟的程度。

陈灏珠还非常喜欢陪同专科医生会诊，参加每周一次的由内科各专科病房住院医生、主治医师、教授以及病理科医生参与的内科病例讨论会，共同研讨特殊病例的诊断和治疗。大家无论资历，仔细了解病情演变及治疗经过，虚心讨论诊疗方面的得失，以求吸取教训，增加新的知识并改进诊疗技术。每次讨论会，陈灏珠或者其他负责讨论的住院医师都要首先准备好患者所有的临床资料，用来报告病历，并事先查阅有关文献，以便随时发表个人的看法及意见。会议中，他们还要记录所有的讨论内容，这时，陈灏珠在流亡大学所练就的快速记笔记能力就得到了充分的发挥。他能够把各位医生所发表的看法和意见全部记录下来，讨论会结束后经过整理交给各位发言的医师补充，再请有关专业的前辈教授指正，最终成为一篇完整的讨论会记录。

忙碌而严格的内科住院医师训练培养了陈灏珠扎实的内科基本功，但他并不满足于单纯的学习，而是在学习中，学会了自我总结，自我探究。他觉得临床医生对病人的诊治过程是一个不断发现问题、寻找方法、最后解决问题的过程。陈灏珠善于在临床实践中观察病人，从病人的病情中发现问题。面对发现的问题，他不只是简单地根据书本上或是遵从上级医生的意见来处理，而是带着问题思考，去寻找文献，再结合上级医生的指导和自己逐渐积累起的临床经验以及病人意愿最后解决问题，使患者得到最大的益处。上海第一医学院的图书馆是当时全国最大、也是藏书最多的医学图书馆之一，可以任他尽情浏览，他总是利用休息时间阅读大量的医学文献，再经过思考、总结、实践，在患者得到最好的诊

断和治疗的同时，他自己也获益匪浅。

由于善于思考，勤于实践，陈灏珠的临床经验越来越丰富，并掌握了许多教学技巧和科研方法，开始逐渐崭露头角。在担任住院医师的第一年，年轻好学、温文儒雅的陈灏珠就赢得了病人、上级医生和教授们广泛的信任和赞誉，他也第一次深深地体会到了医生职业的神圣，感受到了病人以生命相托的意义和责任。

正是因为陈灏珠忘我地学习、工作，不断地探索挑战新的问题，在参加工作不久后，他就在专业领域小有成果。当时，收集临床资料，进行分析总结出诊断和治疗经验，在原有的水平上有所提高，是临床研究工作和临床研究论文的主要内容。1951年，陈灏珠在陈悦书教授的指导下，分别用中英文以第二作者的身份在《中华医学杂志》上发表了第一篇学术论文；1952年，在陶寿淇教授的指导下，他首次以第一作者的身份发表"血吸虫病的临床观察"；1953年，他在参加抗美援朝医疗队归来后，发表了"我国肺吸虫病分布概况"。几乎每次陈灏珠参与重大医疗项目后，都会总结经验并发表文章供后人借鉴。在前辈教授的鼓励下，他还把所整理的临床病理（或病例）讨论记录投稿到《中华内科杂志》上发表。其中有些记录了临床医生诊断、分析、治疗的整个过程，有些则记录了发生诊疗错误被临床医生及时纠正的过程，受到全国各地内科医生和医学院学生的热烈欢迎。曾有一段时间，每一期杂志上几乎都有由陈灏珠整理的讨论记录。多年以后，还有与陈灏珠同时代毕业的医生特地为此对他表示感谢："当年，您整理发表的内科临床病理/病例讨论记录，让我们了解了不同的案例情况，对我们在诊治疾病时如何进行逻辑思维的帮助特别大！"这种案例分享的模式与现在国际上提倡的以病例为中心的教学方法十分类似。

在此期间，陈灏珠还发表了一些在学术上颇有创新性见解的论文，其中最为重要的就是1954年，由陶寿淇教授指导，他在《中华内科杂志》上发表了"心肌梗死"一文。20世纪30年代中期起，国际上已经有不少学者认识到由冠状动脉血栓形成引起的心肌梗死的严重性，但因为我国冠心病直到50年代也并不多见，作为冠心病最严重类型之一的心肌梗死病人也很少见到，因此并未引起重视，仍沿用"冠状动脉血栓形成"来表达心脏肌肉严重缺血而坏死的病名。陈灏珠在临床工作中积累了一些诊断和治疗心肌梗死病人的经验后，发现冠状动脉血栓形成后并不都引起心肌梗死，因此用“冠状动脉血栓形成”来代表心肌梗死并不恰当。他认为这个病症与病名的区分有必要引起临床医生更多的关注与重视，就着手写了“心肌梗死”一文，这也是国内首次采用“心肌梗死”这一术语。后来，国内医学界曾经有一段时间把“心肌梗死”改为“心肌梗塞”，认为“死”一词对于患者而言过于敏感，然而，从病理性来说，心肌不会梗塞，这种表达并不确切，陈灏珠所提出的“心肌梗死”术语是对这一疾病诊断概念上的转变。如今，这一术语已在医学界达成共识。不但如此，陈灏珠还首先使用心电图单极胸导联诊断和定位心肌梗死，这种应用第一次可以确定心肌梗死的部位和范围，它不但可以帮助临床医生作出正确的诊断，还可以指导治疗和预后的判别。

那时，陈灏珠这位年轻医生的名字，也随着他真知灼见的学术论文和细致缜密的临床病理/病例讨论记录的发表而受到更多医学界前辈的注意和青睐，并在他之后的行医生涯中，得到了这些前辈教授的无数关心与支持。

前辈对我的支持、信任、爱护、指导和提携造就了我事业的成功

陈灏珠曾撰文说：“在四年的住院医师期间，有幸能在林兆耆、钱悳、吴绍青、陶寿淇、朱益栋、陈悦书、钟学礼和李宗明等著名医学家的亲自指导下工作和学习，我才能逐渐锻炼成为具备独立诊治疑难内科病人、进行内科教学和科研的一名内科临床医生。也正是在他们的引导和栽培下，我很快地确立了心血管内科的研究方向，少走了很多弯路。”

那时候，陶寿淇、陈悦书、钟学礼、李宗明以及外科的石美鑫均只有30多岁，正是年富力强的时候。这些年轻骨干在学术上扎实沉稳、思想上锐意进取。林兆耆、钱悳、吴绍青等为资深教授，在内科的不同研究方向上都已经早有建树。但无论是医学泰斗前辈，还是年轻骨干，都是不拘一格降人才，并没有因为陈灏珠是新进的医生就有任何区别对待。他们与陈灏珠是医疗、教学、科研工作的合作者、同道者。在林兆耆、钱悳等教授担纲的重大项目或课题里，年轻骨干医生和新进医生常常都参与其中，例如，著名的《实用内科学》的编

著就是如此。他们也常常教学相长，共同探讨难题，彼此合作，发表最新成果。例如，1951年，陈悦书教授就与陈灏珠合作在《中华医学杂志》外文版发表英文论文，共同报告了一例极其罕见的冷性凝集现象伴有Raynaud综合征，这也是陈灏珠的第一篇学术论文。陈灏珠还与陶寿淇教授合作，于1952年在《医务生活》上发表第一篇以第一作者撰写的论文“血吸虫病的临床观察”。而陈灏珠的本科毕业论文“原发性肝癌”则是与钟学礼教授合作，于1956年在《中华内科杂志》上发表。前辈们始终保持着虚怀若谷、勇于成就他人的奉献精神，即使若干年后，陈灏珠作为后起之秀带领团队，每个成员给予他的都是始终如一的支持。

在这些前辈中，陶寿淇教授是陈灏珠最难以忘怀的老师和朋友，也是他从事心血管内科研究的引路人。陶寿淇教授1918年出生于上海，浙江绍兴人，心血管病学和心血管病流行病学专家，我国现代心血管病与预防心脏病学奠基人之一。他1940年毕业于国立上海医学院。1947~1948年在美国哈佛大学医学院附属麻省总医院和美国密西根大学医学院学习心脏内科和心电图学。陈灏珠在中山医院实习期间，恰逢他学成回国在中山医院心脏内科带教，所以自实习医生阶段起，就有幸一直在他的指导下工作。1950年，陶寿淇教授带队到浙江嘉兴为人民解放军防治血吸虫病，陈灏珠是队员；1951年，各医院组队参加上海市抗美援朝医疗队第七大队，陶寿淇教授是副队长，陈灏珠是队员；1955年，陶寿淇教授任上海第一医学院医疗系副主任兼中山医院内科主任，陈灏珠是主治医生兼科研秘书；1965年，医院选择一些骨干予以重点培养，陈灏珠被选为心血管病专业培养对象，陶教授被指定为导师，他们一起制订了详细而又完善的培养计划并准备付诸实施，不料，却被“文革”阻断，计划未能实现。1974年，陶寿淇教授奉命调往北京，在中国医学科学院阜外医院工作，陈灏珠同年被任命为中山医院心血管内科主任，继承了他的部分工作。至此，陈灏珠与这位他参加工作25年以来一直互相支持、合作无间的领导、师长和朋友两地分离，只有偶尔一起开会或者出差才会相见。2000年3月初，陶寿淇教授因病住院，陈灏珠借在北京出席全国政协会议的空隙前往探视。不久噩耗传来，陶寿淇教授于3月20日与世长辞。当年5月的《中华心血管病杂志》上发表了一篇陈灏珠撰写的纪念文章——“悼念我国心血管病

中国医学科学院 心血管病研究所 阜外医院

陈教授：您好！

前上一函，谅已收到。

今天收到出版社寄来的稿纸，当分发。刘力生同志高血压一章听说早已直接寄上海，不知是否在您处？

关于心脏传导失常一章，提纲上估计字数为2万字（原书有4万余字），是否有误？

电生理检查需要在再版中加入，但是否很大一部分宜在有关心律失常的诊断（包括异位性心动过速的定位和传导阻滞的定位、病窦的诊断等）中结合起来讨论。如何与您在"第一部分"中写的内容分工合作，尽量减少重复或遗漏，请提出意见。

祝

新年快乐！

陶寿淇

1987-1-12

字 号

学杰出专家陶寿淇教授”，那是对老师与挚友无尽的怀念，亦是对继续努力发展心血管病学的郑重承诺。

新中国成立初期，百废待兴，不但医院内部团结，而且各个医院与医生之间的交叉合作也十分频繁有序。董承琅教授、黄宛教授和方圻教授等虽然不在中山医院工作，但也一直全力指导并支持陈灏珠的医学研究，他们做事认真，而且持之以恒，给予陈灏珠深刻的影响。

董承琅教授是浙江鄞县人，1924年获得美国密歇根大学医学博士学位，是美国心脏病学会的第一个中国籍会员，被誉为是中国心脏病学之父。1948年，陈灏珠在实习生期间初晤董承琅教授。那时，董教授作为上海医学院的内科名誉教授，不时来中山医院会诊心脏病患者，陈灏珠因此有机会跟随董教授查病房，聆听他的病例分析。董教授经常受邀到中华医学会上海分会做学术报告或讲课，陈灏珠总是尽力去聆听。20世纪50年代初，董教授见到陈灏珠作为一名住院医生在《中华医学杂志》和《中华内科杂志》上发表的一些论文和一系列病例讨论报告后大加赞许，这才发现原来这位勤于思考和努力笔耕的年轻医生就常在自己的身边。60年代初，董教授主编的《实用心脏病学》，就邀请陈灏珠参与编写部分章节，成了参编成员中最年轻的一位医生。陈灏珠很快就完成了任务并及时完稿，董教授亲自修改稿件，并且非常欣赏他的著作水平和完成任务的速度，他知道，这位年轻人肯定用上了所有的休息时间才能这么快、这么高质量地完成了文稿。这件事也给了陈灏珠莫大的鼓舞。在此后的近半个世纪中，两代心脏病学家成了莫逆之交，经常互相切磋、讨论病例，交流研究心得。70年代末，陈灏珠受命主编《中国医学百科全书：心脏病学》分册，这本书以条目形式编写，要求能够代表国家水平，并要用简单扼要的陈述方式全面地表达心脏病学的各方面内容，任务艰巨。陈灏珠邀请董承琅教授担任特邀编委，董教授欣然接受，并与陈灏珠合写了“心脏病学”和“心脏病（心血管病）”这两个核心基础条目。80年代后期，《实用心脏病学》第三次修订，董承琅教授和陶寿淇教授邀请陈灏珠参加主编工作。1988年，第3版修订工作尚未全部完成，董教授因家事赴美，临行前夕，他特地嘱咐陈灏珠一定要协助陶寿淇教授做好修订的具体工作。此后，陈灏珠每次访美，日程再紧

Jan. 21, 1981

Dr. Chen:

I have made certain changes and suggestions re your paper. If you intend to submit this mss. to the American Heart Journal, the following points should be observed.

1. Send the mss. to Dr. Dean T. Mason, Section of Cardiovascular Medicine, University of California, School of Medicine, Davis, California, 95616, U.S.A.

2. Two copies of the final mss. should be submitted to the editor.

3. All mss must be typewritten, completely double spaced c̄ liberal margins.

4. The "name" is a problem. In the "references", the last name is placed before the initials, but in the main paper the reverse of our customary order is the general rule. Use your discretion.

5. Send no abstract to the Am. Heart J. If the abstract is intended for the Chinese Med. J., it must be drastically reduced in its length.

董承琅

灏珠教授：

你好！离别已两月有余，谅你工作极为繁重，但身体与精神均健康如常为颂！在此我确得到休息，并目睹美国科技工业有长足发展，较之半世纪前的美国不可言喻，真是天之骄子！

实用心脏学的三版工作全靠你们几位支持，希你在盛暑炎热之下，负责为编写与审改为盼、完成得如何，希便时予我知为来、容后面谢一切！

陶教授与诸骏仁处亦分别邮询一切

此致

暑安！

董承琅 上

1988—8—6日于美国

KOMO

2919, 7th Ave., N.W.,
Rochester, MN., U.S.A.,
55901, Dec. 20, 1991,

Dr. & Mrs Chen:

Merry Xmas & Happy New Year!

Please correct my following ode in English & in Chinese:

四“如”颂

天地如寄寓，
人生如过客；
光阴如矢驰，
有后如永生。 请予指正

An Ode to Immortality

The world is like a tavern,
And all men & women mere tenants;
Time flies like an arrow,
Posterity is like immortality!

C.-L. Tung
1991, Dec. 20

1991年，陈灏珠访美时探望董承琅并合影

张，总是要安排时间探访董教授。1992年11月，陈灏珠访美期间，打电话到董老的寓所问候，但一直无人接听，心中非常不安。回到上海后不久，便接到董教授儿子董天润医生的信，惊悉董教授已于11月21日病逝。陈灏珠在1993年的《上海医学》杂志上发表了“怀念我国心血管病的一代宗师董承琅教授”一文，沉痛悼念董教授的仙逝。半年后，《实用心脏病学》第3版如期出版，并获华东地区优秀科技图书一等奖，以此告慰董教授的英灵。2000年，第二主编陶寿淇教授也去世了，陈灏珠决定接过老师们的重任，把这本在我国影响最为深远的心血管病学专著继续编下去。2007年《实用心脏病学》第4版出版，2016年《实用心脏病学》第5版出版，已过耄耋的陈灏珠依旧是主编，他逐字逐句地认真审稿，因为他知道这是对老师最好的纪念，也是对心脏病学事业最好的传承。

1957年，陈灏珠经组织安排到中国医学科学院协和医院进修，参加“心脏导管观摩班”的学习，有幸聆听到黄宛教授和方圻教授的教诲。两位教授都是新中国著名的心血管病专家，为中国的心电图学、心导管学的应用和发展做出了开拓性工作，他们治学严谨，学识渊博，诲人不倦，当时陈灏珠只是短期受教，但已感到受益匪浅。通过这次的观摩学习，陈灏珠更加全面地学习了心导管检查的理论与规范操作。学习结束回到上海后，陈灏珠就在陶寿淇教授的支持下，建立了中山医院的心导管室，这也是上海市第一个心脏导管室。之后，陈灏珠用学习到的心导管检查方面的知识，与其他科室合作进行了大量心脏介入诊疗方法临床应用和研究工作。而这些卓有成效的工作都源于1957年在观摩班的那段学习，后来，陈灏珠也十分支持他院的医生来上海市心血管病研究所观摩与学习，觉得这是教学相长的有效方式。

而今，陈灏珠已是桃李满天下，但每当谈到自己的老师，叙述中总是透着深深的感恩之情：“我很幸运，在我工作之初就有机会遇到几位著名的前辈教授，吸取了他们各自教育方式中好的方面，他们对我的支持、信任、爱护、指导和提携，造就了我后来事业的成功。我觉得我必须要努力工作，像他们一样带教下一辈的年轻医生，才能告慰已经辞世的几位前辈的在天之灵，让他们知道他们所开创的事业已经在我国蓬勃发展，心脏病学临床和研究都后继有人。”

祖国哪里需要我，我就到哪里去

新中国建国之前，血吸虫病在我国南方泛滥成灾。当时的流行病学调查资料显示，血吸虫病的流行区域遍及江苏、浙江、安徽、江西、湖南、湖北、四川、云南、福建、广东、广西以及上海12个省（市），患病的人数达1 000多万。毛泽东主席的诗作《送瘟神》就描写了那时血吸虫病流行的惨象："绿水青山枉自多，华佗无奈小虫何！千村薜荔人遗矢，万户萧疏鬼唱歌。"在吸血虫病严重的浙江、江苏的一些区域，田园荒芜，经济萧条，家破人亡，人口锐减。

新中国刚成立不久，驻扎在上海郊区和江浙一带的解放军官兵为了解放台湾，在河里练习游泳。由于当时不了解这些河流里的水含有大量血吸虫病尾蚴，足以使人感染血吸虫病，导致大批指战员都患上了急性血吸虫病。1949年12月，华东军政委员会和上海市政府紧急号召广大医务工作者组织医疗队，参加上海市郊区的中国人民解放军防治血吸虫病的工作。刚刚工作的陈灏珠觉得自己报效祖国的机会来了，积极报名参加，被分配到解放军第二十七军浙江嘉兴驻地。在二十七军后勤部兼卫生部部长耿希晨军医和医疗队队长陶寿淇教授的带领下，全体医疗队队员齐心协力、全心全意地救治血吸虫病战士。

刚解放的中国物质条件非常差，病房是侵华日军遗留的一所陆军医院的一部分，只有几个面积很大的平房。因为病床不够用，患病的指战员们只好打地铺，睡在地板上。病员按病房分成若干组，陈灏珠和医疗队的其他医生每人负责治疗一个组，工作地点在东大营。

急性血吸虫病主要症状包括高热、畏寒、盗汗、腹痛、腹泻、呕吐，超过90%的病人有肝脏肿大，并伴有不同程度的肝区压痛。当时治疗血吸虫病的唯一方法是采用三价锑剂酒石酸锑钾静脉注射，每天注射一次，2~3周为一个疗程。锑对心脏和肝脏有很大的毒性，可以引起心室颤动，从而导致阿-斯（Adams-Stokes）综合征，病人发生死亡的危险性很大。直到20世纪70年代，随着吡喹酮的发现，酒石酸锑钾等锑剂被停止使用。

医疗队每天清晨起来第一件事就是为病员测体温、量血压，尤其要重点检查心脏和肝脏，决定是否注射锑剂和注射剂量。因为担心锑剂的毒副反应对病员随时可能产生影响，陈灏珠把中山医院24小时住院医师制度引入医疗队。在1950年6月陈灏珠亲笔书写的汇报材料中，他写道："自工作开始以来未曾离开工作岗位，未曾返沪""除因公外未轻易离工作地点东大营，因公或理发而暂时离开东大营时必向队长报告，同时报告区办公室室长及值班护理员，并请求其他医师代为照顾病员""有几次下雨，衣服全都湿了，到晚上还是坚持到病室察看病情"。临床操作上，陈灏珠从来不怕辛苦、不厌其烦，每次都一个一个地观察病员病情；注射工作大都由他自己而非护理人员负责；病员的尿液、血液、肝功能等各种化验，他都亲自送到化验室，从无遗漏；病员呕吐在地上的呕吐物，他也会主动打扫并给病员喝水。陈灏珠注重细节，有疑难问题会随时请示上级医生，绝不草率从事。他发现静脉注射时，如果血液回流入注射器过多，会与锑剂药液发生反应，形成很小的血凝块，可能会引起病员的咳嗽。陈灏珠及时把这个发现向上级医生报告以求改进。经过实习阶段和临床医生的历练，陈灏珠已经能沉着冷静、有条不紊地处理突发事件了。特号病室病员薛业吉持续性高热、寒战，疑似为急性血吸虫病合并有疟疾或者回归热，为确诊病情，陈灏珠在三天的时间里四次亲自为他检查血涂片，查找回归热螺旋体。

陈灏珠平时与解放军战士病员打成一片，相处有说有笑，还十分关心他们的生活需求。战士王雄恩呕吐后想吃甜食，但库房没有糖，陈灏珠就买了糖果给他；病员沈枝云在治疗前产生恐惧心理，不想接受治疗，陈灏珠就耐心解释，说服他接受治疗，并最终痊愈；做肝功能检查要清晨采血，每次陈灏珠都尽量赶早做，这样不妨碍病员用早餐；他还买了些本子、扑克、象棋等东西慰问病员，丰富他们的日常生活。他的细致、周到、贴心获得了患病解放军战士的一致认可。有战士出院时，赠送陈灏珠一枚小银盾，上面刻了"病员的哥哥"五个字，还有战士返回部队后又感觉身体不适，特地到东大营来找陈灏珠。

1950年6月，医疗队结束工作时，陈灏珠凭借扎实的医学基本功和勤奋的工作，使他所负责治疗的所有病员都痊愈出院，无一发生意外或严重并发症。由于工作中的突出表现，他荣立三等功，获得上海市郊区血吸虫病防治委员会颁发的战功奖状。总结这次的工作，陈灏珠第一次以第一作者的身份撰写论文"血吸虫病的临床观察"，并发表在1952年第2期《医务生活》上。这也是陈灏珠生平第一次与中国人民解放军战士近距离接触。陈灏珠出生、成长于香港，被迫返乡后艰难续读高中，大学生涯更是辗转各地。期间虽然接触

上海市郊區日本血吸蟲病防治委員會

立功獎狀

獎字第號

陳灝珠同志

在中國人民解放軍中參加血吸蟲病防治工作成績優異經民主評議暨本會評功委員會核准認可定為叁等功特給此證以資表揚

主任委員 宋時輪

副主任委員 崔義田 宮乃泉 顏福慶

一九五〇年六月九日

过进步学生运动，但并没有机会深入群众中去。实习医生、住院医师时期，24小时为病人服务，目光所及仅限于医学范围，也难以全面了解正在发生的社会政治剧变，这次参加医疗队，使他与人民子弟兵结下了不解之缘。

在防治吸血虫病工作结束的同一时期，朝鲜战争爆发，不久战火燃烧至鸭绿江，中国组织志愿军抗美援朝，保家卫国。中国人民志愿军需要大批医生支援前线。中国人民抗美援朝总会和中国红十字会发出组织医疗队的通知，号召医务工作者自愿报名参加抗美援朝医疗队，全国各地医务人员积极响应，踊跃报名。中山医院当时一共派遣了三支医疗队，陈灏珠是积极报名参加者之一。陈灏珠亲历过抗战，他深知战争中医疗队救死扶伤的重要作用，抗战时他学业未成，而今终于有能力在战场上为国效力，自然义不容辞。

陈灏珠被分编在上海市抗美援朝医疗队第七大队，队长是泌尿外科专家熊汝成教授，陶寿淇教授为副队长。沈克非教授和林兆耆教授为顾问，专家云集，队伍精良。1951年的夏天，第七大队抵达辽宁沈阳，志愿军领导考虑到医疗队的安全，不让他们跨过鸭绿江到朝鲜战场去，而是要求他们在后方为前线送下来的伤病员服务，医疗队受命驻扎在黑龙江省齐齐哈尔东北军区第二陆军医院开始工作。由于没有跨过鸭绿江，因而离前线较远，没能直接在战场上为志愿军服务，陈灏珠觉得颇为遗憾。

齐齐哈尔东北军区第二陆军医院是大平房式建筑，占地面积较广，也是侵华日军留下的一所陆军医院。由于战场上救护下来的紧急重伤员主要留在更靠前线的沈阳东北军区第一陆军医院进行救治，因此送到第二陆军医院的伤员主要是从前线医院转移过来的情况比较复杂的病人。他们有些需要施行心胸外科、泌尿外科、骨科等外科手术，有些则是患了慢性疾病的内科病员，当时最多的是肺结核病人，其中有许多是开放性结核病人。

陈灏珠被分配在肺科病房工作，严格遵照受训的三大原则：对病员如亲人、严谨地工作以及技术上精益求精，尽心尽力地救治志愿军战士。当时工作条件简陋，没有很好的防护设备，特效药品缺少，再加上开放性结核的传染性很强，医护人员被传染的可能性很高，但陈灏珠从没有退缩过，想尽一切方法救治病员。在治疗肺结核病员的过程中，他通过仔细的病史采集，反复研究病员肺部X线片显示的病变，并对痰标本进行细致的显微镜检查，最终发现个别痰中带血的病员患的并非肺结核而是肺吸虫病。他将患肺吸虫病的病员迁出隔离病区，改变了治疗方案，避免了再次感染肺结核引起并发症的可能。这也再一次证实了我国东北地区存在肺吸虫病，在诊治肺结核时，需要考虑把它列为鉴别诊断的对象，避免发生误诊。齐齐哈尔的冬天很冷，室外气温在零下30℃左右，最低气温达到零下40℃，对于来自南方的医疗队队员是一个重大的考验。外出时，大家穿着军用的厚厚的棉袄和棉裤，还得加上厚厚的棉大衣，行动迟缓不便。由于带着大口罩，从鼻子里呼出的气体就凝集在睫毛上，不一会儿就形成了一层白白的冰霜，好在医院室内有暖气设备，老乡家里有火墙和火炕，还是很暖和的。在东北，陈灏珠他们这些南方人第一次吃到了诸如苞米、小米、高粱米等杂粮，但冬天吃菜仍是一个问题，只有吃储存在菜窖的大白菜。有时，上级组织给半只杀好了的猪，这里的冬天伙房就是自然冰箱，把猪肉放在伙房，每天切点来做菜，所以大家每天都吃同一个菜：白菜炒猪肉丝。因为对天气不甚适应，加上营养不足，在医疗队任务结束回到中山医院后，陈灏珠被查出肺部有一个已经纤维化了的结核病灶，成了他在肺结核病室工作近一年来留下的印记。

1951年8月，在医疗队为志愿军伤病员服务不久后，东北军区决定以齐齐哈尔第二陆军医院为基础，创建中国人民解放军东北军区军医学校。建校的目标是为部队培养大量具有一定素质的中级军医干部。当时全国人民“抗美援朝，保家卫国”的热情高涨，许多中学生踊跃参军，参军的学生被分配到东北军区的人数不少，东北军区的领导希望将其中一部分学生培养成中级医务人员，为军队的医疗卫生工作服务。这个特殊而又艰巨的筹建任务就被下达到陈灏珠所在的第七医疗队来完成。

医疗队自上而下都非常重视这项任务，沈克非教授、林兆耆教授、熊汝成教授、陶寿淇教授带领着队员们一起商量开展工作。东北军区军医学校校址就设在第二陆军医院之内，学制定为三年，第一年主要教授基础医学课程，第二、三年教授临床医学课程并进行临床实习。医疗队队员大都是临床医生，但大家都勇于承担第一年基础医学课程的教学工作，外科医生主要讲授组织学、胚胎学、解剖学、病理学课程等，内科医生主要讲授生理学、细胞学、药理学课程等。没有现成的教材，就由授课者自己编写；实验缺少仪器设备和

1952年，陈灏珠在东北军区第二陆军医院门口与军医张仁合影

抗美援朝期间，医疗队自己组建乐队丰富业余生活

标本，就在最大化利用现有设备标本的基础上，一边向国立上海医学院求助，一边自己动手制作标本。例如，外科医生王文正就用布料缝制成肌肉、血管、神经的样子，按其解剖部位缝接在骨骼标本上制作出可以代替尸体材料的解剖标本，从而提高教学效果。

陈灏珠当时负责寄生虫学的教学工作，任寄生虫学教研组主任，同时担任生理学教员，讲授一部分生理学的课程。陈灏珠和他的两位同事得到了国立上海医学院的大力支持，获得了全套的寄生虫学教学和实验标本，加上他们自己在医院所收集到的标本，使得教学任务得以圆满完成，教学效果优良。此后东北军区军医学校得以续办，并得到不断发展。改革开放后，学校规模扩大，南迁广州改名为中国人民解放军第一军医大学。

在抗美援朝医疗队近一年的时间里，陈灏珠与中国人民解放军、中国人民志愿军以及部队的医务工作者朝夕相处，他对人民子弟兵也有了更深入的了解。陈灏珠也有幸能与老一辈医学家沈克非、林兆耆、熊汝成、陈化东、陶寿淇、李宗明、苏应衡、袁昌炽、吴祖尧等诸位教授一起工作，向他们学习医学知识与为人处世之道，协助他们建立东北军区军医学校，并在组织方面与技术方面起到模范带头作用，受到老前辈们的赞赏。医疗队工作结束返回上海之前，在评功会上，由于陈灏珠的敬业与贡献，他被评立一小功，获得中国人民志愿军后勤部卫生部颁发的抗美援朝一小功奖状，上书："兹有陈灏珠同志于抗美援朝保家卫国的神圣任务中光荣为人民立下功劳。业经评定为一小功，特发此状，以资鼓励。"这张奖状他一直珍藏着。2000年，在纪念抗美援朝50周年的时候，中央电视台军事农业频道播放了一系列的有关节目，其中关于抗美援朝医疗队的工作，就特别请了陈灏珠作回忆介绍并发表感想。

然而，抗美援朝留给陈灏珠的并不只有立功的喜悦，还有痛失亲人的悲伤。陈灏珠在医疗队工作时，他的妹妹陈紫梅也在中国人民志愿军中从事救护工作，不幸壮烈牺牲。

陈紫梅比陈灏珠小六岁，父亲当年从家乡新会带领三个子女到韶关读书时，她因年纪太小而没有随行，留在家乡继续念书。她先在石头小学就读，1944年毕业后考入新会县立第三初级中学（现名为棠下中学）继续学业，于1947年毕业。她在读书期间受到进步思想的教育和影响，积极参加抗日救亡宣传活动。1944年10月，珠江抗日部队主力大队近500人

獎狀

茲有陈灏珠同志於抗美援朝保家衛國的神聖任務中光榮為人民立下功勞業經評定為壹小功特發此狀以資獎勵

右給

陈灏珠同志

中國人民志願軍後勤衛生部
衛生部政治部

一九五二年二月廿九日

獎字第 808 號

1952年2月，陈灏珠获得中国人民志愿军后勤部卫生部颁发的抗美援朝一小功奖状

1952年2月，上海医疗队抗美援朝志愿医疗手术总队第七大队工作总结功臣榜

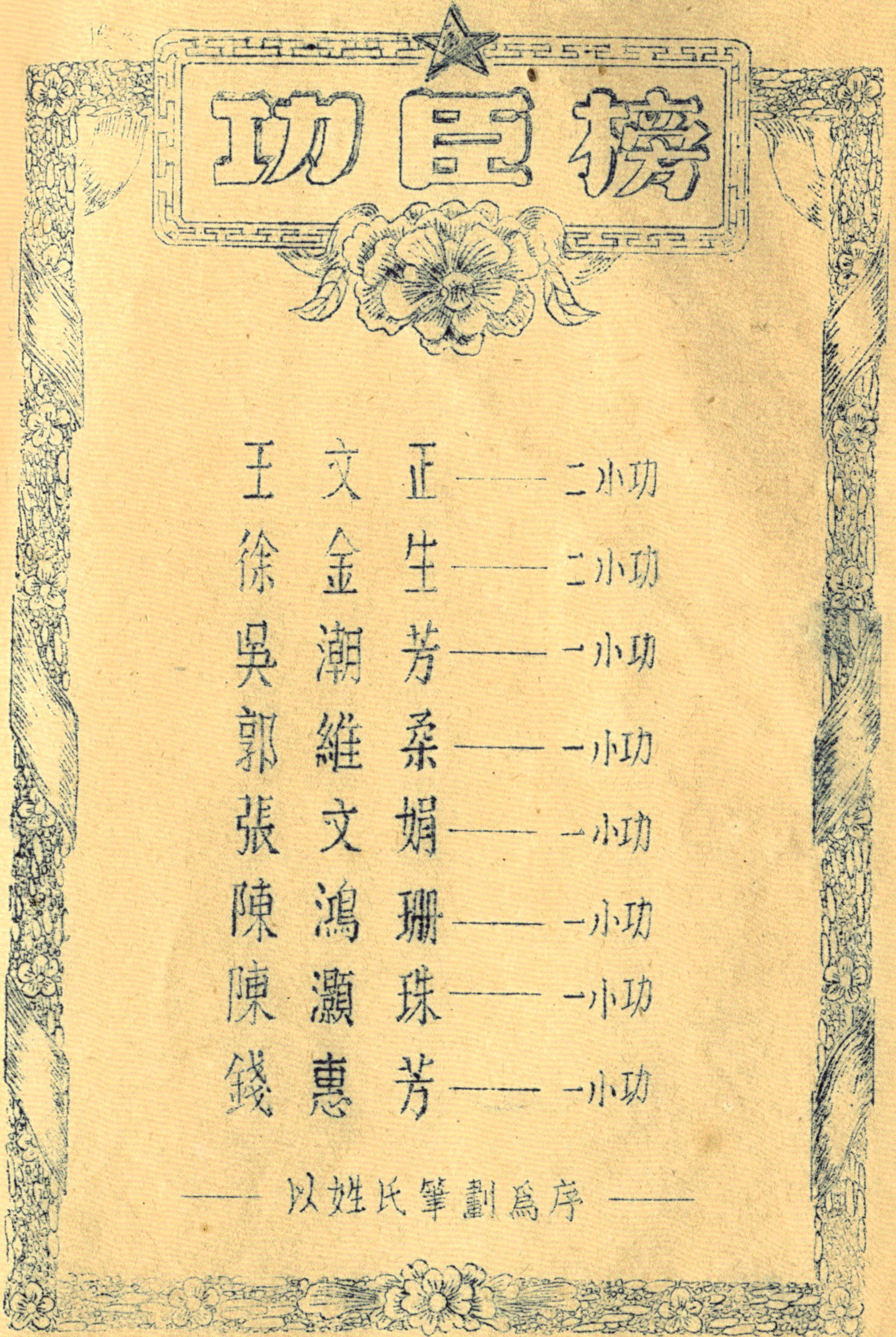

功臣榜

王文正——二小功
徐金生——二小功
吳潮芳——一小功
郭維柔——一小功
張文娟——一小功
陳鴻珊——一小功
陳灝珠——一小功
錢惠芳——一小功

——以姓氏筆劃爲序——

挺进粤中，到达棠下镇三堡大井头村时，陈紫梅和陈素、李帜雄等20多位男女学生在党组织安排下，以三中代表队名义与过境部队联欢。他们所演唱的《祖国之恋》《大路歌》《太行山上》等爱国歌曲，受到部队战士和村民的欢迎和好评。联欢会结束后，同学们还受到了领导同志的接见和鼓励。后来，陈紫梅所读的班级（新会县立第三初级中学首届初中班）许多同学和老师都投奔游击区参加革命。1947年，陈紫梅初中毕业后，考入广州市立师范学校读书，读了一年左右便转学到广东省人民医院护士学校学习。陈紫梅在护士学校学习时，陈灏珠在上海中山医院实习，她还写信与哥哥联系，畅谈她学习医学和护理学的心得，但不久后便与家人失去了联系，还是从她同学陈秋妍处得知她有参军的意愿。后来，她的确参军到了部队，这段过程家人一直都不知道。据说陈紫梅所在的是解放军第二野战军部队，该部队当时的任务是到广西剿匪，稳定新中国成立后的广西局面。陈灏珠曾听到过一个说法，紫梅妹妹在广西战场牺牲了。直到2005年7月25日，中华人民共和国民政部补发烈士证书，上面所写的内容是："陈紫梅同志1952年在朝鲜战役中，因抢救战士壮烈牺牲。经批准为革命烈士，特发此证，以资褒扬。"追忆起来，紫梅牺牲时，陈灏珠正在齐齐哈尔市参加上海市抗美援朝医疗队第七大队的工作。据陈灏珠分析，陈紫梅参加的可能是中国人民解放军第38军，该军曾在广西剿匪，后参加志愿军入朝作战，陈紫梅是在朝鲜战场上光荣牺牲的。据家乡新会的《江门日报》报告，抗美援朝期间，上千名家乡儿女参加志愿军，与陈紫梅同时期的约有250名新会儿女牺牲在朝鲜战场，《上甘岭》卫生员王兰原型之一就是新会人陈振安。现存的新会市志烈士名表上，记录了陈紫梅牺牲时间是1952年，年仅22岁。牺牲地点在朝鲜，职务一栏是志愿军护士。

结束抗美援朝医疗队工作不久后，陈灏珠又受命赴山东调查当地在防治黑热病过程中引起的病人死亡事件。黑热病是由杜氏利什曼原虫（也称为黑热病小体）引起的一种传染病，通过一种称为白蛉的蚊子叮咬后传播。黑热病传播快，病人感染后，容易高热，肝脏和脾脏肿大，面部发黑，因此被称为黑热病。若不予以有效治疗，大多数病人会在发病后1~2年内合并感染或因其他疾病而死亡。黑热病主要在热带地区，如印度等国家流行。新中国成立前，黑热病曾在我国长江以北的山东、江苏、安徽等省的部分地区流行，当时的调查资料估计全国病人约有53万。1950年起，我国对黑热病的重感染区进行了群防群治工作，由国家免费提供特效药物五价锑，由各地卫生院、所的卫生员负责静脉注射，为所有黑热病的病人免费治疗。山东省就是其中之一。

1952年，山东省在防治黑热病的过程中，发生了病人死亡事件，引起华东军政委员会领导的重视。当时认为引起死亡事件的原因可能是山东新华制药厂生产的药物不符合规格，也可能是卫生员在治疗过程中发生失误所造成的。陈灏珠时任上海医学院内科学院（现复旦大学附属华山医院）第四年内科住院医师，他受命协助华东军政委员会监察委员会到山东调查这项医疗事故的原因。他们于1953年年初出发，历时四个月深入现场进行调查取证，查访了包括死者家属在内的所有相关人员，调取了死亡病例的资料，听取了当地医务人员和有关专家的意见。通过严密的分析和相关证据的支持，陈灏珠他们发现，新华制药厂生产的五价锑在疗效和死亡事件发生概率上与上海市有关制药厂生产的五价锑并没有什么差别，也就是说前者并不存在质量问题。虽然治疗黑热病的五价锑毒性较治疗血吸虫病的三价锑小一些，但还是有相当的毒副作用，即使完全按照治疗方案进行注射治疗，还是会发生心脏和肝脏严重的毒副反应，需要及时救治，而卫生院、所一般不具备上述救治条件，从而造成了患者的死亡。

令人信服的调查结果结束了一次争论，也避免了山东新华制药厂蒙上不白之冤。此后，我国黑热病的防治工作取得很大的成绩。黑热病已经被消灭了。

与解放军的朝夕相处让我更加热爱自己的祖国

陈灏珠少年时期的生活和教育都是在香港度过的，虽然他深受父亲影响，十分热爱中国古典文学和东方文化，但对于当时中国大陆所处的政治革命环境了解甚少，这与他的妹妹陈紫梅在新会上中学接受进步思想的教育大不相同。直到抗日战争时期，全家逃离沦陷了的香港，他进入大学在流亡中艰苦学习，才通过亲身经历逐渐转变了思想，他希望有所作为，希望对国家的强盛做出贡献。陈灏珠在参加工作之前，很少有机会长时间深入基层、深入农村生活，也鲜少与部队接触，医学院校的政治氛围也并不浓烈，所以他对中国共产党的执政方针，对解放军的作风，对社会主义建设都并不了解。

为解放军防治血吸虫病是他第一次有机会近距离接触解放军战士，对他触动很大。解放军纪律严明，官兵上下团结一致，给他留下了深刻的印象。而后参加抗美援朝医疗队，他有了更长时间与战士相处的机会，感觉到人民解放军真正是一支人民的军队。军队中大部分战士是出生于贫苦家庭的农民，参军前很多都不能读写文字，但他们却有很强的共产主义信仰。部队内虽然纪律性强，但组织管理十分人性化，指导员和普通战士之间没有森严的等级，官兵都非常重视文化教育，“解放军就是一所大学校”的说法一点也不错。解放军战士有一个传统，就是唱歌，经常是集体大合唱，歌声嘹亮、整齐，透着勃勃的生机，使他深受感染。他从不了解，到稍微了解，到更多地了解，再对比父亲陈国伦曾经说起过的国民党和军阀的部队，两者之间天壤之别。从解放军战士的身上，他开始慢慢了解中国共产党，了解其治国的政治理念和建设社会主义的目标。他读了毛泽东的《新民主主义论》以及其他一些著作，真切地感受到了新中国的伟大和全国各族人民团结奋斗，不断创造美好生活的崭新时代的精神是多么的可贵！在山东农村调查黑热病的时候，他第一次看到了中国北方地区老百姓的贫困状况，生活之艰苦比他大学时在南方流亡过程中所见到的，有过之而无不及。而在解放初期，国家财政异常困难的状况下，政府还尽全力免费救治贫困的百姓，并且对在此过程中发生的一些死亡事件极其关注，派遣监察委员与专家医生一起参与调查，使他感触良多。他明白了为什么代表资产阶级和地主阶级的中国国民党会失败，而代表广大工人阶级和贫困农民利益的中国共产党取得了革命的最终胜利。早期的这些经历与见闻为陈灏珠之后参政议政打下了良好的基础。

在之后的工作中，陈灏珠又目睹了新中国成立后各项事业的迅速发展。当时毛泽东主席提出的“为人民服务”“救死扶伤，发扬革命的人道主义”“对技术精益求精”的号召给了他莫大的鼓舞，陈灏珠怀着满腔热情投入了新一轮的医学工作中。

中国心血管病治疗一定要自力更生

1954年下半年，三十而立的陈灏珠顺利地通过了严格的五年住院医生培养阶段，晋升为内科主治医师。培训他的前辈教授们殷切嘱托道："成为主治医师，也就意味着你已经具备了独立解决临床疑难危重病症诊治问题的能力。以后，我们不会再像之前那样严格督导你了，业务上的进一步提高都要靠你自己来完成。要不断学习、不断实践、不断探索，要做到老、学到老、为病人服务到老。"

成为主治医师以后，陈灏珠选择了心血管内科专业，并从此独立从事这一专业的临床、教学和科研工作。"无论农村还是城市，心脑血管病是我们国家死亡率最高的疾病。这类疾病跟生活和饮食习惯有关，而且从长远趋势来看，患者会越来越多，所以当时我就有兴趣去研究它。"以此为目标，陈灏珠努力学习，定期阅读文献，请教前辈教授，并常与同辈医师交流切磋；他努力实践，不断累积临床和教学经验，提高教学水平；他积极探索新的理论知识和技术，并在探索中有所发现和创新。通过一定时间的学习、观察和摸索后，陈灏珠决定在心血管内科专业内专攻介入性诊断和治疗工作。所谓介入性诊断就是把心导管从周围血管放到心脏里面进行检查，是一种直接对心脏进行检查的方法。

1956年诺贝尔生理学/医学奖： 1929年，德国科学家福斯曼（Werner Forssmann）在自己的身体上做心脏导管实体实验，将一根橡胶管从他的臂静脉一直连到他的右心房；然后他使用X光照片来记录他的手术。同年11月5日他就此发表了一篇论文，但在专业界未获得响应。1940年，法裔美国科学家库南德（André F. Cournand）和美国科学家理查兹（Dickinson W. Richards）在阅读了福斯曼的自我实验后，在他的基础上发展和精化了他的技术。1956年，这三个人共同分享了诺贝尔生理学/医学奖。

20世纪40年代，有创介入性诊断技术在国外就已经比较成熟了。1956年，德国科学家福斯曼（Werner Forssmann）、法裔美国科学家库南德（André F.Cournand）和美国科学家理查兹（Dickinson W.Richards）因为发明心脏导管插入术并揭示循环系统的病理生理变化而共同获得诺贝尔生理学/医学奖。这种诊断方式相较于无创体表检查而言更为直观，但又不用施行大型外科直视手术就能研究病变心脏的结构和功能，从而做出更精确的诊断，在确诊心血管病（如先天性心血管病和风湿性瓣膜病）的过程中起到重要的作用。

但是，在新中国成立之初，西方国家对我国采取封锁政策，要引进国外的先进技术很困难，所以很多技术都必须自力更生，如开展直视手术所需要的人工心肺机器就是中国自己做出来的。在当时，心导管这一类微小型医疗器械尚可以从相对宽松的欧洲进口，但临床操作技术完全要依靠医生自己研究、摸索、实践并掌握。20世纪50年代初，北京协和医院黄宛教授和中山医院心外科主任石美鑫教授通过不懈努力首先开展了右心导管检查技术。

1957年，陈灏珠被送到北京中国医学科学院协和医院参加由黄宛和方圻两位教授主持的“心脏导管观摩班”。在学习的过程中，他十分敏锐地意识到这项技术有着更为广阔的用途及发展空间。回到上海后，陈灏珠被晋升为讲师，在时任中山医院内科主任陶寿淇教授和心外科主任石美鑫教授两位前辈的大力支持下，他建立了中山医院的心脏导管室，开展心脏导管检查和选择性心血管造影工作。由于中山医院心脏内外科的出色成就，1958年12月，上海市决定以中山医院内外科为基础，建立上海市胸病研究所，后更名为上海市心血管病研究所（简称心研所），陈灏珠负责的心导管室成为其中的主要部门。陈灏珠十分珍惜这样的机会，在陶寿淇教授和石美鑫教授的指导下，与心外科凌宏琛教授、超声波室徐智章教授、沈学东教授跨科室合作，进行了大量心导管检查和选择性心血管造影的临床应用和研究工作。陈灏珠和团队成员在右心导管检查的基础上，率先开展左心导管检查的研究。他们阅读大量国外相关文献，结合右心导管检查的经验后反复实践，先在动物身上做试验，相对成熟后，在人的身上再进一步测试。1959年，他们通过团队的一致努力和默契配合完成了第一例左心导管检查，同时还与心脏导管检查相结合进行了染料稀释曲线测定，之后诸如选择性冠状动脉造影等无数研究都是在此项技术的基础上进一步延伸发展起来的。经过了无数次的练习，陈灏珠对心导管的操作娴熟而沉稳。在他毕生的经验里，也从未发生过心导管穿破血管壁或者在血管内断裂的情况。

右心/左心导管检查：右心导管检查是在X线透视引导下，从周围静脉插入心导管，顺血流方向到达右心房、右心室及肺动脉等处的一种检查方法，在当时主要用于诊断先天性心脏病和风湿性心脏病。左心导管检查是在X线透视引导下，从周围动脉（如股动脉、肱动脉）逆血流方向插入心导管，送至主动脉根部、左心室及左右冠状动脉等处的一种检查方法。而今，这两种导管检查技术都日趋成熟，在临床上的应用更为广泛，大家熟知的频消融术、心脏起搏器、经皮冠状动脉介入治疗、先心病封堵手术等都是以心脏导管术为基础的。

施行心血管病介入性诊断和治疗的手术操作要在X线透视下进行，不可避免地会接触X射线。陈灏珠团队开展这项工作的初期，设备条件比较简陋，要在X射线的暗室里操作，

1957 年，全国首届心脏导管观摩班合影（前排左起：翟树职、邵孝铁、翁心植、黄宛、方圻、傅世英、孙纹曾；二排左起：陈在嘉 2、陈新 3；三排左起：刘士珍 1、赵易 2、陈灏珠 3、陈思聪 7）

暴露时间长，剂量也大，手术做完后，还要对从手术过程中取得的病人各心腔血液标本作血氧测定，再结合记录下来的心腔内压力曲线进行计算，才能得出诊断结论，常常要工作到深夜，非常辛苦，有些同事因此不愿参加这项工作。陈灏珠始终身体力行，安排科内同事轮流参加，并反复强调要共同做好放射线的防护工作。好在最后并没有任何一位同事因为参加这项工作而发生放射线引起的不良反应或疾病。

在1959年完成了第一例左心导管检查之后的七年时间里，陈灏珠和团队还相继完成了心腔内心电图测定（1960年）、氢和维生素C稀释曲线测定（1963年）和心腔内心音图检查（1965年），并发表了大量有关心血管病介入性诊断和治疗的文章，包括：右心脏导管检查系列两篇，左心脏导管检查系列两篇，选择性染料稀释曲线系列三篇，氢或维生素C稀释曲线系列三篇，心腔内心音图检查一篇，“先天性心血管病的诊断和治疗”系列论文六篇，并在国内首先发表“深低温体外循环心脏直视手术的心电图变化”的论文。这些论文反映了当时我国在心血管病介入性诊断和治疗方面的现状，表明了我国心脏外科直视手术与国际间的差距较小，且我国在该领域的发展也相当快。

1960~1962年，陈灏珠根据自己的经验，历时两年编著出版了《心脏插管检查的临床应用》一书，由上海科学技术出版社出版（1980年第2版时改名为《心脏导管术的临床应用》）。这是陈灏珠编著出版的第一本专著，该书内容丰富，详尽而深入地阐述了心导管术的各个方面，可操作性强，非常实用，出版后受到读者的热烈欢迎，以至于供不应求，而后再一次印刷。1980年第2版将原来的32开本，扩大为16开本，内容大幅更新，将选择性冠状动脉造影和一些全新的介入治疗的内容写进书里，阐述更为全面，被誉为是我国心血管病介入性诊断和治疗的经典之作。2004年，在庆祝陈灏珠院士从事医、教、研55周年学术讨论会上，我国著名心血管病学专家、北京阜外心血管病医院原院长、中国工程院院士高润霖教授在他的演讲中充满感情地说：“我就是读着陈老的《心脏插管检查的临床应用》一书一步一步地开始学习心导管检查的。”现在回过头来看，陈灏珠当初对专业的选定可谓同时具备了高瞻的视野和无畏的胆识。正是因为他的选择，从此开创了我国心血管病介入性诊治的无数个先河。

在成为主治医师到“文革”前的一段时间，陈灏珠精力充沛，兴趣广泛，除了重点关注心血管病介入诊治外，他对许多心血管病学术领域的其他疑难问题也进行了探索和研究，并发表了一系列很有学术见地的论文。

当年，洋地黄是治疗心功能不全（心力衰竭）的主要药物，但是，由于洋地黄类药物的治疗剂量和中毒剂量非常接近，临床上洋地黄类药物中毒发生率相当高。1958年，陈灏珠根据潜心的观察和研究，在国内首次报告了在治疗心力衰竭时要注意预防应用洋地黄及洋地黄类药物时的毒性反应，尤其是引起心律失常的反应。他的学术论文“洋地黄和洋地黄类药物的毒性反应”发表在《中华内科杂志》上，引起了广大内科医师的关注。

20世纪60年代初，陈灏珠被安排向中医老师学习中国传统医学，并先后跟随金宝祥老师、李应昌老师、周保康老师、张伯萸老师和陈一如老师进行学习。在这一过程中，他对中医老师用“活血化瘀法”来辨证论治冠心病有所体会，并于1962年在《中华内科杂志》上发表了“冠状动脉硬化性心脏病的辨证论治疗效与中医理论的探讨”一文，之后继续进行的相关研究工作也曾获得全国科学大会重大贡献奖，例如，以北京中医研究院为首的有关“活血化瘀研究工作”就获得了国家科技进步二等奖。

陈灏珠的远见卓识还反映在了他对于心血管疾病长期发展趋势的研究和把握上。他刚开始从事心血管内科工作时，临床所见大部分心脏病病人是由于“风湿热”引起的风湿性心脏病，主要是链球菌感染的结果，而现在最常见的冠心病、高血压性心脏病当时并不多见。起初，陈灏珠只是想了解一下住院心脏病病人所患的不同类病种所占的确切比例，他分析了中山和华山两所综合性医院在整个50年代中，每年有记录的住院心脏病病人的病种构成比，发现了一个并不明显但非常值得关注的趋势：冠心病的发病比例在逐年增高。因此，他决定长期追踪，对六七十年代的病种构成也做了详细的分析，发现患冠心病的比例以及住院人数随年代而慢慢上升，风湿性心脏病构成比和住院人数虽仍占首位，但却逐年下降。以此统计数据和分析为基础，他大胆预测未来我国心脏病病种的变迁模式，即慢性的代谢性疾病（如冠心病、高心病）将取代感染性疾病（如风湿性心脏病），成为我国今后防治心血管病的重点。这个预测在80年代和90年代的追踪分析中分别得到了证实。

1964年，陈灏珠还第一次作为正式代表出席了“全国高血压和心血管病内科学术会议”，并在会议中，报告了两篇与此预测相关的学术论文。由于上述分析主要是基于医院内样本的研究，尚不具备普遍性，陈灏珠在当时就希望能够在更大范围的人群中证实自己的发现，但条件并不成熟，经费也很紧张，这也促使他在70年代后期寻求世界卫生组织的经费支持，用来开展上海市社区心血管病流行病学的系统调查。

1955~1966年，陈灏珠时年31~42岁，作为一个医生、教师和科研人员，正是职业生涯的黄金时期，他通过自己的努力奋斗和刻苦钻研，作为后起之秀，脱颖而出，在我国心血管内科学界崭露头角，深得老一辈医学专家教授的赞誉和赏识。陈灏珠也希望在导师陶寿淇教授的带领下，向更高的医学高峰攀登。然而，人世间没有一帆风顺的事业，历史也总是在跌宕起伏的曲折过程中前进。1965年，陈灏珠的父亲因病去世；1966年，“文革”开始了。十年国家动荡使正常的工作、学习秩序遭到了破坏，国难、家难，各种挫折接踵而至，他的深造计划也就不得不夭折了。

第四章

上山下乡到基层 艰难岁月平和心

1966年，正当陈灏珠踌躇满志准备大干一场的时候，“文革”开始了。在最初五年多的时间里，除了与石美鑫教授合作成功安置中国第一例埋藏式心脏起搏器外，陈灏珠在心血管病专业上的医疗、教学和科研几乎完全被打断了。他被分配到保健科当医生；他在“跃进病房”里做大总管；他“上山下乡”到贵州威宁任全科医生；他参加医疗队去云南抗震救灾。虽然工作与生活十分艰难，但陈灏珠始终坚守自己从医的信念与追求，在每个岗位上都兢兢业业，并有所贡献。

1965年6月，毛泽东主席在一次讲话中指示："医疗卫生工作应把主要人力、物力放在一些常见病、多发病、普遍存在的病的预防和医疗上。"而心血管疾病在当时被视为"少见病""老爷病"，并不符合讲话精神，相关研究被逐渐边缘化。更为可惜的是，1966年"文革"开始后，全国高校全面停止招生。陈灏珠所在的上海第一医学院和中山医院所有的教学、科研和临床医疗工作的正常秩序都一下子被打乱了。工作上，上海市心血管病研究所名存实亡，濒于解体，科研工作停顿，仪器设备空置损坏，研究所科研人员被安排到临床和门诊部门去工作。上海第一医学院图书馆原来一直订阅的国外学术期刊被当作"封、资、修"的毒草，停止订阅，仅剩的几种也总是延迟很长一段时间才能上架供借阅。而《中华内科杂志》等国内各种医学学术杂志也相继停刊。1966~1972年五年多的时间里，除了他在1968年与石美鑫教授合作完成了中国第一例埋藏式永久性心脏起搏器安置手术之外，陈灏珠基本离开了自己所热爱并擅长的心血管病研究前沿，从事了多种非专业的医务工作。

不管环境多么艰难，对病人都要尽心尽责

"文革"开始后，陈灏珠没有参加任何派别。他虽然具有一定专业特长，学术事业已经开始起步并取得了一些成绩，但与前辈老专家们相比，只是一个讲师和教研组秘书，既非教授也非主任，不是"当权派"，更称不上"反动学术权威"；另一方面，他父亲虽然曾任国民党官员，他也就读过国民政府办的医学院，但他本人未参加过任何宗教或其他政治团体。在新中国建立后，他积极为解放军防治血吸虫病，参加抗美援朝医疗队，多次立功受到表彰，历史清白。加之陈灏珠参加工作以来，医院对他的口碑一直很好。他遗传了母亲的性格，沉静、和蔼、待人诚恳。他几乎把每天的时间都用在了临床、教学和科研工作上，勤勤恳恳、严以律己、宽以待人；他从不与人计较得失，也从来不言人是非。这些都使陈灏珠在"文革"最动荡的时期避免了许多不必要的麻烦。

1966年，由于心血管专业的研究已经停顿，陈灏珠受命到医院保健科工作，任务是为医院全体同事提供保健服务，为患病的同事们看门诊。"文革"期间，医院也和许多地方一

样，不同派别之间斗争激烈，常有冲突。这些复杂情况都会反映到保健科来，保健科医生虽然主要任务是给患病的同事看病，但也需要了解上面这些复杂情况，帮助避免甚至解决不同派别之间所发生的一些矛盾。

事实也证明了陈灏珠十分适合在保健科医生这个岗位上工作。他性格温和、待人诚恳、不搬弄是非，对所有就诊的病人都一视同仁，不因为对方已经被打倒而予以轻视，也不因为对方权势滔天就予以逢迎，总是耐心细致地给予诊治。各派组织成员都乐意到保健科看病，他们除了申诉病情外，往往还会把各种想法向陈灏珠倾诉。而陈灏珠也不辜负他们的信任，除了诊病外，尽力帮助他们处理一些问题。不同派别的成员也曾劝说陈灏珠参加他们的派别，他都礼貌地婉拒，并解释说保健科医生以不参加任何派别为好。经过陈灏珠的解释，劝说他的同事都能理解。就这样，在“文革”斗争激烈的高峰期，陈灏珠保持中立做了很长一段时期的保健科医生，后来才被转到病房为住院病人服务。

随着“文革”的进一步发展，许多受陈灏珠尊敬的前辈都受到了不公平的待遇，不少学生和同事也都去搞运动闹革命了，科研和教学工作完全陷于瘫痪状态。但无论如何，生病的人还是要来看病的，临床医疗工作还要继续。当时医院把医生、护士、工人的分工作为资产阶级等级制度来批判，否定医生在医院工作中的中心地位，实行所谓的“医、护、工一条龙”服务，即不再划分医生、护士和工人的工作职责，所有的医疗业务大家都要一起做或者轮流做。内科病人多时，外科医生协助检查；医生忙时，护士做一些必要的治疗处理；工友忙时，医生、护士要接送病员、打扫卫生、送水送饭。在“一条龙”制度下，如果说护士、实验技术人员长期耳濡目染还能处理一般的头痛脑热，那么当工友穿起白大褂，挂着听诊器，以医生自居，甚至拿起手术刀，医疗质量就是奢谈了。陈灏珠仗着年轻身体好，完成这“一条龙”的工作尚且没有什么问题，只是他曾经看到自己所尊敬的陶寿淇教授，戴着老花眼镜，拿着针筒颤巍巍地给病人作静脉注射，如此用非所长使他感慨万千，不是一个“悲”字所能表达的。

“医、护、工一条龙”后，中山医院的“革命委员会”为节省工作人员，在内科成立了“跃进病房”。这个病房特别大，有100多张病床，为之前普通病房的两倍有余，病床分为七个医疗组，由七名内科医师各负责一个组，每日有一名医师值夜班，七名医师轮流值班，值夜班的医师第二天休息。陈灏珠等七位医师被第一批安排到“跃进病房”工作。可是运作没多久，问题就暴露出来了，值夜班的医师休息后，他分管的那一组病人当天就没有医师负责了。大家觉得在分组及值夜班制度不变的基础上，应该再增加一位医师，并安排一名医师做总管，统筹病房内的大小事务和医生轮替，换而言之，责任大了许多，做得活儿也最多。那么谁适合做总管医师呢？大家认为陈灏珠一直保持中立，不属于任何派别，在业务上又拔尖，而且年纪还轻，既能负责诊治病人，又可以承担给病人静脉或肌内注射等其他一系列护理工作，甚至还能承担一些清洁工作，让他来做总管最为合适。陈灏珠默默地接下了这份工作。

当时，陈灏珠全家居住在中山医院的职工宿舍楼，与中山医院只有一路之隔，步行十分钟就可以到病房。“跃进病房”总管医生的工作量比住院医生的“24小时制”有过之而无不及，陈灏珠几乎每个晚上都会在睡梦中被叫起，到病房去抢救病人。试想100多个病床的病房，每个医疗组都会有重症病人，晚上病人发生情况，如果不是值班医师自己一组的病人，他就不熟悉情况，为了分担责任，只好请总管医生一块儿来处理，这也是很自然的事。在当实习医生和住院医生期间，陈灏珠24小时住在医院里，对24小时随叫随到的工作制也很习惯。但他现在有了妻子和两个孩子，家里那时还没有电话，要抢救病人的时候，医院就打电话到职工宿舍的传达室，由传达室的同志到他家敲门把他叫醒。看到白天已经忙碌了一天的妻子和年幼的孩子们经常陪着自己半夜醒来，他心中非常愧疚。日夜工作使人十分疲劳，但陈灏珠还是把“跃进病房”大总管的工作坚持了下来，“无论是在保健科，还是在跃进病房，医生的服务对象都是病人，我们的工作就是治病救人。不管他是什么人，在什么环境下，我们对病人都要尽心尽责。”即便那时学校和医院对临床工作既没有特别的要求，也没有考核，更没有鼓励或奖励机制，但他带领着七位同事一起勤勤恳恳、任劳任怨地做好了所有的工作，尽力使每位病人得到合适的治疗。这份工作一直持续到他“上山下乡”离开上海到贵州山区巡回医疗。其后不久“跃进病房”也停办了。

在浮躁而又喧嚣的时局下，图书馆成了陈灏珠工作之余休息充电的一片净土。在“文革”期间，有的公共图书馆被迫关闭，人员解散，部分图书资料被当作“封、资、修”的毒草而销毁；有的图书馆馆舍则被挪作他用，不再开放。上海第一医学院图书馆作为当时全国最大的医学图书馆之一，在此期间曾一度衰落，许多国外主要医学杂志不能订阅，能订阅的杂志也无法按时送达，所幸以前图书馆的馆藏没有遭到破坏或销毁，图书馆的阅览室也每天开放，借阅也没有停止。在艰辛的工作之余，陈灏珠还是没有改变上午查病房，下午到图书馆浏览医学文献的习惯。年轻的医生们“闹革命”去了，老前辈们被“关牛棚”，大学停止了招生，校园里也看不到医学生们的身影，图书馆显得很安静，经常只有陈灏珠和管理员两个人。有时候，管理员有事离开，偌大的阅览室里空荡荡的只有陈灏珠一个人坐在那里看书。在管理员的签到本上，签名的就只有那么几个包括他在内的常客。他的学生姜楞曾在回忆中写道：“那时候，医学图书馆很少有人光顾，我也是偶尔才去借书，但在签到本上却总能看到陈老师进出图书馆的签名。”在“跃进病房”的超强度工作节奏下，陈灏珠有时候也会感到很疲惫，可是，只要一到图书馆，静下心来，翻阅期刊，读几段文字，便顿感轻松。图书馆就如同一个心灵的港湾，平静安详，让他沉醉。正因为陈灏珠保持着不断阅读学术文献、不断学习的良好习惯，才能使他在从事非专业医疗工作之外，仍然对心血管病专业的研究有所涉猎。

中国第一例埋藏式心脏起搏器安置手术成功了

在这一特殊时期，虽然心血管疾病的研究被边缘化了，但病人并不会因此就不得心脏病。在20世纪60年代以前，一些患有严重的缓慢性心律失常的患者（例如患有高度或完全性房室传导阻滞和病态窦房结综合征），临床上只应用药物治疗，其效果往往不够理想。在全球范围内有一些心脏病学家和物理学家一直在探索是否可以研制出一种装置，使其可以发出有规律但微小的脉冲式电流，间歇持续地刺激心肌，使心脏随着电脉冲的频率加快跳动，用以治疗这些心跳非常缓慢甚至可能停止跳动以至于会发生晕厥、神志丧失、抽搐、呼吸停止等医学上称为阿-斯综合征的病人，从而挽救病人的生命。这种治疗仪器后来被称为人工心脏起搏器。当心脏病病人心动过缓（医学上称为缓慢性心律失常），如发生Ⅲ度房室传导阻滞、病态窦房结综合征时，为病人安装起搏器可以帮助心脏像正常人一样进行有规律地跳动，并保持一定的跳动频率，避免可能引起严重的后果（如猝死）。

1952年，哈佛大学医学院的保罗•卓尔（Paul M. Zoll）将第一台体外起搏器应用于临床，通过胸腔壁放电刺激心脏，抢救两例濒临死亡的房室传导阻滞病人获得成功。但电极放电会引起肌痉挛因而疼痛，清醒的病人不能耐受。1957年，全球第一台半导体化、电池驱动的可携带体外起搏器问世，所用电极缝合于心外膜或心肌上，经电极导线与体外的起搏器连接，胸腔内有异物（电极和导线），胸壁也有伤口（导线经伤口从胸腔引出），因而极易引起感染。1958年，临床开始使用心内膜电极导管，这种顶端带电极的心导管可以通过右心导管检查的操作方法，从周围静脉血管置入，进入心脏停留在右心室的心内膜上，其尾端连接体外的起搏器，从而起搏心脏。这种形式的心脏起搏器由于局部的伤口小，引起感染的机会也少，但仍不能持久应用。之后瑞典和美国先后设计并在临床采用了植入式心脏起搏器，即包括电极、导线和起搏器全部埋在体内的人工心脏起搏器治疗病人。此后人工心脏起搏技术不断发展，功能越来越多，治疗作用也越来越大。

在国际同行进行起搏器研究的同时，我国学者的研究也开展得如火如荼。1962年，由中山医院石美鑫、陈灏珠、江圣扬、许柏如等内外科医师和技师组成的研究小组与上海市第一人民医院心胸外科主任霍鋆锵合作，制成了中国第一个用心外膜或心肌电极的体外起搏器，之后又研制出心内膜电极起搏的体外起搏器。1968年4月，陈灏珠与石美鑫教授合作，在国内首次施行进口埋藏式起搏器安置术治疗一例患完全性房室传导阻滞的病人，获得成功，“我们从60年代初开始研究心脏起搏技术，基础扎实，所以虽然当时的环境并不利于研究，但我们还是做了，并取得了成功。之后不久我就去贵州‘上山下乡’了。之后的工作一直到70年代中期才恢复。”在“文革”发展初期艰难时局下的这次成功为之后的研究埋下了一颗种子，对中国心脏起搏技术的发展有着承前启后的重要作用。

“文革”结束后，这个研究小组与上海医用电子仪器厂工程师合作，很快就相继研究出用镍电池和锂电池作动力的国产埋藏式起搏器，并应用到临床上，挽救了许多患严重缓

1978年，心脏起搏器研究小组在讨论病人的手术问题，右3为石美鑫，坐着的为陈灏珠

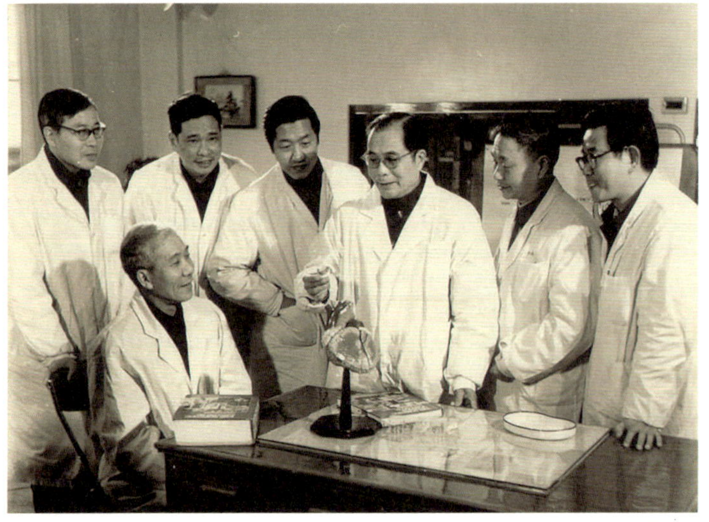

慢性心律失常病人的生命。小组课题“心脏起搏器的研制和临床应用”获1978年全国科学大会重大贡献奖。他们还与上海、南京、北京的一些兄弟单位合作在国际上较早地开展用人工心脏起搏法治疗心动过速的心律失常（当时起搏器只用于治疗心动过缓的心律失常），并取得良好的疗效。由陈灏珠总结撰写的论文“难治性快速心律失常电起搏治疗”分别发表在《中华内科杂志》（1978年）和美国*PACE*杂志（1980年）上。1987年，他应邀出席世界卫生组织心血管病诊断技术咨询会议，并于1991年在第九届世界起搏和电生理会议上报告我国的心脏起搏技术发展。

既然来到威宁，我们就要把基层医疗卫生搞起来

1965年6月，毛泽东主席在一次谈话中曾批评卫生部是“城市老爷卫生部”，指示他们要“把医疗卫生工作的重点放到农村去”。从此，全国掀起了农村卫生工作的高潮。1967年6月，周恩来同志亲自组派第一批北京医疗队去西北农村，而中山医院则受命组织医疗队“上山下乡”到贵州省毕节专区巡回医疗，为偏僻山区人民特别是少数民族贫下中农服务。当时，陈灏珠的妻子在上海郊区金山县松隐公社与贫下中农“同吃、同住、同劳动”，家中还有老人和两个年幼的孩子，工作和家庭压力都很重。陈灏珠听了医院的动员报告后，想起了之前抗战和在东北调查黑热病时看到的中国农村贫穷落后的情况，便报名参加了中山医院赴贵州巡回医疗队，到贵州最艰苦的地区去，为农村基层服务，并接受再教育。按照计划，到达贵州毕节专区的医疗大队又将分为两个分队，一个分队到威宁县，另一个分队到纳雍县。陈灏珠被安排到了赴威宁县（现名威宁彝族回族苗族自治县）的那个队里。

1968年的夏天，医疗队乘火车出发，走北线从上海先到重庆再到贵阳。“文革”期间的铁路交通有些不正常，列车抵达重庆后就停在车站不往前开了，他们所乘坐的这节硬卧车厢与火车头脱了钩，孤零零地停在车站的一个角落里。经交涉才了解到，他们这节车要在重庆车站等一天一夜，等有到贵阳的其他列车经过，再把他们拉过去。既然要等这么长时间，大家就商量着到重庆医学院去看看。重庆医学院是1956年由上海第一医学院派出

以钱惠教授为首的一批教师，出人、出钱、出设备，在重庆独立援建的一所医学院，那里有他们的许多老同学和老同事。可是他们到了重庆医学院的校舍和宿舍却扑了一个空，什么人都没有看到。原来重庆市“文革”形势严峻，常常发生武力斗争，校舍人去楼空，宿舍重门深锁，老师们都撤到相对安全的地方去了。路上只见市面冷落，行人稀少，不时还听到枪声，于是他们赶紧回到火车站，老老实实地挨到第二天，一辆路过重庆开往贵阳的列车把他们带到了贵阳。

贵阳市是贵州的省会，贵州省的领导在欢迎医疗队到来的同时，向他们介绍了贵州省的情况，包括地理气候，政治经济、民族文化、农工商业等。这时的贵阳看起来还算平静，政治斗争还不算激烈。修整了两天后，医疗队先坐汽车到水城，然后两个分队分道扬镳，一个分队到纳雍县，一个分队到威宁县。陈灏珠和大伙一起乘汽车经过著名的煤城六盘水，然后抵达威宁县城。一路上，汽车在崇山峻岭中盘旋，即便到了威宁县城也没有看到多少平地，都是高原山地丘陵地貌。

医疗队到达威宁后，县卫生部门领导安排医疗队总部驻扎在观风海区，然后化整为零，分成许多小分队分头去各个乡镇。乡镇卫生所条件很差，没有检查设备，医疗队的医生只能凭借临床经验问诊，每个都是“全科医生”，不仅内科和外科的病患需要诊治，儿科、妇产科以及眼耳鼻喉科无所不包。万一遇到病情严重或者需要手术治疗的病人，还需要转往医疗队的驻地处理，驻地有一些从上海带来的器材和药品，有条件做进一步诊疗。

在到贵州来之前医疗队队员们大家都听说贵州省是“天无三日晴，地无三里平，人无三两银”的地方。到了贵阳之后，听贵阳的同志们说威宁是贵州省自然条件最艰苦的地方，是贵州的“西伯利亚”。威宁在贵州省的西部与云南省的昭通交界，地处云贵高原西部乌蒙山区，平均海拔高度1 000多米，登山远望看到的是没有尽头的万重山。威宁也是彝族、回族和苗族自治县，是多民族聚居的地方，农民百姓的家境贫寒，信息闭塞。在威宁巡回医疗了一年，陈灏珠深深地体会到贵州的“西伯利亚”是怎样的地方。在去威宁的途中，从颠簸着的汽车车窗往外看，陈灏珠看到的是绿水青山，山外有山，山色从深到浅，层峦叠嶂的层次像一幅美丽的水墨画。然而远远看起来非常美丽的风景只能欣赏却不能充饥，当进入这幅画卷，生活在山区后，就会发现由石灰岩构成的山只带有薄薄的一层土，而且石漠化倾向严重，贫瘠的山地令农作物难以种植，连世界卫生组织都将其列为不适合人类居住的地区。虽然在一些山大人稀的地方仍然覆盖着一些树木，但在人口密度高的地方树木已经非常稀少了。这些地方的老乡们也知道树木不能都砍掉，他们就只砍树枝不砍树干，陈灏珠他们亲眼看到有些树木的树枝从下到上逐渐被砍掉，到后来只剩下树顶上的几根树枝飘动着，也没有多少树叶，想来最终也难以活下去。我们的少数民族兄弟姐妹世世代代就居住在这里，他们一般靠种植一些玉米、土豆和其他一些杂粮，也采取放牧方式，养些鸡、猪等维持生活。老乡们的家一般都按不同民族安在山顶、半山腰或山脚，简陋的平房，泥砖或石木结构。房顶用瓦片或石片的也有，但多数是用茅草铺成的。室内用“家徒四壁”来形容也并不为过，每户老乡家的屋子正中央，都用泥巴垒成一个烧煤的炉子，整天全家就都围着火炉活动：喝茶、抽烟、吃饭、睡觉。威宁产煤，而且埋藏很浅，挖地三尺就能得到，所以老乡都用煤作能源。新中国成立前，几乎所有的老乡家里连一条被子也没有。新中国成立后，党和政府定期给每户家庭配发被子，这些被子他们就放在炉子旁边，一家人就围炉拥被而眠。好在被子破了，党和政府会再发一条。以前，形容一个家庭的穷困，会这样说：“一家人穷得只有剩下一条裤子了。”而在当时的威宁，却真会遇到这样的情况。由于海拔高，冬天酷寒，在家时老乡们都围着炉子边取暖，穷人家衣服单薄也不要紧，外出就不行了。为了抵御寒冷，老乡们上身就披上一条用“羊毛毡”制成的斗篷，这种“羊毛毡”，不是用羊毛编织成的，而是用羊毛直接压制而成，一般有一厘米厚；下身就围一条下摆很宽的裙子，裙子用粗布制成，之所以下摆很宽是因为要爬山，举步可以很宽，爬起来方便。最穷的人家就只有一条羊毛毡斗篷和一条裙子，谁外出谁穿，回到家就脱下来，围火炉取暖。老乡们已经习惯了每天只吃两顿饭，而且喜欢吃粗粮，认为粗粮耐饥。就在这样的环境下，医疗队开始了他们的工作。

第一个半年，陈灏珠所在的小队工作地点在威宁县下属的秀水公社。秀水公社有个卫生所是两层楼的房子，每层有十个左右的房间，楼下作为病房，楼上作为办公和其他工作用房，设备条件较差，陈灏珠他们的小分队就住在卫生所的楼上。每天一部分队员在卫生所协助当地医务人员诊治门诊和住院病人，另一部分队员则到公社的各个自然村巡回医疗，每个队员负责几个村庄，送医送药上门，遇到棘手的病症再考虑送到医疗队的驻地处理。初到威宁时，由于其高原基本地势较高，从上海平原来的队员们都不适应，即使走上一个小山坡也感到气喘。后来虽然慢慢地适应起来，但上下崎岖的山路为医疗队送医送药上门增添了许多的困难。一来一去，一上一下，一天的时间就用完了，费时费劲，却可能只给1~2个病人看了病。有时走上一个山头看到老乡的房子就在对面山头，目测直线距离其实不远，但走下山再上对面山头就得花上半天时间。这使陈灏珠他们深深地感受到山区人民交通的不便和缺医少药之苦，以及建设好山区、改善山区人民生活的必要性和迫切性。

在秀水公社工作半年之后，医疗小分队转移到另一个公社——新发公社去工作。那儿靠近云南，山更高、谷更深，抬头就可以看到山上常年不化的雪线。在新发公社所在山头的背面对着另一座高山，贵昆铁路就从它的半山腰经过，陈灏珠他们巡回医疗时曾多次爬上这座山并跨过这条铁路，老乡们开玩笑地说："你们如果想家，坐上这条铁路上的列车就可以回到上海去了。"在新发公社，陈灏珠和另外医疗队三位医生被热情的公社干部和村民安排在公社的办公室居住，因为公社办公室是当地条件最好的地方，但也没有床，只能睡在地板上。这里没有卫生所，只有到各个自然村中巡回医疗的任务，而且绝大多数时候只能步行上路，最远的村庄离他们居住的公社约有十几公里的路，一天往返都有困难。道路仍是翻山越岭的山路和羊肠小道，天气变化多端，往往出发时是难得的好天气，回来的路上却下起了冰雹；或是在山脚下走时大雾弥漫，爬上了山顶看到的是一片云海。遇上雨天，山路又滑又泥泞，鞋帮子上沾满了泥巴浆，走着走着便会感到崎岖的山路漫长而没有尽头。队员们通常早晨在公社吃一顿米和玉米混煮的饭，有时吃些豆子、南瓜、葫芦瓜和咸菜就出发了，中午在老乡家随便搭上一伙，看完病再循原路返回。那时老乡们患的主要是传染病，特别是寄生虫病，如果申诉肚子痛，多半是患了蛔虫病，服下驱虫药有时会拉出20多条蛔虫来。那时药品奇缺，从上海带来的药品早就用完了，再调发来的药品也还没有到，在当地能组织到的药品又很有限，其中驱虫药特别缺，只好动脑筋采用一些代替品为老乡解决这些问题。

日间进行巡回医疗，晚上回到公社住地，队员们通常是又累又饿，也没有任何娱乐活动，连听收音机的条件都没有。陈灏珠最大的享受就是晚饭后，在煤油灯下看书，阅读从上海带来的非常有限的专业参考书和几册他最喜爱的古典文学作品。因为反复阅读，到离开威宁时这些书都基本可以背诵了。但是即便晚上想静静地读书，还要时刻预防跳蚤的偷袭。记得初到威宁时还是夏天，大家晚上铺开从数千里路以外家中带来的被褥，挂起了蚊帐，席地而卧。本以为可以笃定地安睡了，大家很快发现根本无法入睡，因为虽然蚊子是飞不进帐子了，但有大群的跳蚤出现，它们个子小不容易被看到，跳得高又走得快，蹦进了被窝，咬得大家身上起了许多又痒又红的皮疹，如何对付跳蚤的袭击一时成了大问题。后来大家逐渐摸索出一些办法来，例如坚持穿长裤，把裤脚用橡皮筋紧扎在小腿上，避免跳蚤钻进裤管；在所睡的地铺四周铺上一层纸，洒上未稀释过的农药敌敌畏，这样跳蚤来袭时，先跳到纸上，接触到敌敌畏后就会中毒死亡，蹦不进被窝了。陈灏珠还曾在入睡前听到过跳蚤在纸上跳跃的声音，醒来后果然发现纸上有许多黑色小点，那正是跳蚤的尸体。洒一次敌敌畏管用3~4个星期，队员们这才得以安睡，精力充沛地工作。但当地的老乡们在这样的环境里又是怎样与跳蚤和平共处的呢？这就不得而知了。

虽然在抗日战争时期经历过食品的匮乏，但常年生活在江南鱼米之乡又从未下过农田的陈灏珠，从来没有体会过什么是“青黄不接”。在夏天，医疗队可以用粮票到当地粮管所购买粮食，不过是细粮少，粗粮多；在当地老乡那儿也可以买到一些蔬菜、鸡蛋之类的副食品，基本解决了温饱问题。但到了冬天，没有了蔬菜，鸡也不下蛋，老乡那里就没有副食品卖了，医疗队伙房里唯一剩下的是粮食和盐。光吃主粮是不行的，得想办法找副食品，于是，他们用粮票到粮管所购买黄豆、绿豆和蚕豆等豆类食品，然后将它们煮了作为副食品吃。只是粮票都换成了豆子，换主粮的粮票就不够用了，大家就往家里写信要求寄粮票，就这样医疗队凑合着度过了一个冬天。好不容易盼来了春天，队员们吃到的第一顿蔬菜是老乡送的豆苗，熬了一个冬天，即便没有一点荤菜，大家也都吃得有滋有味，春天后期才慢慢有了香椿和其他一些蔬菜。在威宁农间经历了夏秋冬春，陈灏珠这才亲身体会到什么是“青黄不接”。秋天是收获的季节，这时农作物连杆带叶都从“青”变“黄”了，之后的整个冬天只有“黄”没有“青”，要等到来年春天才有。在“黄”的已经“黄”了，“青”的还没有出现的时候，如果没有储备的话，就没有“青”的可吃了，这就是“青黄不接”的含义。医疗队尚且还有粮票能买些豆子，那老乡们是怎样度过这“青黄不接”的日子的呢？有一次，陈灏珠巡诊到一个村子，为几位年事已高的老乡治疗后，被热情地挽留了下来一起吃饭。他和主人们一起围炉吃饭，主粮为玉米饼，是把玉米舂碎加工而成的一种带有黏性的食品。炉子上煮着“酸菜红豆汤”，热腾腾的汤里面有黄色的菜叶和比普通红豆大许多的红色豆子，汤味带酸很是好吃。原来“酸菜红豆汤”是当地老乡冬天才能吃到的唯一菜肴，由于当地整个冬天都长不出蔬菜，秋天时，家家户户都会腌制大量蔬菜，制成的是酸菜而不是咸菜，储藏在缸里。到了冬天，酸菜和当地才有的大红豆一起煮，吃时放点辣椒面和盐，就成了“酸菜红豆汤”。当地的老乡家家户户冬天就只吃这个菜，早已没了新鲜感，也只有偶尔在农民家吃到一次的医疗队队员觉得美味罢了。在那个“青黄不接”的冬天，医疗队队员们还非常幸运地尝到过一次美味的牛肉和牛肉汤。有一次，一头牛意外从山坡上滚下来摔死了，老乡们把它宰割开成大块，队员们集资买了一大块牛肉，用最简单的水和盐熬成了一锅鲜美的、热气腾腾的牛肉汤，解决了大家好几天的吃饭问题。

超长时间的巡回诊治，难以适应的天气，营养不足的饮食条件夹杂在一起，考验着所有医疗队员的承受力。陈灏珠觉得自己仍然比较年轻，身体挺得住，以高度的责任心天天爬山坚持巡回医疗，并想方设法到处找药扩大药源。他所表现出来的优秀品质与他温和、平易近人的个性给当地群众和干部留下了深刻的印象，也赢得了他们的尊敬，老乡和他聊天，常常无所不谈。一次，有位老乡和他感慨道：“你们这些医生从很远的上海到这里来为贫下中农服务，服务得全心全意，我们很感激。所以你们无论走到哪里，我们都会保护你们的。”他还以20世纪50年代末我国三年自然灾害期间的事件为例，当时有些地方发生暴乱，暴民抢掠国家财产并且要杀害地方干部，老乡们全力保护他们，特别是尽力保护卫生所的医生和卫生员，“我们知道医生和卫生员都是好人，我们不答应任何人伤害他们。”就这样，其他干部有被害的，但医生和卫生员都没有受到伤害。陈灏珠觉得老乡讲的故事是对他们工作的肯定，也是对他们极大的鼓励，在那个特殊的时期，给了他们很多信心和底气。你为人民做了好事，人民是不会忘记的，这是真理。

巡回医疗过程中，陈灏珠还遇到过两次意外。那时候医疗队队员在巡回医疗途中都会带一根用树枝做成的木棒作手杖，上山时将手杖向后撑，有助于身体向上的力量；下山时将手杖向前撑，有助于防止身体前倾跌倒。但手杖还有一种作用，就是用来防狗咬。山区农村许多人家养狗，主要作用是为了看家。队员到老乡家里去看病，狗因为对队员不熟悉，在门外看到就会狂吠，如果老乡在家，就会把狗喝住，不会发生什么事；但如果恰好主人不在家，狗有时就会自行其是，说不定就扑上来咬你一口，这时手中有一根手杖的话，就好像旧社会乞丐的“打狗棒”一样，多少会起到些威慑作用。有一次，陈灏珠完成了当日的巡回医疗工作，正在返回住地的途中，路过一老乡家，门前的狗见到陌生人走过，一路跟着他狂吠。陈灏珠拿着手杖边走边回头，随时做好打狗的准备，眼看和狗的距离逐渐拉远，便以为没事了，谁知这只狗心有不甘，突然一下子快速窜过来一口咬住了陈灏珠的右小腿，陈灏珠一棒打下去，狗是逃回去了，但他的腿上还是被咬去了一块肉，血染红了裤管。回到住地卷起裤管一看，连皮带皮下组织被咬下犬牙那么大小的一块，幸好天气寒冷，陈灏珠所穿的是用劳动布缝制的比较厚的裤子，伤口不大也没有伤到肌肉，陈灏珠涂了点红汞，用纱布盖上就算处理完毕了。大伙还开玩笑地说，这回真的是“狗咬吕洞宾，不识好人心”。不过开玩笑归开玩笑，大家还是担心这狗会不会是疯狗，如果被疯狗咬了应该立刻注射抗狂犬病疫苗，但无论在公社还是威宁县都没有这样的条件，起码要到省会贵阳去才有可能弄到疫苗。陈灏珠不想兴师动众，而且他一来一回时间太久，会耽误巡回医疗看诊的进度，就抱着侥幸心理认为这狗未必是疯狗，就没有去打疫苗。后来伤口长好了也没有别的感觉，过了多年的隐匿期也没有发过狂犬病，也算是意外中的幸运了。

还有一次更危险的经历发生在医疗小分队从秀水公社转移到新发公社的路上。要到新发公社就必须先到威宁县城再转移，这天恰巧有一辆装载烟叶的卡车要到威宁县城去，队员们可以顺路搭乘。卡车上装满了用草编织袋捆扎的大包烟叶，每包重3 000~35 000克，层层叠放，直到车厢的顶部。搭车的时候，唯一的一名女医生在驾驶室内和司机坐在一起，男同志们则坐在汽车的尾部。烟叶装车时在车厢的最后部位留出了一个空隙，这里正好可以容下陈灏珠和另外一位男医生。两个人挤坐在一起，两腿并拢，头部和颈部笔直地靠在后背的烟叶包上，面朝公路，两手放在膝盖上后，连转身的余地都没有了。卡车在颠簸不平的土路上盘旋，两位医生维持着一成不变的姿势坐在车厢最后面，两脚都逐渐麻木了。就在快到威宁县城时，司机一不留神来了个急刹车，顿时车厢里最上层的一个大烟叶包从陈灏珠他们头顶上方滚落下来，砸在了陈灏珠放于膝盖的左手上，再顺滚落到公路上，接着滚下了山坡。陈灏珠一刹那觉得一阵钻心的疼痛，估计自己左手可能被砸得骨折了。卡车停住后，他在医疗队队友的协助下，对左手小心翼翼地进行了检查，发现左手掌面的大鱼际处有一个大血肿，而手指和手腕的活动虽然有些不适，但都还可以忍耐，说明可能并无骨折，皮肤也无破裂，因为在赶路，所以临时采取了一些保护性措施处理后就继续上路了。陈灏珠事后回想起来还觉得心有余悸，还好作为医生的他们下意识采取头部和颈部笔直地靠在后面的烟叶包上的姿势坐在卡车上，如果不是这种姿势，那么60余斤的烟叶包就很可能砸在头颈部，从而引起颈椎骨折或者脱位，那么生存的可能性就很渺茫了。后来血肿慢慢地被吸收，也没有留下后遗症，实属万幸。

在贵州威宁巡回医疗的条件尽管十分艰苦，但不时也会给那些热爱生活的人一些小惊喜。一个冬天的早晨，陈灏珠按常规去附近的一个村庄巡诊，路上要爬过一座山，快爬到山顶时遇到了一场不大不小的冰雹，他像往常一样敲开一户老乡家的门，想暂时躲一躲，不料眼前却出现了一幅好像画作一般美奂绝伦的场景。屋内有四位老年妇女，缠着色彩鲜艳的头布，带着闪光的头饰，穿着传统民族服装，围坐在屋子中央的煤炉四周，闲聊着。她们用长长的烟斗伸到炉子上吸着旱烟，黛青色的烟雾袅袅上升，煤炉上放着四把茶壶，正在煮着茶水，沸腾的水扑扑地喷着蒸汽。因为通风不好，屋内的煤炭味、旱烟味和茶香味混杂在一起，配合着朦胧雾气下四位亮丽的少数民族长者，这一幕使陈灏珠久久不能忘怀，可惜当时身边没有照相机，未能把这美丽的场面记录下来。在那年的大年夜，陈灏珠又一次感受到了这个以少数民族为主的贫困山区的美丽和生活在这里的人们对生活的热爱。那天晚上，已经劳累了一天的医疗队队员无心守夜迎接新年，大家吃过饭就都早早去睡觉了。半夜里，陈灏珠被耳边隐隐约约传来的歌声吵醒，可以听得出是男女声二重唱，婉约动听，好似天籁之音。躺在被子里，他屏气凝神，静静地听着，离开家人过了几个月的艰苦生活，他忽然想家了，他想念自己的妻子、孩子、亲人、朋友，还有上海早晨弄堂里亲切的自行车声、大饼油条的香味。约半个多小时后，这动听的二重唱戛然而止，一切又归于沉寂。第二天早晨，他才知道原来是布依族老乡们唱山歌庆祝春节。我国少数民族大多喜欢唱山歌表达感情，其中有不少是青年男女用来表达爱情的情歌，所以他们唱了半个多小时就被公社干部喝令停止了。陈灏珠曾经在报纸上读到过，世界上只有两个民族的民歌唱法有二重唱，一个是我国的布依族，另外一个是当年苏联的乌克兰民族。这次大年夜的经历证实了这一点，也让他大饱耳福。巡回医疗的过程中，陈灏珠还在不经意间增长了一些历史知识。在无须匆匆赶路的日子里，他留意到有些村庄街上铺的石板上刻有字，一时好奇，他就把一些断面拼接起来看，发现十之八九是记载着明、清两个朝代平定当地“蛮夷”造反后立的碑文，被打断后做了铺路石。碑文简单地叙述里包含了许多少数民族的悲剧故事，也是明、清两朝的皇帝镇压少数民族的证据，后来不少士兵留在这里形成了汉族所聚居的村庄，随着历史的推移才逐渐与少数民族取得了和解，共同生活在一起。以史为鉴，可以知兴替，陈灏珠觉得在新中国，56个民族人民能和睦相处，共同努力建设社会主义祖国真是太不容易了，需要珍惜！

布依族民歌：布依族喜欢逐水而居，所以也称水族。布依民歌源远流长，世代口耳相传，就其内容来说，有情歌、酒歌、堂歌、苦歌、衰歌、巫歌、放牛歌、历史传说歌等。曲调有大调和小调之分，因场地、时间、对象的不同而变化。一般有独唱、男声二重唱、男妇声二重唱、回旋反复吟唱等，其间又有高低音之分，有快节奏和慢节奏之别。

在威宁越久，陈灏珠就越喜欢这里淳朴的民风与简单的生活。俗话说“授人以鱼不如授人以渔”，他想，既然来了，除了巡回医疗之外，不如帮助当地把基层医疗卫生搞起来，尤其需要培养一些基层医疗人才，只有这样，才能长远地解决当地的“缺医”难。综合考量，陈灏珠所在的医疗小分队决定举办一个“基层卫生员培训班”，他们计划用两个月的时间培训出能够诊断治疗山区农村常见疾病的卫生员。因为当时在我国南方农村地区，每个村子都有“赤脚医生”，就是当地有点文化的农民经过最基础的医疗培训培养出来的，可以对一些常见的、病情轻的患者进行诊断和治疗，而在威宁，这样的基层医生几乎没有。另外，队员们总结发现当地老乡的常见病主要是传染病和寄生虫病，这些病是可以预防的，通过宣传教育培养卫生习惯、普及预防常识完全可避免，基层卫生员可以做这方面的工作。说干就干，他们通过公社领导在所属的各村选拔培养对象，把十几位稍微有点小学文化的年青村民集中到公社来学习。1969年春，“基层卫生员培训班”正式开始上课了。教学中遇到两个难题：一是来接受培训的这些年轻村民学员都是少数民族，有苗族、彝族、布依族等，他们有自己的民族语言，也都会说、会听贵州话（贵州话与云南话、四川话是相类似的语种），因此上课只能用贵州话。幸好陈灏珠他们在贵州已经巡回医疗了半年有余，与老乡接触频繁，贵州话又和普通话的发音比较接近，所以陈灏珠他们讲的“贵州普通话”学员们也能勉强听懂。二是这些学员最高也只有小学文化水平，理解和记忆能力普遍都比较差，陈灏珠他们得为他们特别编写讲义，将各科常见病的主要临床表现和治疗方法写成方便记忆的短句，对他们讲解后，让他们背诵，以加强记忆。说到语言问题，还有一件小趣事。少数民族老乡们认为苗族、彝族、布依族等少数民族都有自己特有的民族语言，同时又会讲贵州话，而威宁的汉族人只讲贵州话，不讲别的话，因此猜测贵州的汉族人大概已经忘本，忘记汉族自己的语言了。陈灏珠等从上海来的医生除了讲贵州话之外，彼此之间交谈的是另一种语言——上海话，老乡们听不懂，就以为这是汉族的语言，还特地来请教陈灏珠。陈灏珠听后哈哈大笑，并赶紧向他们解释道：“你们误会了，普通话才是国家通用的汉语，汉族人在不同地区也有自己的方言，我们讲的上海话和贵州话一样是一种方言，只不过贵州话的发音与普通话接近，所以我们听得懂，而上海话的发音离普通话较远，所以你们听不懂罢了，并不存在威宁的汉族人忘记了自己汉族语言的问题。”

一年的时间就这样过去了。虽然地处偏僻山区，威宁也不能成为世外桃源，受“文革”的影响，当地的武斗日益激烈。在离原定回上海计划还有十几天的时候，医疗队接受当地有关领导的建议，仓促决定撤离。陈灏珠和其他医疗小分队队员分别从威宁和纳雍乘汽车到贵阳集中后，再返回上海。那天到达贵阳时已经是傍晚时分，大伙仍被安排住在省委招待所，准备就宿一夜后第二天就乘火车回到上海。由于连续几个月的武斗，正常活动大都停止了，招待所已经几个月没有接待住宿的客人了，空关多时的客房积满灰尘，也没有人负责清理和打扫。那是1969年的盛夏，大家住下后挂起蚊帐阻挡了蚊子的袭击，不曾料到却受到从床单下爬出来的大群饥饿臭虫的攻击。虽然经过一天汽车在山路的颠簸，大家已经打起了瞌睡，但还是被臭虫咬得睡不着觉，不得不到来时坐的汽车上将就着睡一个晚上，尽管有蚊子叮咬，但还是比被臭虫咬要好一些。这个晚上，陈灏珠他们从车窗里看到不时有信号弹在空中划过引起的亮光，听到机关枪的扫射声，贵阳武斗也正酣，大家都难以入眠，为国家、为民族深深担忧。

三天两夜的火车把医疗队从贵阳送回了上海。妻子看到陈灏珠时，觉得他又黑又瘦，好像换了一个人；孩子们近一年没有见到爸爸了，高兴地围绕在他左右，不停地提问题。可是，他实在太累了。去威宁前，由于在“跃进病房”的高强度工作，陈灏珠的身体状况已经大不如前。在威宁工作的这一年，他几乎天天在崎岖漫长的山路上爬上爬下，体力消耗很大，加之难以适应的高原气候和营养不良的日常饮食，又远离家庭和亲人，还承受着无法从事专业研究的痛苦与压力，回到上海后不久，他就得了严重的肺炎，并发部分肺不张。这是陈灏珠生平第一次因患病而没有去工作，他曾经对妻子说：“什么是心有余而力不足，今日我才知道。”这次积劳成疾影响了陈灏珠以后的身体健康状况，在之后的岁月中，他又数次因为过度劳累而引发肺炎。但另外一个方面，陈灏珠觉得在威宁的这一年对他而言的确是一次“再教育”，他详细地记录下了自己在威宁工作的点滴，西部山区农村的落后与贫穷，医疗资源的缺乏，都在他心里留下了很深刻的印记。后来，他不但在政协参政议政的过程中，多次提交过改善西部农村医疗卫生条件的相关提案，更是在半个世纪后，成立了基金切实地支持西部医疗扶贫项目。

云南抗震救灾中先人后己的精神值得我们学习

大病初愈后，陈灏珠就回到了自己的岗位，病房中又能见到他忙碌的身影。工作期间，同事们没有听到过他的任何抱怨，依然谦逊而温和地微笑着与遇到的每位同事打招呼。大家看他消瘦了很多，都有点替他担心，纷纷劝他“身体是革命的本钱”“要细水长流”。可是，紧急突发的医疗任务常常是无法预测的。1970年1月5日，就在陈灏珠身体刚刚恢复后不久，云南玉溪市通海县发生里氏7.8级的大地震，上海市决定派遣抗震救灾医疗队赶赴云南灾区，陈灏珠毫不犹豫地再次请命参加。当时任务紧急，要求是"拿起背包就出发"，一些家离医院比较远的医生连回家拿换洗衣服的时间也没有。陈灏珠的家就在医院附近的家属宿舍，他匆忙回家取了几件替换衣服，给妻子留了一张字条"我参加了抗震救灾医疗队，去云南了，目前还不能确定何时能够完成任务回家，多保重"，就随上海市抗震救灾医疗队连夜乘飞机到昆明，再转乘汽车，清晨到达震中灾区——通海县的高大公社。

通海大地震： 通海大地震发生于1970年1月5日当地时间1时0分34秒，震中位于中国云南省通海县、峨山之间，震级为里氏7.8级，此次地震造成15 621人死亡，受伤人数超过32 431人，仅次于1976年的"唐山大地震"和2008年5月的"汶川大地震"，是新中国成立以来死亡人数超过万人的三次大地震之一，但由于历史原因，大多数人都知之甚少。事实上，当时全国集中力量对该地区进行了各种救援，及时而有效，只是报道较少而已。

医疗队到达灾区时，仍余震频频，在陈灏珠的视线所及之处，民房几乎全部倒毁，仅剩残垣断壁，现场一片狼藉。中国人民解放军的军医们已经早在上海医疗队到达之前开展了一系列的救援工作，一些重伤人员已经得到了救治并转到有关部队医院继续治疗，因此医疗队主要救治的对象是伤势并不太严重的挤压伤伤员，其中也有一些并发了急性肾功能衰竭和患其他内科疾病的病人。同时，他们还承担着预防灾后传染病流行的重大任务。这次抗震救灾的经历，是继陈灏珠参加抗美援朝医疗队后，与人民解放军的又一次近距离接触。解放军行动迅速，第一时间到达灾区，他们吃苦耐劳、不怕牺牲、连续作战、工作效率高，对重伤伤员的处理及时到位，这些都让陈灏珠再次留下了深刻的印象。

因为常有余震，未倒塌的房子随时有再倒塌的可能，所有居民都被安排住到临时搭起来的茅棚里，伤病员则集中在一个大帐篷内接受诊断和治疗。公社灾区的周围，是大片的水稻田，1月并无水稻，田间的水也已经干了。医疗队清晨到达灾区后，一刻都没有休息便立即开始了救治病人的工作，忙了一整天后，傍晚才在已经干涸了的水稻田间搭起了供自己休息和住宿的帐篷。就这样，医疗队开始了为期三个月的抗震救灾工作。

云南本来就是地震多发地区，通海的这次地震强度大，震中心附近还有地表裂开和错开的情况，加上地震发生在午夜，熟睡着的人们来不及从将要倒塌的房子中逃出来，造成了巨大的人员伤亡和财产损失。但灾难无情，人有情，在全国人民的大力支援下，抗震救灾工作得以顺利开展，上海医疗队救治伤员的工作也有条不紊地进行着。全部伤员经过几个星期的集中治疗后，已经痊愈而且没有发生意外或死亡，其他患病的公社社员也都得到了及时的治疗，没有发生传染病。只是灾区生活还没有恢复正常，余震还时不时发生，原来的房子还未能修复，老乡们还得住在临时搭建的茅棚里，但即便是这样的茅棚也比医疗队队员住的帐篷要舒服一些，陈灏珠回忆道："帆布帐篷隔热和保温都很差，中午太阳在头顶上晒，帐篷里热得很，半夜外面寒气逼人，帐篷里也很冷。老乡们很有经验，茅棚顶上用茅草或稻草铺就，四壁用稻草编成，有一定的厚度，中午直晒也不热，半夜外面的寒气也进不来，比住在我们的帆布帐篷还要舒服一些。当然，大家的条件都是一样艰苦的。"通海大地震之后的余震特别多，陈灏珠他们睡在干了的水稻田上，和地面直接接触，天天都能感觉到多达十几次、甚至几十次的小地震，其中有些还比较剧烈。一天下午，陈灏珠轮班休息，一个人在医疗队的帐篷外洗衣服，洗着洗着他突然听到远处不知哪个方向传来"轰隆隆"类似雷鸣的声响，他举目四望，天气晴好，万里无云，远山清晰可见，一点没有下雨的迹象，哪里来的雷声呢？正惊愕间，大地猛然一阵摇晃，附近一间原已倒塌了一半的房子顿时又倒下了半边墙，他忽然想起不久前遇到过一位解放军战士，向他描述过地震当晚的情况，也是先听到一个如"万马奔腾"般很大的声响，过几秒钟后才发生的大地震。这时他方才明白这"雷声"原来是地震前的声响，是一种前兆，推算下来从听到声响到大地震动大约有数十秒钟的时间距离，可谓是逃生的"黄金十秒钟"，幸好只是余震，声响级别只是"雷鸣"而不像"万马奔腾"那样震撼人心，这个经历也让陈灏珠长了知识。

高大公社附近虽然每天有几十次的余震，但是由于大家都有了防范，没有再出现新的伤病员，老的病员也逐渐康复，医疗队出色地完成了救治伤病员的任务后，队领导决定下阶段的工作重心转到卫生宣传预防疾病和巡回医疗上。陈灏珠有在贵州威宁为贫下中农服务一年的经验，从事这些工作可谓驾轻就熟。工作中，他发现云南通海各方面的条件都要比贵州威宁好，虽然也地处云贵高原山区，但平地较多，而且自然条件较好，可以种水稻。县城文化气氛很浓，自古以来出了不少"举人""进士"和"翰林"，有些房子门楣上写着"翰林之家""进士之家"，告诉人们房主人的祖辈是做官的。通海县所在的玉溪专区有全国著名生产“云烟”的大型烟草公司，经济条件也好些。即便如此，当地基层医务工作者还是很缺乏。陈灏珠将他在通海巡回医疗中的所见所闻也都一一记录下来，与之前在贵州威宁的经验放在一起，形成了他之后对西部地区卫生事业发展的政策建议。

在高大公社工作了两个月之后，医疗队领导决定让队员分批开始撤离。由于仍然需要继续控制灾后传染性疾病和帮助解决一些疑难病症，以队长王道明（时任上海市第一人民医院院长）为首的队领导和部分医疗队员则留下来再工作一段时间，有经验的陈灏珠就在其中。一个月后，陈灏珠随着最后一批撤离的医疗队队员回到了上海，家人深深忧虑着的心终于可以放下了。再次回忆起这段经历，陈灏珠首先想到的既不是危险的工作环境，也不是连续工作的辛劳，而是如何向身边的人学习：“灾难发生后，如何迅速而高效地抗击灾难、挽救灾民，中国人民解放军给我们作了榜样。各方面大家都同心协力工作在第一线，无私奉献、全心全意地服务当地灾民，这是抗震救灾取得圆满成功的关键。尤其是与我一起出发的同事，他们有的连替换的衣服都来不及取就出发了，到了通海，由于各地的救援物资首先供应灾民，他们日常生活用品的短缺就只好自己克服，这种先人后己的精神值得我们学习。与解放军战士和我的同事们比起来，我只是做了我应该做好的事。”

在“文革”最初的这段时间里，不能从事自己热爱的心血管病专业研究，陈灏珠的心里无疑是苦闷的。但生活和工作无论如何艰苦，人们是看不到他有愁眉苦脸的表情的，也听不到他的牢骚和怨言。在最困难的日子里，唯一的变化是他的亲人和朋友发现他日益变得沉默寡言，原来回到家就谈笑风生的他不见了，在那段众所周知的特殊岁月中，一些同事好友不堪忍受折磨匆匆告别人世，而陈灏珠能够平安度过，与他平和豁达的性格分不开。珍惜生命，包括自己和其他人的生命，是他从中学时代开始就树立的人生信念；而流亡大学磨砺出来的坚毅，也足以成为他一生最强有力的后盾；对医学执着的爱、为人质朴的原则、相对简单的生活与单纯的思想一直伴随着他以后的岁月。

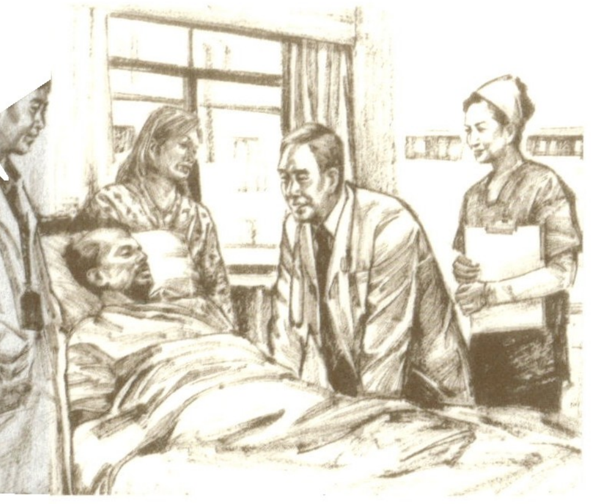

第五章

动荡时局返专业　研究不辍搞创新

1972年，陈灏珠抓住机会重返心血管病的专业研究，并在此后的五年时间里大展拳脚：他与团队完成了全国第一例选择性冠状动脉造影手术；多次参与救治来华访问时患病的外宾，尤其是抢救了美国斯坦福大学的保罗·巴茨博士，提升了中国的国际影响力；在世界范围内首次使用超大剂量异丙肾上腺素治疗奎尼丁晕厥；甚至在被分配到养猪场干活期间，还利用闲暇时间完成了《心脏导管术的临床应用》第2版的初稿。

在“文革”开始后五年多的时间里，科研中断、实验室关闭、教学停顿。压抑的环境，艰难的生活，病痛也常常光顾陈灏珠和他的家人。就是在这样一个环境中，他从来没有停止过学习与探索。工作中，虽然没有职称评定，没有考核，统一的微薄工资，陈灏珠仍竭力想做些工作，只要遇到和心血管病相关的案例，他都会主动询问、查阅病史、总结分析。闲暇时间，无论是精疲力竭回到家中后，还是在遥远偏僻的山区，他都会时不时地翻阅一下自己手中仅存的几本专业图书。如果偶尔能有机会在图书馆安静地坐上半个下午，那对他而言就是奢侈的享受了。但是，有黑夜就会有黎明的曙光，即使是一道微弱的亮光，也足以让研究的种子发出嫩芽。

在林彪集团覆灭后，国家采取了一系列发展经济和加快落实知识分子的调整政策。当时，“医、护、工一条龙”政策严重打乱了医院正常的秩序与分工，病人常常被误诊，而且得不到相关专业医生的治疗，不少疾病的发病率乃至死亡率都大幅上升，尤其是冠心病的发病率有逐渐增加的趋势，包括党和国家领导人在内的高级干部患心血管疾病的情况也有所增多，不少心血管病专业的医生得以重新回到专业岗位上。同时，为了配合改善中美关系，中外医学的学术往来也逐渐恢复。1971年9月，在周恩来总理的亲自过问下，中华医学会恢复外事活动，接待了美国代表团；1972年5月，第25届世界卫生大会通过并恢复了中华人民共和国在世界卫生组织的合法地位。

外部大环境的改变使陈灏珠终于有机会在艰难时局中重返专业研究。1972年3月，中华医学会在北京召开了全国防治肺源性心脏病（简称肺心病）、冠心病、高血压病座谈会。陈灏珠将他这几年在临床上总结的心得体会重新整理，并以“上海第一医学院附属中山医院、华山医院、上海市心血管病研究所”的署名投稿了两篇论文：“慢性肺源性心脏病的发病规律和治疗体会（446例的分析）”和“积极抢救急性心肌梗塞危重病人，更好地为工农兵服务（分析303例的体会）”。两篇文章均受到与会专家的高度评价。仅从文章的题目可以看出，陈灏珠开展临床研究和汇总分析数据的困难，当时连病史数据统计都难以实施，也确实只能就临床“体会”来谈了，这也是陈灏珠学术严谨的一面。

由于种种原因，在肺心病、冠心病、高血压三种疾病中，肺心病在当时及以后很长的一段时间里受到的关注大大超过了冠心病和高血压。多年以后，著名呼吸内科专家倪子俞教授对此有过一段评述："由于政治上的需要，从1970年开始，全国大多数的内科医生几乎都投入到以研究'老慢支'和'肺心病'的防治热潮中……各省均成立肺心病防治研究协作组……可是，不能否认在全国范围长时期的大规模研究中出现了低水平的重复研究和浪费现象。"然而，刚刚重返专业研究的陈灏珠并未简单跟风转变方向，仍然潜心于自己热爱的冠心病研究。好在蛰伏的时间并没有太久，重大的转机来了。

国内首例选择性冠状动脉造影手术是一次勇敢的尝试

20世纪50年代至60年代初期，我国心脏内外科通过不懈努力和自主研究，开展了右心导管检查、左心导管检查、心腔内心电图检查、心腔内心音图检查、选择性染料稀释曲线测定、氢和维生素C稀释曲线测定等一系列有创性介入诊疗，进一步促进了心脏外科手术的发展，逐渐追上了国际同行的水平。但在当时，冠状动脉造影还属于禁区，因为人们普遍认为向冠脉内注射造影剂一定会导致不可逆的心脏停搏。直到1958年，美国克利夫兰医学中心的梅森•索恩斯（Mason Sones）在手术中无意间将30毫升造影剂注入一名瓣膜病患者的右冠状动脉，虽然出现了意料当中的心跳骤停，但在患者咳嗽几声使造影剂加速排出后很快恢复正常，这表明冠状动脉能够耐受少量的造影剂直接注射。随后，选择性冠状动脉造影逐渐开展，成为冠心病诊治历史上的里程碑。

正当我国即将开展相关研究时，"文革"开始了，研究和教学工作中断，只有基础医疗工作还在进行；科学信息极其闭塞，国外医疗学术期刊大都中断订阅，剩下的也常常延迟数月半年才能到达，对国际同行相关研究领域的了解几乎是空白。这一情况直到1972年美国总统尼克松访华后才有所好转，中国开始逐渐恢复与美国、欧洲国家之间的医疗学术交流，这时，欧美国家心脏病学的介入性诊断水平已经遥遥领先于我国。国际同行已经从通过介入"看清楚"来诊断疾病，向通过介入直接"治疗"疾病的方向探索。其中不少来访的美国学者都在学术报告中不约而同地介绍了选择性冠状动脉造影术等心脏介入诊断方面的内容。

外宾在学术交流中反复提到选择性冠状动脉造影的技术，这引起了上海市卫生行政领导的关注，又鉴于那个时候我国的冠心病病人开始增多，开展相关研究工作的迫切性增加，于是派有关人员对上海市医疗单位进行摸底调查，了解哪些单位有条件对此项技术攻关。设在中山医院的上海市心血管病研究所很快进入了卫生部门的视线，在"文革"这段艰难的岁月中，虽然许多工作受到限制，心脏病介入诊断检查已经很少施行了，但至少由陈灏珠所建立的心导管室仍然在运作，最有条件研究和开展选择性冠状动脉造影术，便将这个任务交给了陈灏珠。热爱专业研究的陈灏珠毫不犹豫，且非常高兴地接受了由组织下达的这项攻关任务。

由于冠状动脉的直径一般在2~4毫米，而介入诊断用的导管直径也仅有两毫米左右，所以常被比喻为"在针尖上跳舞"。陈灏珠常说："关乎生命的创新路，要步步小心，要做好充分的准备，但不应该裹足不前，要勇于研究和尝试。"为此，他和同事们并没有操之过急，而是通过各种渠道查询文献，广泛深入地阅读国外有关的资料，详细了解施行选择性冠状动脉造影术所需的设备和操作过程，积极地做好基础准备工作。

选择性冠状动脉造影术最重要的设备之一是一台1 000毫安以上的X线机，其球管装在C形臂上，因而可以转动，从不同的角度摄像。当时，我国的相关设备还没有那么先进，上海市心血管病研究所的X线机的球管是固定在正侧位的，摄像时不能转动，陈灏珠和同事们就想办法用木板制成像独木舟一样的船形床，放在X线机的透视桌上，病人躺在上面可以沿纵轴旋转，从而代替了球管方向的转动，同样可以达到从不同的角度摄像的效果。

选择性冠状动脉造影术还需要专用的心导管，这种心导管的顶部有特定的弯度，先拉直了从腿部或臂部的动脉血管放进去，到达主动脉根部后，能恢复特定的弯度，这样就容易把它的顶端送到冠状动脉的开口处，再注射造影剂，即可进行选择性冠状动脉造影。但是，这种更精巧的心导管国内当时没有，而且由于大环境仍未开放，进口也很难。陈灏珠并不气馁，决定带领团队继续夯实研究基础等待机会。他们一方面与放射科和医学院的解剖教研室的同事合作，收集了离体的30个新鲜心脏标本，向冠状动脉注入造影剂拍摄X线片，研究中国人的冠状动脉分布情况，特别是详细比较与欧美人的分布情况有何不同，熟识中国人冠状动脉的解剖学；另一方面，他们在狗的身上做试验，模拟临床进行的冠状动脉造影的操作，为其后在人的尸体上试验做准备。机缘巧合，上海市第六人民医院心内科副主任王恒润医生到加拿大访问时，从加拿大带回了两根心导管，一根是左冠状动脉造影导管，另一根是右冠状动脉造影导管，恰好符合要求。陈灏珠团队与第六人民医院积极开展合作，又自己动手制作了一些手术设备，之后，便开始尝试在人的尸体上进行模拟手术试验。但是，这类试验对尸体的要求很高，如果尸体僵化了，心导管可能就无法送入动脉血管，所以需要死亡时间不久、皮肤和肌肉还比较柔软的尸体才行，这一诉求得到了上海市政府有关部门的支持和协助。最终，陈灏珠带领的课题组得以在尸体上进行冠状动脉造影术的试验，并获得了成功，拍摄到心导管顶端进入冠状动脉的开口处，注入造影剂显影左、右冠状动脉的清晰X线片。“在各方的支持和帮助下，我们不断地克服困难，不断地操练，不断地改进，而且整个手术组团结一致，配合默契，我觉得我们准备好了！”

1973年4月，一位病人因胸痛而住院，经各种检查怀疑患有冠心病，但尚无法确诊，病人一般情况良好。为了明确诊断，陈灏珠与团队思考再三决定为其施行选择性冠状动脉造影术。虽然经过无数次的试验，陈灏珠对手术的操作方法已经胸有成竹，但是，真正在冠心病病人身上施行还是会有些担心。因为把造影剂注射到冠状动脉里去有一定的危险性，由于造影剂进入冠状动脉跟血液混合在一起流动，血液是带氧气的，造影剂是不带氧气的，如果混到血液里的造影剂过多，就很有可能引起心肌缺血、缺氧。更严重的，如果冠状动脉充满了造影剂完全没有血液供应，就有可能会引起心肌梗死，因此，控制好造影剂的比例是很重要的事情。那个时候“文革”尚未结束，一旦发生什么问题，陈灏珠和所有参加攻关小组的成员都承担不起。但是，病人的病情不容等待，陈灏珠和小组每位成员都是百分之百的努力和小心，“做任何一个新的操作，大家都会紧张，尤其是那个特殊时期。但紧张归紧张，我们做好了各种预案，例如会发生什么意外，我们要采取什么样的应对方法，而且医院领导也很支持我们的工作，所以我们有信心。”4月23日，手术如期开展，两根心导管顺利地被分别送入左、右冠状动脉，注入造影剂，随之冠状动脉显影、摄片，整个过程顺利完成。

这次持续不到一个小时的全国首例选择性冠状动脉造影手术，开启了我国现代冠心

病介入性诊断的先河。这项研究工作的论文发表于当时硕果仅存的、仍在坚持出版的《中华医学杂志》上。1973年6月，毕业于前上海圣约翰大学，在美国乔治华盛顿大学工作的郑宗锷教授受北京阜外医院、广东省人民医院和上海第二医学院的邀请，分别到北京、广州和上海做学术访问。在访问期间，他向这几家医院分别演示了冠状动脉造影术，并特别到中山医院与陈灏珠一起交流切磋。之后半年的时间里，陈灏珠他们又连续做了八次冠状动脉造影手术，均取得成功。从此，我国心脏病的介入诊断和治疗技术进入了一个腾飞的时期。凭借造影的结果，医生可以清楚地看到患者冠状动脉内的病变及堵塞情况，就可以准确地利用扩张、放入支架，或者施行主动脉—冠状动脉搭桥手术等手段来进一步予以治疗。这项技术不但成为诊断冠心病的“金标准”，而且直接促进了我国心脏外科手术，尤其是介入性手术治疗方法的迅速发展。2012年第十届中国介入心脏病学大会报告称，我国冠心病介入治疗的年手术量已经达到30万例。陈灏珠因此被认为是我国心血管病介入性诊断和治疗的奠基人之一，2006年，他被中华医学会授予“中国介入心脏病学终身成就奖”。

抢救外宾是国家信任并赋予我的特殊使命

20世纪70年代初，中国逐渐恢复对外交往并开始重新实行对外接触的政策，国际交往日臻频繁，来访的国外专家、友人明显增多。重要外宾在我国访问期间的医疗保健工作由外交部指定国际交流组织部门统一协调负责。陈灏珠因为汉语和英语都讲得非常纯熟规范，业务又扎实，在全国心血管病学界中少有人与他相当，因此有关组织经常指派他参加来华访问患病外宾的抢救工作。因为涉及国际声誉与影响，组织上要求为外宾诊治的每个步骤、每个细节决不能出一点差错，工作压力很大。陈灏珠负责的每次会诊都集中了各方面专家的意见，大家开诚布公地充分讨论，尽最大的努力，用最合适的药物，采用当时所能提供的最先进的诊疗方法抢救外宾。他说：“这是国家信任并赋予我的特殊使命。”为此，他兢兢业业，不负国家的嘱托，每次会诊都能圆满地完成任务，在挽救病人生命的同时也产生了良好的国际影响。

1972年7月，在我国从事奶牛养殖工作的美国专家寒春女士（Joan Hinton）之母卡美莉塔•辛顿女士（Carmelita Hinton）来华访问，在江苏无锡突然病重，陈灏珠作为治疗组成员受命赶赴抢救，使她的病情终于转危为安，安全地返回美国，并特别写了一封感谢信："为了我，你们把饭店变成了一座奇迹般的医院。这一切进行得这么快，真是令人难以相信，我想你们一定有一种魔术般的能力。我感到好像生活在神话里一样，我真不知道如何表达我对你们深切的感激。甚至还布置了手术室，虽然最后没有用上，但你们做好了一切准备，以防万一，这样周到的考虑和行动确实是罕见的。在世界上任何地方我从来都没有听说过有这样的事情，你们听说过吗？另外使我感动的是，在从来没有遇到过这种情况的太湖饭店里，市委领导同志、饭店负责同志、厨师、服务员、甚至是花匠都为此全力以赴。同时，你们还顺利地接待着来自墨西哥、阿尔巴尼亚、法国、西班牙、波兰等许多国家的客人。在所有这一切奇迹里，最重要的是有18位技术很高的医生，其中9位来自上海，8位来自无锡，1位来自北京，还有4位护士。这一切都是为了一个从美国来的82岁的老太太，这是多么使人难以相信啊？……我和美国代表团里其他的16个人一样，都非常渴望能够尽多地了解中国，我们参观访问了很多地方，把我们在中国各地所见所闻铭记在心，回到美国后告诉美国人民。你们为我创造的奇迹就是其中最重要的一部分。再次表示万分感谢！"

寒春女士： 寒春女士（Joan Hinton，1921年10月20日~2010年6月8日）是美国物理学家，也是小说《牛虻》作者伏尼契的孙女。早在1948年新中国成立前，她就随着她的先生农业机械专家阳早先生（Erwin Engst）一起来到中国，并改行在中国农业机械化科学研究院从事中国奶牛品质的改良和养牛机械化工作，而后就一直留在了中国，对中国人民有着深厚的感情，也是北京地区第一个获得中国"绿卡"——《外国人永久居留证》的外国专家。

1972年9月，陈灏珠又作为抢救组成员，受命到杭州抢救当时菲律宾马科斯总统夫人的随从巴纳德（Bernardo Deleon）先生。他是菲律宾的一位资深记者，这次随政府访问团访问中国。九月的杭州正是满城桂子飘香的季节，有多年哮喘病史的他可能由于花粉过敏，引发哮喘。杭州方面紧急召集呼吸科、心脏科等多科专家进行救治，未能控制病情的发展，陈灏珠到达杭州时，由于病人处于持续支气管哮喘状态并发呼吸功能衰竭和消化道出血，病情非常危急。菲律宾方面已经做好了最坏的准备，一个铝制棺材已经停放在医院为入殓遗体之用。陈灏珠果断地建议实施气管切开手术，使用呼吸机。而在当时施行气管切开手术没有问题，但呼吸机的容量不够大，考虑到巴纳德先生体型瘦小对他可能足够，在没有其他选择的情况下，抢救组决定采纳陈灏珠的建议。手术非常成功，使用呼吸机后，病人呼吸状态迅速改善，脱离了危险期，并很快苏醒，经过数天的治疗康复出院。

在救治外宾和与外宾的交往中，陈灏珠常以渊博的学识、不卑不亢的精神风貌、友好热情的态度、熟练的语言表达及对国外习俗的了解和尊重，赢得了外宾的友谊和信任。

在陈灏珠受命救治的外宾中，保罗•巴茨博士（Paul Basch）无疑是最具有代表性而且产生较大影响的一位。

95岁的陈灏珠院士追忆40多年前救治美国病人的经历

巴茨博士是美国斯坦福大学寄生虫病学专家。1975年4月，美国科学院派出了由12名专家组成的血吸虫病代表团到中国考察血吸虫病的防治及研究工作，巴茨博士是该团的副团长。访问团访问了北京和上海之后，到达江苏农村考察基层的血吸虫病控制规划。4月22日上午9时52分，在参观位于无锡市太湖边上的江苏省血吸虫病防治研究所时，巴茨博士突然发生严重的胸骨后压榨性疼痛、出汗、面色苍白、手指和脚趾麻木。同为代表团成员之一的美国医生莱曼博士意识到可能发生了心肌梗死，要求做心电图检查。病人随即被用担架送到该研究所的一个有30张病床的治疗室中，一位技术员为他做了心电图检查，经过医生阅心电图证实急性前壁心肌梗死。巴茨博士的疼痛越发难忍，莱曼博士和研究所的医生为他采取了初步急救措施，注射了止痛剂哌替啶等药物。随后，无锡市卫生局派出医疗小组携带全套抢救设备前来进行抢救。这期间病人发生过一次室性心动过速而引起心脏骤停、呼吸停止、血压测不到的情况，经无锡市心脏内科、心脏外科以及麻醉科医生等组成的医疗小组及时胸外心脏按压、静脉注射药物而得到控制。但病人的情况仍然严重，疼痛剧烈放射到两臂，并有严重的恶心，病人的心脏随时有再次发生室性心动过速和心跳呼吸停止的危险。卫生部下达命令，由上海组织最好的专家赴无锡救治患病的外宾。

4月22日下午，陈灏珠正在病房忙碌地为病人看病，突然接到上海市政府的赴无锡抢救突患急性心肌梗死外宾的紧急通知。抢救心肌梗死的病人分秒必争，他和心脏外科石美鑫教授、上海市胸科医院主任医生曹庆亨立即出发奔赴无锡，并于当天下午5时30分就到达了治疗现场。在从无锡医生那里了解病情、研究心电图并进行了一番检查后，他们判断巴茨博士的左心室前壁发生了比较广泛的急性心肌梗死，已经出现了严重的心律失常，即室性心动过速的并发症，危险性比较高。上海市和无锡市的卫生行政领导做出决定，任命陈灏珠为医疗组组长，全面负责病人的抢救工作。于是，上海来的医生和无锡当地的医生团结合作，开始了挽救美国客人生命的战斗。经过详细的讨论，中国医疗组形成了初步的治疗方案，并与美国代表团举行沟通会议。陈灏珠用流利的英语向美国代表团介绍巴茨博士的病情和治疗方案。他首先总结了临床资料，明确了急性心肌梗死的诊断，并指出情况的严重性，因为心电图显示梗死范围较广，而且病人已经发生了一些严重的并发症，要有最坏的打算。在随后讨论治疗措施时，他建议用中西医结合治疗的方案，特别推荐了应用中药丹参制剂，加入低分子右旋糖酐中静脉滴注，以促进微血管的循环和灌注受累的心脏组织，这是由他所主持的一项科研成果，对此他有信心和把握。

然而，这个治疗方案被美国代表团以不了解丹参的药理作用为由而婉言拒绝了，并表示可以立即从美国派专家来负责进行救治。1975年，我国尚处于十年动荡时局的后期，中美两国人民中断交往20余年，两国文化不同，彼此之间缺乏了解，也没有建立起足够的信任，美方对我们的医疗技术与水平都存在着偏见。为此，中国医疗组自力更生的意识和民族自豪感都非常强烈，作为医疗组组长的陈灏珠在卫生行政领导的支持下，也婉言谢绝了美方派医务人员来华主持抢救的要求。因为，抢救他的生命绝不仅仅是医生义不容辞的责任，更意味着维护我们国家的尊严与荣誉，也关系到尚在萌芽期的两国人民互信关系的建立。陈灏珠诚恳、坚定、自信地对美方代表说："请放心，我们有把握尽快使病人脱险。"美方无奈，只得抱着将信将疑的态度接受了这一决定。20世纪70年代，医学还没有今天这么发达，也没有现在治疗急性心肌梗死的诸如"溶栓治疗""介入治疗"等比较有效的方法，当时最好的治疗方法就是把病人安置在监护病房，密切观察病人，预防发生并发症，及时治疗，保护心脏的功能，并用抗凝血的药物预防再发生新的血栓，帮助病人度过最危险的阶段，让梗死的心肌结疤愈合。当时的决定，使以陈灏珠为首的医疗组承受了很大的压力，国家刚刚开放，这是一项关系到国际声誉的任务，“虽然有压力，但这是我们中国医生应该承担的责任。这些国外能做到的治疗方法我们也都能做到，不需要他们再派专家，我们有经验也有把握。急性心肌梗死的病人通过我们上述的治疗，85%左右的病人能被救活，这也是我们的信心所在。”

因为心肌梗死的病人不适合移动，陈灏珠和医疗组就在江苏省血吸虫病防治研究所内建立了一个临时的冠心病监护室（CCU），从无锡市调来相关的国产医疗设备，安排24小时3班轮转工作，每班有一名医生和两名护士负责监测、护理和治疗，以便及时发现病人病情的变化。在整个过程中，陈灏珠特别强调：“任何病情变化都不能忽视，既定的治疗措施不能轻易放弃，工作要落实到人，做到万无一失。”因为他凭借丰富的临床经验深深地知道，治疗过程中一时的忙乱、疏忽大意或者犹豫不决都会影响到整个抢救大局，每个环节都必须既有全局观念，又要根据实际情况及时调整治疗方案和措施。急性心肌梗死病人的病情随时都可能会有反复，但是治疗上不管遇到什么困难，都要沉着应对，千方百计地予以克服，决不能轻易放弃。陈灏珠和医疗组的同事们经过深思熟虑，多方听取建议，制订了细致的诊疗方案，并予以严格实施。

病人首先要闯过的是生死关，因为急性心肌梗死病人在发病后的第一个星期里最容易发生严重的威胁病人生命的并发症。事实上，病人已经发生过一次因室性心动过速引起心脏骤停，很有可能会再次发生，或发生其他并发症。为此，陈灏珠不眠不休地守护在病人身边，和值班的同事一起监测病人心电图的每个心跳，检测呼吸和血压。在严密的监护之下，病人当晚和第二天上午的情况都比较稳定。但到了第二天下午1时30分，病人的病情突然发生变化，出现短阵的胸骨下压榨性疼痛，心电图虽然没有相应的变化，但这引起了医疗组的极大关注，他们判断心肌梗死情况可能进一步扩展。果然，下午4时30分，病人开始烦躁不安，呼吸急促，心跳达到每分钟130次，嘴唇发紫，听诊时发现两肺有弥漫性湿啰音，这是吸气时气体通过呼吸道内的稀薄分泌物而产生的，类似水泡破裂的声音。X线片显示肺部充血，陈灏珠意识到，病人出现了左心室心力衰竭。心力衰竭是急性心肌梗死后一种常见而严重的并发症，是因为心脏部分肌肉坏死导致心脏收缩无力，不能将足够的血

1983年，陈灏珠在华盛顿拜访曾救治过的巴茨博士

液泵出，维持不了血液循环所致。医疗组马上给病人静脉注射强心剂，并用利尿药物使病人迅速排尿，一方面加强心脏的收缩力，另一方面帮助病人把身体多余的水分排泄出来，心力衰竭的症状在当晚得到初步控制。但病人第二次发生并发症则说明情况在恶化，当晚病人又出现了发热和响亮的心包摩擦音，这是心包发炎的表现。美国国务院得到我国政府的同意，决定在24小时内将巴茨博士的夫人用飞机送来无锡，陪伴病人度过他生命中可能最后的时光。

第三天上午，病人频繁地打呃，很不舒服，也使医疗组非常紧张，因为打呃多半是由于心肌梗死向心脏的下壁延伸刺激横膈而引起的，常是病情严重的表现。此时此刻，医疗组的全体成员面对着病情日益恶化的病人，个个都心情沉重，作为医疗组组长的陈灏珠更是感受到了前所未有的巨大压力，他想到病人发生心肌梗死后接二连三地出现并发症，在三天内病情急转直下，生命往往是很脆弱的，但他又想到，在他所抢救过的病人中，有比这类情况更严重的，但经过不懈的努力，硬是救活了过来的例子，说明人的生命力又是很坚强的。看到病人渴望生存的目光，医疗组同事们坚定的眼神，陈灏珠始终坚信他们能成功救治病人，因为他十分清楚，一旦他失去信心，不仅仅是作为一名医务工作者的失职，更会让中国的医疗实力受到质疑。他的沉着镇定激励着身边每个人，医疗组全体成员把压力变为动力，齐心协力，奋力抢救，尽最大努力解决病人出现的并发症。1975年4月25日晚上11时30分，巴茨博士的夫人到达无锡，被允许每日探望病人两次，每次不超过半个小时。在病人病情最凶险的第三、四天里，伴随他的不是恐惧和孤独，而是亲人的陪伴和陈灏珠始终坚定自信的眼神，他给予病人的不仅仅是最好的治疗和护理，还有安慰和鼓励。第五天，病人的病情终于开始好转，第七天体温完全恢复正常。在医疗组夜以继日的密切观察和积极治疗下，病人度过了病情最危重的一周，转危为安。

接下来的一个星期里，病人的病情日趋稳定，只是健康状况尚待恢复。病人及其家属都十分担心病情会不会反复以及心肌梗死会不会给病人带来一些后遗症。陈灏珠意识到，如果病人失去康复的自信，往往更容易导致病情的复发，而乐观向上的积极心态是把病人引向康复的一剂“特效药”。因此，除了日常的治疗之外，陈灏珠不忘与病人及家属悉心交

986 Cottrell Way
Stanford, California 94305
August 1, 1978

Dr. Ch'en Hao-chu

Department of Internal Medicine
Chung Shan Hospital
Shanghai

Dear Dr. Ch'en:

Your letter of the 18th has been received, and I am very glad to hear that you and your family remain in good health.

Concerning Dr. Lehman, the story has been very unfortunate for several years. With many difficult responsibilities, and with much unhappiness in his family life, Dr. Lehman began to experience psychological depressions. These became so severe that one day he took his own life. All of us who knew him were greatly saddened by this loss, which appeared to be so unnecessary. But Dr. Lehman had suffered greatly in his mind, and he believed this to be the best thing to do.

In a more pleasant news, my wife and I will leave in a few days for Warsaw, Poland, weere I will attend the Fourth International Congress of Parasitology. I hope that scientists from China will also attend.

We send to you and our other friends in China our warmest regards and best wishes.

With kindest regards to your family.

Yours sincerely,

Paul F. Basch

Paul F. Basch

Paul F. Basch
986 Cottrell Way
Stanford, California 94305

March 9, 1995

Dr. Chen Haozhu
No. 1761 Huai Hai Zhong Road, Suite 302
Shanghai 200030
People's Republic of China

Dear Dr. Chen,

We were so surprised to receive the copy of Jerry Ogden's book, "East China Rambler" which has a photograph of you and a brief description of Jerry's visit to Wuxi in 1975. I have some remembrance of his visit, as I saw him only briefly; but my wife spent much more time in his company and recalls him very well.

Not very much has happened here since we wrote to you at Christmas time. I am now revising my textbook of International Health for the third edition, and am also working on a popular book about epidemiology. Last year I went to Egypt, to Europe, and twice to the Philippines so it was fairly busy. But now the U.S. government is reducing its programs overseas so I will probably not travel so much. My department at Stanford has recently started a graduate program in Epidemiology, with several Master's and doctoral students, and I am now preparing a class in Epidemiology of Infectious Diseases as well as my classes in International Health and Parasitology. You will be happy to know that my health is excellent as we approach the 20th anniversary of the infarction in Wuxi on April 22, 1975. I am sure that you remember it well. You may recall Dr. Charles Beal, who went with his wife to accompany us back to San Francisco. I still see him from time to time, and he and his wife are both well. My wife, Natalicia, is still working in a drug company not far from our home. The company has recently been sold to a larger company from Switzerland and many workers have been sent home, so people there are uncertain about the future. Our older son, Richard, will marry later this year, and our younger son, Daniel, should graduate in June from his University. So there continue to be many changes as our lives go forward. I am sorry to say that we do not call Wei as often as we should, but I had a nice conversation with him at the end of last year, at the time that your daughter was visiting you in Shanghai.

We hope that you, your wife and family in Shanghai are all well and we look forward to your next visit to California. Once again, many thanks for arranging to send us Jerry Ogden's very attractive and interesting book, and all best wishes from me and from Natalicia.

Yours sincerely

Paul

Paul F. Basch

谈，勉励他们一起共渡难关。他还交代医护人员，随时提供病人及家属的日常生活用品，尊重他们不同的文化习俗和生活习惯。正是因为病人和医生之间建立起了良好的信任与理解，即使是在病人病情最为严重的情况下，陈灏珠的工作开展仍然相当顺利，病人和家属始终满怀信心积极配合中国医疗组的治疗。病人逐渐恢复健康后，美国代表团也终于可以放心地离开巴茨博士继续他们的行程。代表团离开后，美国政府征得我国政府的同意，派了一位医生到现场与医疗组联络，但不参与治疗，只是每天了解病人的病情，与巴茨博士的夫人一起每周三次通过电话向美国驻北京联络处报告病情进展和治疗情况，这些医疗报告通过海底电缆传送到美国国务院，然后再告知美国科学院、病人的同事和家属。

在两个星期的精心监护治疗中，陈灏珠日夜守在病人身边，以坚定的信念、高超的医术、一丝不苟的责任心陪伴病人三闯“鬼门关”，最终圆满地完成了救治工作。病人的病情从稳定期进入康复阶段，已经能够起床活动了，美方的态度也从怀疑到信任再到赞赏。在病后的第16天，陈灏珠在征询了美方的意见后，决定将病人送往具备一切抢救设备的疗养院继续观察、治疗和休养。巴茨博士希望陈灏珠能够同行，继续陪伴他一段时间，因此，陈灏珠便陪同他来到太湖之滨的华东工人疗养院，开始休养治疗阶段。巴茨博士的一场大病，使他与陈灏珠相处了近一个月，两人结下了深厚的友谊。5月21日，巴茨博士病愈，在一对美国医生夫妇和他夫人的陪同下，从无锡乘火车到上海，再从上海乘飞机到日本东京，在东京美国驻军医院短期检查后，5月26日，从东京乘飞机回到美国，在美国海军医院检查和治疗后，回到旧金山附近的家中，一路上没有任何病情的反复。

巴茨博士回国后很快恢复了工作，而且工作出色，成绩斐然，后被聘为斯坦福大学的终身教授。在他健在的时候，每年都要给陈灏珠寄一张全家福。岁月荏苒，随着1979年中美建交，两国早已实现了关系正常化，陈灏珠也已成为我国心血管学界无人不知无人不晓的专家学者，他每次到美国出席学术会议或学术交流，日程安排再紧张，也总要寻找机会去探望巴茨博士，两个医学家庭之间也结下了深厚的友谊。2001年，巴茨博士因病去世，自他1975年心肌梗死病愈后，健康地生活和工作了26年之久。

1976年第136卷的美国权威杂志——《内科文献》(*Archives of Internal Medicine*)

载文对这次救治过程予以详细报道，美国专家对中国医疗水平和中国医生的奉献精神作了高度评价，产生了良好的国际影响，“随着美国人到新中国旅行次数的增加，以及美国人患冠心病的多见，使美国旅行者在中国访问期间难免会发生心肌梗死。我们报告这一事件，表明中国心脏病学家有着优良的医学技术，并强调组织和政治对提供紧急医疗救治的决定性作用。正是因为有关专家和医疗设备能够及时赶到，病人得到细致的医疗照顾，才能迅速康复痊愈。……中国医学尤其是无产阶级文化大革命中期和后期有实质性的改变……中国医生关注医学的全球性发展，学习最先进的诊断和治疗操作。虽然冠心病和其后发生的心肌梗死直到最近才成为中国关注的问题，但是，中国的心脏病学家们在此病的诊断和治疗上，水平与西方并驾齐驱……本文报告的经验，为观察现代中国提供了另一个窗口，这个窗口一般是不向西方来访者开放的，医务人员和物资在一个中等大小的省级城市迅速动员，高水平的组织持续了一个月之久……病人生命得到了挽救，是由于中国医务工作者的良好组织、训练和技巧。”该杂志还同期刊登了美国著名心脏病学专家E. G. Diamond教授的特别评论：“这一事件是国际外交、精准治疗、外国方案和良好结局的结合……中国医务工作者真挚热忱、愿望美好，具有献身精神。这些都告诉我们，不论政治制度如何，这些品质都是普适而且应该坚持的。”这是新中国成立后国外医学界首次评价我国的医疗，陈灏珠以自己的自信自强与高超医术，不但收获了一份难得的友谊，更为祖国赢得了尊严与荣誉。

这个故事还有着另一个机缘巧合。在陈灏珠抢救巴茨博士期间，美国驻北京联络处一等秘书滕祖龙先生（Jerome C. Ogden）接受当时联络处主任乔治•布什先生（George Herbert Walker Bush，老布什，第41任美国总统）的委派专程来探望巴茨博士并向陈灏珠等中国医生表示美国政府的谢意。富有戏剧性的是，1992年秋天，上海市政府的一个外事活动宴会中，时任美国驻上海总领事来到陈灏珠面前，用普通话谦逊有礼地问道：“请问，您是陈灏珠医生吗？”当他听到肯定的答复后，惊喜地追问：“您还记得我吗？我是滕祖龙，1975年，无锡！”时光荏苒，17年过去了，陈灏珠回忆起了当年的朋友。17年后的重逢不禁使两位故人感慨万千，思绪澎湃。滕祖龙喜欢用中文写古体诗，他赠给陈灏珠一本新出

CONSULATE GENERAL OF THE
UNITED STATES OF AMERICA
SHANGHAI, CHINA

陳灝珠副主席，

過去兩年中，本人有幸長駐上海，期間目睹華東人民和衷共濟、勵精圖治。故原本富庶之地江南今更為時和年順、丰享豫大。一切所見所聞乃使我難以忘懷，而流連忘返。

然，歲月易逝，本人不日將卸任回國。憶往兩年，承蒙賜助，今當遠離，倍感隆恩。行色匆匆，未能當面辭行，恭請見諒。

囑筆叩謝，並頌春祺。

滕祖龍

美國駐上海總領事
滕祖龍
1994年5月12日

美國地址：JEROME OGDEN
3909 BENTWOOD COURT
FAIRFAX, VA. 22031
(7/15/94后)

美国驻上海总领事馆
上海市淮海中路1469号
200031

版的诗集，陈灏珠当即挥笔，写就了《赠滕祖龙先生》诗一首回赠，此诗也被收录在了滕祖龙的诗集《逍遥游》中。

赠滕祖龙先生

湖山一别十七年，故人乍遇夜宴前。

容貌依稀君认旧，白发频添我领先。

昔日齐心拯病客，今朝盛意馈诗篇。

几度成桥连两陆，唯愿中美友谊坚！

世界首次超大剂量异丙肾上腺素治疗奎尼丁晕厥的尝试

1974年，陈灏珠的老师陶寿琪教授奉命调往北京，嘱托陈灏珠继承他的工作。不久后，上海市进行内科学分专科的试点工作，中山医院被定为试点医院，成立心脏内科专科，任命陈灏珠担任心内科主任，他也成了中山医院正式成立心内科后的第一位主任。此后，陈灏珠也有了更为广阔的施展舞台，带领团队取得了不少新的成绩，世界首次超大剂量异丙肾上腺素治疗奎尼丁晕厥就是其中一例。

1976年5月，陈灏珠救治了一位28岁的年轻母亲，她患风湿性心脏病已经有十多年。五年前，她冒着一定的风险经剖宫产生下了一个孩子，之后风湿性心脏病病情日趋严重。十天前，她刚刚在中山医院心脏外科接受了心脏二尖瓣瓣膜的分离手术，手术很成功，术后最初几天康复也很顺利。但不久后，她的心跳出现了异常，跳得很快而且非常不规则，心电图证实是心房颤动。心房颤动是一种常见的心律失常表现，是指心房跳动得非常快，快到心室的跳动跟不上，只能跟随一部分的心房跳动而跳动，既快（每分钟在140次左右）又不规则，属于风湿性心脏病病人手术治疗后常会发生的心律失常。按常规，一般在术后两周左右用“电复律”或用药物治疗，使它转复为正常的心跳即窦性心律。因此心外科就把病人转入到陈灏珠负责的心脏内科病房，准备采用电复律进行心房颤动转复治疗。用电复律转复心房颤动前，按常规需要给患者用奎尼丁。奎尼丁是一种抗心律失常的药物，主要用于心房颤动等的转复治疗。在临床应用中，奎尼丁有较多的不良反应，大部分不良反应持续时间都比较短，一经发现立即停药后会自行消失。但也有些不良反应比较严重，甚至有可能致命，主要是累计用药量过多所致。也有少部分患者特别不耐受，在用药量还不多时就出现一些较严重的甚至是致命的不良反应，其中就包括在正规剂量治疗时由触发活动引起的奎尼丁晕厥。现在临床上虽然仍用奎尼丁转复心房颤动，但已经非首选，而在70年代，这是一种常规的治疗方法。

这位年轻的患者入住心内科后，开始按常规服用奎尼丁，从上午6时开始，每6小时一次，每次0.2克，到第二天上午6时，24小时内共服用四次，药量共0.8克。上午8时检查发现心房颤动已经停止，心律已恢复到正常的窦性心律。大家很高兴，因为如果用药物就能把心房颤动转复，那就不必再用电复律了，只需服用维持量的奎尼丁就可以了。但不料，1小时后，患者突然觉得胸部不舒服，恶心、呕吐，进而神智丧失、抽搐、脉搏不及，经过胸部心脏按压和给氧后，病人神智恢复、抽搐停止、血压回升，心电图显示短阵的室性心动过速。经过详细的检查和分析病史，陈灏珠立即判断病人出现了最严重的不良反应——奎尼丁晕厥，即病人的心肌对奎尼丁过度敏感，哪怕用小于常规剂量的药量仍可能导致严重的室性心动过速，如果不及时处理甚至可能导致病人的死亡。果然不出陈灏珠所料，在随后的10小时里，病人晕厥先后发作29次，症状都和第一次一模一样，虽然陈灏珠和负责病床的医生每次都及时采取措施将病人抢救了过来，但病人两次晕厥间的间隔却越来越短，发作持续的时间越来越长，病人在一次又一次的反复发生晕厥后，病情逐渐恶化，其中一次发作心电图检查发现室性心动过速发展为心室颤动，经心肺复苏处理才得以恢复。医生在值班日志中写道："这样的险情我们从未碰到，谁也不知道该怎么办。"

对于陈灏珠而言，像这样治疗棘手的病例，在他的行医生涯中已亲历过多次。这一次，他也像往常一样，在病人病情平稳的间隙，翻开病案记录，仔细地分析每次抢救细节，希望能从中找到一点什么线索。突然，一条"历时200分钟没有发作"的病案记录令他眼前一亮，"这是否只是一个偶然？还是有其他原因？作为一个结果来说，原因何在？"陈灏珠反复询问自己，并与病房的其他医生讨论了这一想法，大家再一次仔细地检查、分析了这段时间的全部治疗措施，并进行交叉比较，发现这一时段只有一点不同，就是为病人用过直接注入心腔的肾上腺素、异丙肾上腺素和去甲肾上腺素（所谓的三联针）。根据这个线索，大家回忆起来在治疗的其他时段也曾给病人静脉点滴常规剂量的异丙肾上腺素治疗过，取得短暂的效果。是否异丙肾上腺素很可能具有“回天之力”呢？病人的病情发展不容许大家继续讨论探究，陈灏珠果断给予病人持续的异丙肾上腺素静脉滴注治疗，病人的心脏又恢复了正常的跳动，并在此后近4个半小时的时间里病情一直很稳定，不再有引起神志不清、抽搐的室性心动过速发作，证明这个治疗方案是正确有效的。之后，病人的病情又有几次反复，陈灏珠与他的同事们根据专业判断，可能是由于患者对异丙肾上腺素的耐受性增高所致，于是大胆地逐渐加大剂量，在达到当时文献报道剂量的15倍后，病人不再出现室性心动过速的情况。这样大剂量的异丙肾上腺素持续使用了6天，直到病情稳定才逐渐减量乃至停用，这次抢救几乎“清空”了药房里异丙肾上腺素的所有库存。再经过了一个多月的后续治疗，这位年轻的母亲终于痊愈出院。

所有参加救治的医生都感到非常欣慰，不仅仅因为他们齐心协力挽救了患者的生命，还因为他们在查阅文献时发现，这是在国内外首次使用超大剂量异丙肾上腺素抢救“奎尼丁晕厥”成功的例子。他们通过仔细地观察和分析，把文献、书本知识、临床经验与实际情况相结合，果断尝试新的治疗方案，最终创造了逆转“奎尼丁晕厥”的世界奇迹。后来，这个经验为国内同道所应用，取得了良好的效果，挽救了许多“奎尼丁晕厥”病人的生命。

若干年后，年轻的学生们经常被陈灏珠所经历的跌宕起伏的“生死剧情”深深吸引，好奇地问他：“危急关头，您为何总能处变不惊？”陈灏珠会心一笑，讲起他小时候在慈云山秋游迷路的事情：“我们一生中会遇到很多突发的事情，生活上的，工作上的。不要恐惧害怕，这样会丧失意志和信心，只有冷静才能有机会去思考解决办法。”

《心脏导管术的临床应用》第2版是在猪圈里写成的

如果说冷静是镶嵌在陈灏珠大脑中的“防短路装置”，情况越是危急，他越是思路清晰，那么豁达就是流淌在陈灏珠血液里的“强心剂”，环境越是艰难，他越是乐观积极。

1976年的夏天，陈灏珠刚刚在国际上首次采用超大剂量异丙肾上腺素抢救了一位奎尼丁晕厥病人，还没有来得及把这次创新在学术界报告，就被派到设在奉贤县的上海市卫生局“五七干校”接受锻炼，一方面进行劳动改造，另一方面则是对思想的“再教育”。

虽然当时外部环境已经不那么严苛了，但干校里的脏活累活还是考验着这些医学专家们的身体与意志。仅陈灏珠知道的，被派接受同样任务的还有著名骨科专家陈中伟教授和普外科专家吴肇光教授。陈中伟教授在干校锻炼一段时间后，因为对高强度体力劳动不适应，加重了他的腰椎间盘突出症，不得不提前返回医院。吴肇光教授的工作是参加田间劳动，这是最辛苦的工种之一，与农村的“壮劳力”一起“日出而作、日落而息”，整菜畦、挖灌水渠、播种、锄地、收割，对于习惯拿手术刀的他来说，非常不容易。

陈灏珠则被分配到养猪场干活，他还安慰家人道：“这工作只是脏了一点，但相对来说体力劳动不如田间劳动那么强，已经算不错了。”去养猪场的那天，他与妻子一起把被褥等大件的行李捆扎成一个大包，随身又悄悄地带了许多参考资料以及纸和笔，他想着既然不能在临床一线做科研，那不如把这几年积累的临床经验好好总结一下，便准备在闲暇时间完成《心脏导管术的临床应用》第2版的撰写工作。《心脏插管检查的临床应用》（即《心脏导管术的临床应用》第1版）是他在20世纪60年代初利用工作间隙和一个个不眠之夜编著撰写完成的，由上海科技出版社出版后，因其实用性和可操作性都很强，受到广大心内科医生的欢迎，第一次印刷后在短短的时间内脱销，又加急印刷了第二次。十几年过去了，心脏导管术有了很多新的进展，包括心脏起搏器、选择性冠状动脉造影术的临床应用等方面更是日新月异，陈灏珠希望能够利用这段暂离临床工作、参加干校锻炼学习的机会，在休息的时间里对第1版进行修订和补充。专著的修订要增补许多新的内容，需要查阅大量的文献资料，所谓“厚积薄发”，他的妻子和同事给了他许多帮助。奉贤农场离上海市区不算太远，每个月最后一周的周末，陈灏珠就乘班车，经最早建成的黄浦江大桥跨过黄浦江，把一个月看完的参考书带回浦西的家，妻子则帮他把上一次指定查询的文章、书刊都准备好，让他带回干校，如此这般周而复始。在干校里，陈灏珠白天在养猪场进行劳动锻炼，晚上也不会早睡，而是充分利用各种空闲时间编书。在当时的情况下，即使是属于自己的时间，也不能公开利用，他只好躲在自己的一方天地——蚊帐里悄悄地撰写他的书稿。在蚊帐里挑灯夜战，参阅、核实、编写，常常不知不觉已经是子夜，但陈灏珠觉得充实而快乐，这是学习、劳动、著书三不误。半年后，当陈灏珠结束干校的学习回家的时候，行李中多了《心脏导管术的临床应用》第2版的初稿。1980年，第2版正式出版，版面由32开本扩大为16开本，字数由18万字增加到70余万字，不但增加了一些介入诊断的创新应用，还包括了许多个案分析，成为一本大型专著。这部专著，后来被认为是心脏介入性诊疗领域的经典著作，更是中国年轻一辈的心脏内科医生的必读书目，以此书为起点，开始了他们各自的心脏介入诊疗工作。

除了编书，陈灏珠在养猪方面居然也总结出了一套心得体会。在奉贤养猪场，他所在的“饲养班”的任务，就是把猪养肥了提供给伙房改善伙食。所有的猪都是圈养的，要养好也是一门学问，陈灏珠跟着饲养班班长学到了不少“小窍门”。这位班长原来是到“五七干校”来学习和锻炼的干部，分配到了养猪场，学习和锻炼结束后，他主动提出留下来，并逐渐成了这里的班长和技术指导者。当时干校数百头猪，分别养在几个猪圈里，每个猪圈里的十几头猪形成了一个独特的群体，不同的群体身上好似有不同的气味，不能混在一起，如果把一头猪放到另一个群体的猪圈里，准会被这个群体的猪嗅出和他们不同的气味，就会群起而攻之，把它赶跑才罢休。饲养班有五大任务：首先是拌猪食和喂猪。给猪吃的饲料是由饲料公司用汽车送来的，大家把饲料卸下储藏好，每天清晨和傍晚把大桶酒糟和适量的饲料混合后，用铲子加以搅拌，放置发酵。这种发酵过的饲料有少许酒味，猪就特别爱吃，还能加快猪的增重速度，是当时比较先进的饲养方法。其次是要找“水果”给猪吃。饲养员们要到附近的河道去打捞“水浮莲”，这是一种浮在水面上的水生植物，它根、茎、叶含有很多水分，猪都爱吃，陈灏珠便戏称这是猪爱吃的“水果”。第三项任务是打扫猪圈，这个工作最累、最脏，因为猪是在猪圈里随意拉屎撒尿的，每天都

1981年3月，黄宛收到陈灏珠寄去的《心脏导管术的临床应用》第2版后回信致谢，并对其学术价值予以高度评价

灏珠同志：

你好！

日前收到你独力编写的"心导管术的临床应用"，欣悉你写的再版。实际上由于心脏导管术随着心脏病诊治的发展也大大地发展了。在这本实际上等于新书中你汇集了近年来这方面的最新进展，加上你们的经验，成为一本极全面的参考书籍。你在编辑百科全书，繁重的医疗任务之余，竟有如此大的精力写出此书，确使我油然起敬。

我却整日忙忙碌碌地在干部病房中把有限的精力耗费在无穷的烦事中。与你卓有成效的工作对比之下，十分汗颜。301医院是个没希望无前途的医院，在南楼则更如此。身不由己——连一些重要会议全抽不出身来参加，遑论其他。

不多谢了，再次致谢。顺候

阖家安乐，工作顺利

黄宛上

81-3-16

要加以清扫，先用铲子铲到粪车上推走，然后用水冲洗，往往做完以后衣服上都是猪粪的气味，所以饲养班的同志们无论走到哪里，其他同志就会远远避开。另外两项任务分别是预防和治疗猪的疾病，例如给猪打预防针，以及繁殖和接生小猪，这些都是技术性工作，陈灏珠他们这些来自卫生系统的干部学起来并无多大困难，慢慢熟悉一下就都能胜任，因此大家都干得很欢。

陈灏珠的妻子起初很为他担心，怕他难以习惯和胜任农业劳动，但是每个月陈灏珠从养猪场回家，都十分超然乐观。有一次，他还绘声绘色地向全家描述小猪接生的过程："原来接生小猪的气味与我们妇产科产房的气味一模一样的。"妻子跟他开玩笑说："你还没有进门，我们就闻到一股猪身上的怪味，都想捂起鼻子避而远之，怎么可能是产房的气味？"于是又引发了全家关于嗅觉的讨论。陈灏珠还会跟孩子们说猪的习性："大家一直以为猪又蠢又笨，其实它们的嗅觉和听觉都非常灵敏。我们喂猪拿的都是铁皮桶，当我们把搅拌好的饲料装到铁皮桶里，在十几米以外就能听到猪圈中猪的声音，因为它们早就已经闻到了饲料的香味，知道要吃饭了，闹哄哄地回到饲料槽等着我们倒饲料。等我们装好饲料拿起铁皮桶，它们听到桶的撞击声就更兴奋了。"孩子们打趣他："没有想到爸爸这么胜任猪倌的工作，还很高兴咧！"孩子们说出了陈灏珠的心声，他在饲养班干得确实不错，对所养的猪也很有感情，常到地里拣些人们遗弃的红薯回来给猪吃，猪看到他来还会像狗一样摇头摆尾哩！那年的冬天，他还以一个医生的敏锐观察，发现了一次"口蹄疫"疫情，"其实养猪的学问很多，需要认真对待，马虎不得。每一个工作都有它独特的意义和价值，不分高低贵贱，我们不应该小看或者轻视养猪的人。"

十年社会动荡，起起伏伏，陈灏珠看尽了世态炎凉，亲历了一些前辈、同事、学生的抱憾离世，即便再豁达也不免会有叹息。然而，在养猪场与猪共处的这段岁月，虽然有苦有累，但远离了斗争，没有了其他的担忧与恐惧，环境反而简单许多，他可以踏实地看书，对自己过往的工作做一个总结，也是十分难得的事情。就这样过了近半年，随着"四人帮"的垮台，陈灏珠也得以提前结束干校学习回到医院。

1976年，陈灏珠在奉贤上海市卫生局“五七干校”的养猪场干活

回忆在艰难岁月中何以能够保持平和淡然的心，并坚持不放弃自己的工作和目标，陈灏珠说道："我在做实习医生和住院医生期间，在严谨的学术氛围中接受了严格的训练，已经养成了自己的工作习惯，就像一架启动了的机器，无论外界环境如何，一旦启动，它总是按照原有的轨迹向前。就像林语堂先生所说，我是'深入穷知探奥之途，迷而忘返'。工作是我生活的一部分，也是我快乐的源泉。"

1977年8月，中国共产党第十一次全国代表大会的胜利召开并正式宣告了"文革"结束。当年10月1日国庆节，陈灏珠作为卫生界代表，赴北京参加国庆招待会。在招待会现场，他遇到了自己的老师黄家驷教授、董承琅教授、陶寿琪教授等，回忆往事，不胜感慨，谈及这些年困难中所取得的一些成就，也无不欣慰。好在，新的时期来临了，大家对未来共同建设发展中国医疗事业充满了希望与信心。

第六章

改革开放出成果 大医精诚为人民

1978年，年过半百的陈灏珠不但迎来了改革开放的春风，也迎来了自己事业的又一个高峰。在研究工作中，他尝试用经静脉心脏起搏法中止快速心律失常；完成首例血管腔内超声检查；继续参与修订《实用内科学》并最终担任主编；深入冠心病、动脉粥样硬化和血液脂质研究；聚焦中国心血管病流行学。而在研究之外，他则是一位全心全意为人民服务的好医生。

1978年12月，中国再次站上了历史的拐点。中国共产党第十一届中央委员会第三次全体会议做出了实行改革开放的伟大决策，大会发布的“尊重知识、尊重人才”的方针也改变了中国知识分子的命运，他们的政治地位和社会地位都得到了显著提高。

这一年对54岁的陈灏珠而言也有着特殊的意义。在“文革”后恢复的第一次职称评定中，陈灏珠被晋升为内科副教授，任硕士研究生导师，之后又被任命为上海市心血管病研究所副所长。中华医学会心血管病学会成立大会上他被选为学会委员会委员，首次作为无党派爱国民主人士当选为上海市第五届政协委员。1979年1月，在一次教授座谈会上，心情愉快的陈灏珠喜而赋诗一首：

窗外阳光普照，座前春意骤增。
领导心长语重，教授话短意兴。
唏嘘当年往事，舒畅今日情怀。
四化目标既定，跨马加鞭飞腾。

“四化目标既定，跨马加鞭飞腾”，国家引领着各行各业在社会主义建设道路上进行探索和创新。陈灏珠面临着前所未有的机遇，欣喜于自己能在更为广阔的舞台上施展才华。“当时，大家都觉得学术的春天终于来了，准备撸起袖子大干一场。”在此后40年中，陈灏珠将全部心血都倾注于医疗、教育和基础研究中。

另辟蹊径，用心脏起搏技术治疗快速心律失常

1968年，陈灏珠与石美鑫教授合作，在国内首次为一位患者置入埋藏式起搏器，获得成功。但在之后的十年里，由于缺乏研究环境和团队，我国心脏起搏技术和设备发展止步不前，整体上落后于国际发展水平。在这种背景下，陈灏珠只能在实际应用中另辟蹊径，“我觉得创新是一种思考问题的方式，就是遇到问题不要总想着用一个办法去解决，有时

候要换一个角度，多问自己一些问题，多尝试几次，创新是多种多样的。”

1972~1975年，陈灏珠和江圣扬医师带领课题组与南京医学院黄元铸医师合作，陆续接诊了25例反复发作的快速心律失常患者，用当时的药物治疗全部无效，甚至因此出现了药物毒性反应。通过观察与思考，陈灏珠心里琢磨着心脏起搏器是不是可以有“反向妙用”。在以往，心脏起搏器几乎都是用于心跳过缓或者心搏骤停的患者，把电极放进去刺激心脏，使其恢复正常跳动，也就是从“慢”到“快”。那从“快”到“慢”是否可行呢？陈灏珠他们从理论上推导认为可以采用心脏起搏技术治疗心律失常，而且技术上也应该有可行性，然而，我国之前未见相关研究。在科学理论指导下，陈灏珠课题组进行了谨慎而大胆的尝试，结果发现，在足够电流强度的刺激下，80%的病人用每分钟200次以下的刺激频率就可以迅速使病情得到控制，探索再一次取得了成功，令他欣慰。但是，限于当时历史环境，相关临床研究未能受到充分重视。1978年3月，全国科学工作者大会在北京人民大会堂召开，在这次具有里程碑意义的盛会上，“心脏起搏器的研制和临床应用”一举获得大会的“重大贡献奖”，同时获此奖项的还有陈灏珠主持的“血瘀本质及活血化瘀原理的研究”课题。1979年，“难治性快速心律失常电起搏治疗的体会”被《中华内科杂志》发表，这也是国内首次发表的该类研究。该论文在国内发表后不久，有位美国心脏起搏专家来中国做学术访问，到中山医院心内科考察，他获悉研究结果后随即表示，欧美也差不多在同时开展这方面的临床研究，这篇论文完全可以在国外英文学术期刊发表，让国际同行了解中国心脏起搏技术的发展。经过这位专家的推荐，1980年，这篇论文的英文版在美国PACE杂志第三期发表，这也标志着我国在心脏起搏技术的实际应用上再次追赶上了国际先进水平。

血管腔内超声检查是冠心病诊断新的“金标准”

1973年4月23日，陈灏珠带领团队成功施行了国内首例选择性冠状动脉造影手术，之后，这项技术就被誉为冠心病诊断的“金标准”。但陈灏珠并不满足于此，在实际临床应用中，他逐渐发现这一技术仍有不足之处。因为注入冠状动脉的造影剂只能显示血管管腔的变化，虽然可以直观地看到冠状动脉狭窄、堵塞的位置和程度等，但是它并不能显示血管壁的状态变化，例如，血管壁是否存在粥样硬化的斑块。而且，陈灏珠和课题组的同事们已经注意到，冠状动脉造影变化所提示的影像与病理解剖结果并不总是一致。尤其是在患早期动脉粥样硬化的患者中，施行选择性冠状动脉造影诊断有时候观察不到有冠状动脉狭窄的病变，但此时冠状动脉管壁可能已有粥样硬化斑块，只不过斑块突入管腔不多，所以引起的狭窄不明显，因而受到忽视或者被低估。这些病情被低估的患者，在介入治疗时，发生动脉急性闭塞或再狭窄的可能性就比较高。从这一点上来说，评价冠状动脉血管管壁有无粥样斑块的情况，与评价冠状动脉管腔是否狭窄或堵塞同样重要。而在当时，临床上用于评价血管病变的手段十分有限，比如血管镜，它只能观察到血管的内膜面，不能评估动脉壁的各层，因此，观察内膜下的粥样斑块时就有局限性。

如何破解这一难题呢？已过花甲之年的陈灏珠又开始新一轮的探索与创新。他发现在20世纪80年代中后期至90年代初，欧美学术刊物上有国际同行在临床上尝试采用血管内和心脏内超声显像技术进行心血管病鉴别诊断的论文报道。在理论上，血管腔内超声检查是无创性的超声检查技术与有创性的心导管检查技术相结合的诊断方法，这种诊断方法能提供冠状动脉和其他血管的超声切面显像，从这种超声切面显像不但可以看到血管腔内而且可还以看到血管壁各层的形态结构情况，因此，冠状动脉内超声检查应该可以弥补冠状动脉造影不能显示管壁状态的这个缺点。然而，血管腔内超声检查的技术难度也是显而易见的。首先，需要检查者具有丰富的心脏介入诊疗技术为基础；其次，这一技术所涉及的设备昂贵、检查方法复杂。但在陈灏珠面前，所有的困难都是用来被克服的。他和沈学东教授带领课题组，先通过基础实验，在1cm厚的有机玻璃上按照2.5~25mm不同直径钻10个圆柱形孔，再用塑料薄膜置于孔内模拟血管，又用塑料薄膜模拟动脉夹层分离，用橡皮泥模拟动脉粥样斑块，观察腔内超声所测得的数据，结果可以看到超声切面显像仪清晰地显示“动脉夹层分离”与“斑块”的情况。然后是动物实验，通过伦理委员会的审批，课题组选择了狗作为实验动物开展此项研究，以确定所有测量数据的科学性与有效性。最后的研究结果令人鼓舞，血管腔内超声检查的操作与他们所熟识的心导管检查和其他无创性检查相结合的操作类似，只要耐心细致，就能在不损伤血管壁的情况下达到诊断要求，提供有用的临床信息，正确显示血管的横切面像和血管壁外膜、中膜和内膜三层结构的情况。1991年，课题组率先在国内报告了血管腔内超声检查显示血管壁病变的实验研究结果。此后，沿着基础实验开拓的方法与思路，课题组齐心协力，进一步将血管腔内超声检查技术成功应用到临床，并在国内最早用于诊断冠状动脉粥样硬化。这是继国内首例选择性冠状动脉造影手术之后，在心血管病介入性诊疗领域开创的另一个具有里程碑意义的成就，也开启了诊断冠状动脉狭窄病变的新时代。

1992年，陈灏珠、沈学东、戎卫海等专家教授联合撰写的论文“血管腔内超声切面显像的实验研究”在第1期《上海医学影像杂志》上发表。1995年，在澳门和香港地区的心脏病学国际会议上，陈灏珠先后报告了冠状动脉造影未发现冠状动脉狭窄，但通过冠状动脉内超声检查证实动脉壁有粥样硬化病变的病人案例和诊断经验，受到与会专家的高度评价，认为这是心脏超声诊断里一项很有价值的研究成果。如今，血管腔内超声检查越来越多地被应用于冠心病诊断和对冠状动脉介入治疗的评价中，这项技术也被誉为冠心病诊断新的“金标准”。以此技术为基础，中国心脏病介入性治疗的途径也得到了飞速地发展，激光溶栓、超声溶栓、斑块旋切等技术一一问世，绝大部分心脏病成为“可治之症”，免去开胸做搭桥手术的风险。目前，我国在心血管疾病的介入诊疗方面已经从跟跑国外同行进入了弯道超车阶段，甚至部分领域有领跑趋势，这与陈灏珠等前辈打下的基础密不可分。

《实用内科学》一定要常版常新

改革开放初期，随着科学研究的逐步恢复，不少重要学术著作也得以继续再版，对陈灏珠而言，其中最重要的莫过于《实用内科学》的编辑修订工作。

该书是在新中国成立初期，由上海第一医学院内科专家编写的、我国最早出版的一部大型内科综合性参考书，一直是我国内科领域乃至整个医学界最主要的参考工具书之一。它以实用性为主，从临床实际出发，详尽地阐述了各种内科疾病的病因、流行情况、发病机制、病理解剖、病理生理、临床表现、诊断、鉴别诊断、预后、预防和治疗，内容全面而广泛，主要引用我国自己的案例资料，也适当介绍有关的理论知识，既适用于全国各级医院内科医师在临床实践中参考或其他专业的各级医师了解内科疾病诊治，也可供医学院校学生学习内科学时作为补充教材，因此深受欢迎，一直是国内最畅销、最经典的医学书籍之一。

在"文革"开始以前，《实用内科学》在消化病学专家林兆耆教授的带领下已经修订至第5版，随后的数年里，临床科研进展缓慢，也没有与国际医学前沿的交流，被迫停止再版，内科医师无名著可读，直到1972年大环境有所改善才得以修订第6版，并首次突破200万字，但也无法保持定期修订再版的频率。

"文革"结束后，上海第一医学院立即重启了《实用内科学》第7版的编辑修订工作，由林兆耆教授和传染病学专家戴自英教授担任主编，陈灏珠担任副主编。1979年7月，"庐山模式"正式启动，林兆耆教授因病不能上山，由共同主编戴自英教授带领包括陈灏珠在内的十余名编委登上庐山进行封闭式总审稿工作。大家奋战两个多月，提前完成了最后的编辑工作。因为当时审稿资金紧张，他们吃住都十分艰苦，但为了能早日编著完成，大家都甘之如饴。陈灏珠曾赋诗《苦中甜》记录了其中的甘苦：

著书贻后学，山舍暂为家。斗室齐伏案，不觉鸟喧哗。
奋笔流汗水，解渴有山茶。餐桌常无肉，缘由孔方赊！
饭余行百步，始信石径斜。松下淋朝雨，山亭望晚霞。
何日书成卷？东海系归槎。若问劳中逸，同登牯岭街。

1980年，陈灏珠被破格晋升为上海第一医学院内科教授，这也是对他在内科领域多年所做贡献的肯定。同年12月，中华医学会内科学会在广州召开"文革"后第一次全国内科学学术会议，大会高度评价了《实用内科学》，不少年轻医师都将此书作为他们学术道路上的启蒙读本。陈灏珠在会上也遇到了不少多年未见的师长、同事与同学，其中上医校友

陈灏珠手写诗稿《苦中甜》

苦中甜

著书贻后学，山舍暂为家。
斗室齐伏案，不觉鸟喧哗。
奋笔流汗水，解渴有山茶。
餐桌常无肉，缘由孔方赊！
饭余行百步，始信石径斜。
松下淋朝雨，山亭望晚霞。
何日书成卷？东海系归槎。
若问劳中逸，同登牯岭街。

陈灏珠

作于1979年8月《实用内科学》第7版在庐山总审定稿时。书于2015年7月。

1979年7月，陈灏珠在庐山乌龙潭

甚众，他在欣喜之余写道：

羊城盛会转眼过，枫林学子倍奔波。
数年阔别存问少，一朝重叙话偏多。
浩劫难逃君尤健，今日终见审妖魔。
经建必须齐奋力，唯愿年年奏凯歌。

1981年，陈灏珠被批准成为全国第一批博士研究生导师，并出任卫生部医学科学委员会心血管病专题委员会委员、《中华医学杂志》副总编辑、《实用内科杂志》顾问以及《中国医学百科全书》编委会委员，受命主编该全书的《心脏病学分册》。同年，第7版《实用内科学》由人民卫生出版社出版，并于1982年获全国优秀科技图书一等奖。第8、第9版也由戴自英教授主编，第9版《实用内科学》于1996年获卫生部科技进步一等奖，1998年获国家科技进步二等奖，几代编写者的贡献得到了肯定。

1997年，陈灏珠从老师戴自英教授那里接过了主编的工作，负责第10版的修订，他自觉重任在肩。“《实用内科学》是几代上医人共同努力的结果，代表了上医内科的实力传承。它也是中国内科学发展的最佳见证，记录了新中国建立以后我们内科学的飞速发展。为了让读者都能了解内科最新发展、传承医学精神，它就一定要常版常新。”陈灏珠是这么说的，也是这么做的，《实用内科学》严格遵照每四年修订一次，补充新内容，追赶时代步伐。他还十分注重传承，除了第10~12版由他主编之外，第13版主编增加了林果为教授；第14版又增加了王吉耀教授；第15版他仅担任名誉主编，由林果为、王吉耀教授和葛均波院士担任主编，而且每版编委都进行更新，增加青年教授。从1952年28岁的陈灏珠作为年轻的住院医师有幸参与第1版《实用内科学》的编写以来，他陪伴着这部著作走过了大半个世纪，直到2017年担任第15版的名誉主编时，已是93岁的高龄。他以实际行动践行着对师长们的承诺，传承着“正谊明道”的上医精神。

由陈灏珠编著或主编的部分专著和教科书

冠心病与生活及饮食习惯有着密切的关系

冠心病是冠状动脉患病，导致供应的血液不足，从而引起的心脏病。绝大多数的冠心病是冠状动脉发生动脉粥样硬化所致，称为冠状动脉粥样硬化性心脏病，但这个病名实在太长了，有12个字之多，于是被简称为冠心病。根据冠状动脉病变的严重程度和发展快慢的不同，冠心病有多种类型，其中最常见的是心绞痛和心肌梗死。心绞痛是冠状动脉所供应的血量减少，使心肌缺血，而引起的疼痛；心肌梗死则是冠状动脉完全堵塞，导致心肌供血完全停止而引起的心肌坏死。

足以引起冠心病的因素被称为危险因素，已知的冠心病危险因素有近300种，但最重要的只有十几种。这些危险因素可以归为两大类：遗传因素和环境因素。前者最重要的有年龄、性别和家族遗传史，这些因素是不可变的；后者最重要的有高血压、血脂异常、吸烟、酗酒、糖尿病、缺少运动、不平衡膳食（常导致超重、肥胖和血脂异常）等，这些因素和生活方式密切相关并且是可以改变的。在可以改变的危险因素中，血脂异常为重中之重的因素，它是指血液中脂类代谢的异常。能导致心血管病的血脂异常主要有血清总胆固醇水平过高、血清低密度脂蛋白胆固醇水平过高、血清三酰水平过高以及血清高密度脂蛋白胆固醇水平过低。

新中国成立前和成立初期，由于我国居民的生活条件大多比较艰苦，因此冠心病并不多见。但在20世纪50～60年代，陈灏珠在对住院病人的调查统计中就发现国内冠心病比例有上升的趋势，但由于“文革”期间局势动荡，没有人力、财力、物力进行大规模调查研究。

20世纪70年代初期，外部研究环境有所改善，陈灏珠重返心血管病专业研究的当下，就和同事庄汉忠研究员、韩琴琴研究员、陈斌医师等在上海市健康人群中开展了中国首次大规模从新生儿到百岁老人健康居民血脂水平的调查，并在1975年《生物化学与生物物理学报》上发表了对1 385位上海健康居民抽样调查研究血脂水平的结果，而在那时，我国大多数临床医师和基础研究人员仍没有对血脂研究的意义给予充分的重视。

改革开放后，上海市心血管病研究所冠心病普查组又进一步对城市与农村的冠心病患病率及诱因展开调查随访，相关论文于1979年发表在《上海第一医学院学报》。1981年，陈灏珠和他的同事潘信伟医师等在国内率先进行心肌梗死病人的配对调查以阐明心肌梗死致病危险因素，提出预防策略，发现高血压和吸烟为最主要的危险因素。同年，冠心病普查组进一步研究了老年人血清脂质和脂蛋白含量的研究。1982年秋天，陈灏珠应当时西德海德堡大学G. Schettler教授的邀请，出席了在西德西柏林举行的“第六届国际动脉粥样硬化会议”，并在大会上报告论文两篇。这是陈灏珠第一次出国参加国际学术会议，他以流利的英语和版报的形式完成了报告，并积极主动地与国外同行交流经验。他所报告的论文是由冠心病普查组共同完成的，对上海市健康人群进行血液脂质水平的调查结果。根据统计，当时上海市健康居民血胆固醇的平均值为男性162.2±32.3mg/100ml，女性166.1±32.1mg/100ml；甘油三酯的平均值为男性78.8±37.4mg/100ml，女性85.7±44.2mg/100ml。用统计学方法推算出血胆固醇的正常最高值为220mg/100ml，三酰甘油的正常最高值为160mg/100ml。由于这些数据比发达国家的健康人群平均水平都要低不少，这份报告引起了大会的广泛关注，西方一些专家甚至怀疑“中国健康人群的血脂水平太低了，可能是营养不足吧”，然而30多年后的今天，大家回过头看，陈灏珠报告的“健康人群血脂水平”确实是代表了人类健康血脂水平的数据，也解释了当时我国冠心病和动脉粥样硬化病人较西方国家少的原因。例如，2001年美国全国胆固醇教育计划（National Centers for Environmental Prediction，NCEP）提出血胆固醇的合适水平为200mg/100ml以下，三酰甘油的合适水平为150mg/100ml以下，可见西方学者已经认识到当年陈灏珠提出的数据的确是血脂的理想水平而非营养不足。第二年，陈灏珠又受邀参加了在澳大利亚墨尔本召开的第七届国际动脉粥样硬化会议。在会议上，陈灏珠报告了随后进一步深入的调查结果，着重介绍了上海健康人群的血清高密度脂蛋白胆固醇的水平，并将前后两年的研究成果汇总后，在英国*Atherosclerosis*杂志发表。这些研究丰富了我国流行病学资料，填补了该研究的空白，受到国际同行的广泛关注。

1984年，陈灏珠出任上海医学会心血管病学会主任委员，上海医学会常务理事，《中华内科杂志》编委会委员。由他参与主持的“褐藻淀粉酯钠”研究，获广东省科技成果二等奖。褐藻淀粉是海藻类的提取物，此课题证实了褐藻淀粉在防治冠心病中的效果，它能显著降低血脂，并且有提高高密度脂蛋白的作用。

果然如陈灏珠所料，改革开放不久后，随着人民生活条件的改善，冠心病的发病率逐渐增多，血脂研究才引起了我国心脏病专家的广泛关注，相关的研究也日益增多。1986年，冠心病普查组再次调查了上海市3 312名居民的血脂含量及其与营养的关系，文章发表在《中华医学杂志》上。其结果显示，虽然上海居民的血总胆固醇、三酰甘油和β脂蛋白值仍低于西方发达国家的标准值，但相较前一次普查已经有了显著上升。而之后90年代的普查结果也表明，我国健康人群的平均血脂水平在逐年增高，血脂水平超出正常值的人也越来越多，相应的冠心病的发病率也逐渐增高。陈灏珠曾多次指出："从我们的调查研究里不难发现，中国人群的血总胆固醇和三酰甘油的均值水平每年都有所提高，饮食习惯也从吃比较清淡的膳食到吃高脂肪、高热量的饮食，这是值得引起大家关注并警惕的。如不加以关注，可能会重蹈西方国家高血脂水平、高动脉粥样硬化发生率、冠心病患病率增多的覆辙。"他非常希望年轻医师能够协助他把这项工作一直开展下去，因为动态观察我国健康人群的血脂水平变迁，对于冠心病的预防和治疗以及相关卫生政策的制定有着极其重要的参考价值。2008~2009年，在陈灏珠指导下，研究团队对上海市居民的血脂情况再一次进行了跟踪调查，再次证明了膳食和血脂水平有着密切的关系。高血脂又是动脉粥样硬化的主要危险因素，合理科学的膳食是预防心血管疾病的一个重要措施。2013年，香港心脏病学院第21届学术年会邀请陈灏珠做了题为"上海市健康人群36年血脂变化"的专题报告，他总结道："这一系列健康人群的血脂调查报告为我国血脂水平的变迁和疾病谱变化提供了依据，并为预测冠心病的发生和趋势提供参考。"

不良的生活及饮食习惯： 2004年，陈灏珠在接受中央电视台《大家》栏目采访时指出，不良生活习惯大致有：①休息没有规律，随心所欲，不注意劳逸结合；②脑力劳动者不做体力活动，也不参加体育锻炼；③长期坐着工作者不走动，不进行步行活动；④饮食不节制，体重不断增加；⑤娱乐无节制，例如通宵玩游戏机或通宵看影碟等；⑥吸烟；⑦酗酒。不良饮食习惯大致有：①摄食过多，热量过剩而导致肥胖；②喜食脂肪（肥肉、黄油、奶油等）；③喜食含胆固醇高的食物，如动物内脏、蛋黄、蟹黄、鱼子、鱿鱼、墨鱼等；④喜食含糖饮料；⑤不食蔬菜、水果；⑥嗜酒；⑦嗜盐。

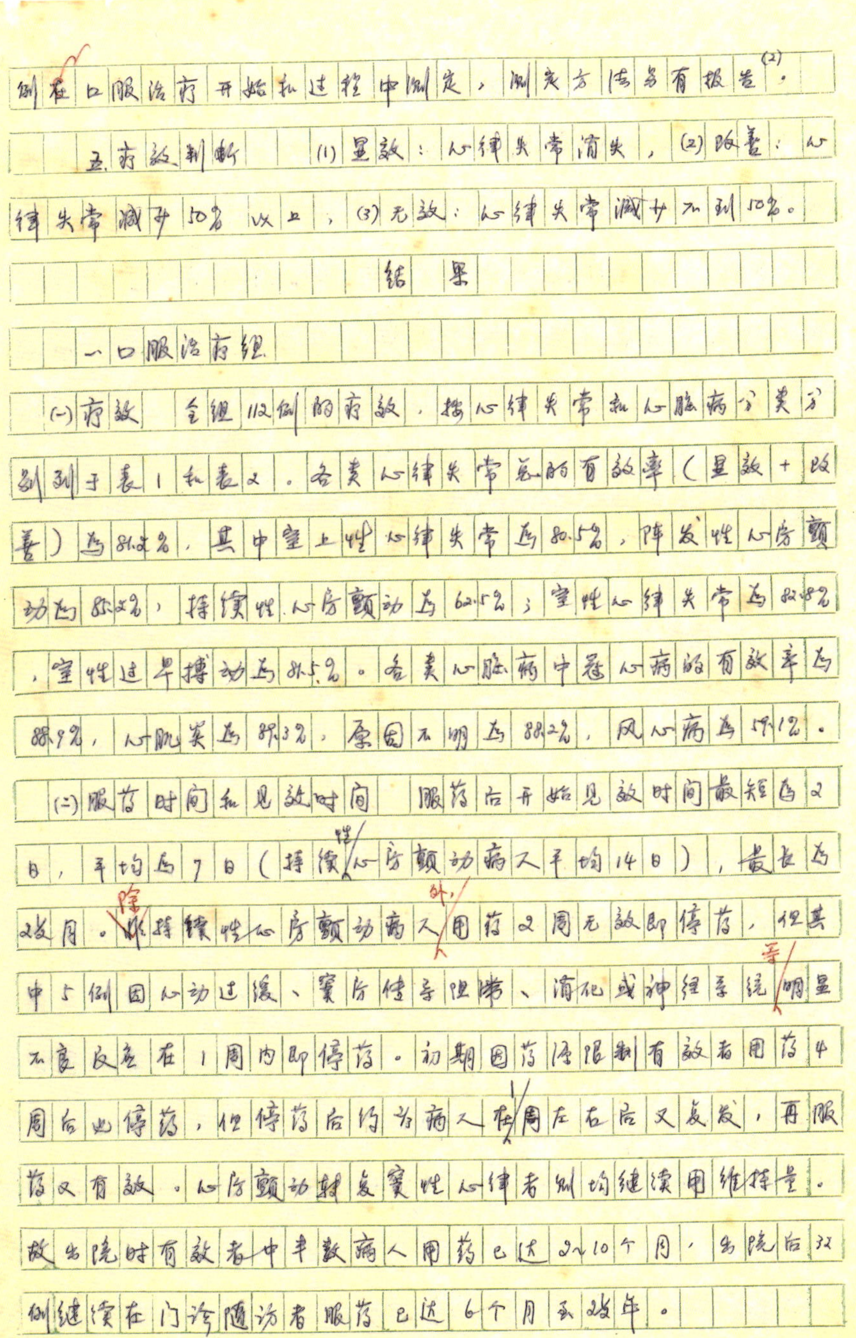

例在口服治疗开始和过程中测定，测定方法另有报告(2)。

五.疗效判断　(1)显效：心律失常消失，(2)改善：心律失常减少50%以上，(3)无效：心律失常减少不到50%。

结　果

一.口服治疗组

(一)疗效　全组112例的疗效，按心律失常和心脏病分类分别列于表1和表2。各类心律失常总的有效率（显效+改善）为84.2%，其中室上性心律失常为80.5%，阵发性心房颤动为85.2%，持续性心房颤动为62.5%；室性心律失常为89.8%，室性过早搏动为84.5%。各类心脏病中冠心病的有效率为88.9%，心肌炎为89.3%，原因不明为88.2%，风心病为57.1%。

(二)服药时间和见效时间　服药后开始见效时间最短为2日，平均为7日（持续性心房颤动病人平均14日），最长为2个月。除持续性心房颤动病人外用药2周无效即停药，但其中5例因心动过缓、窦房传导阻滞、消化或神经系统等明显不良反应在1周内即停药。初期因药源限制有效者用药4周后也停药，但停药后约半数病人在1周左右后又复发，再服药又有效。心房颤动转复窦性心律者则均继续用维持量。故出院时有效者中半数病人用药已达2~10个月，出院后32例继续在门诊随访者服药已达6个月至2年。

上海广行纸品厂16开文稿纸500格(20×25)　369

3

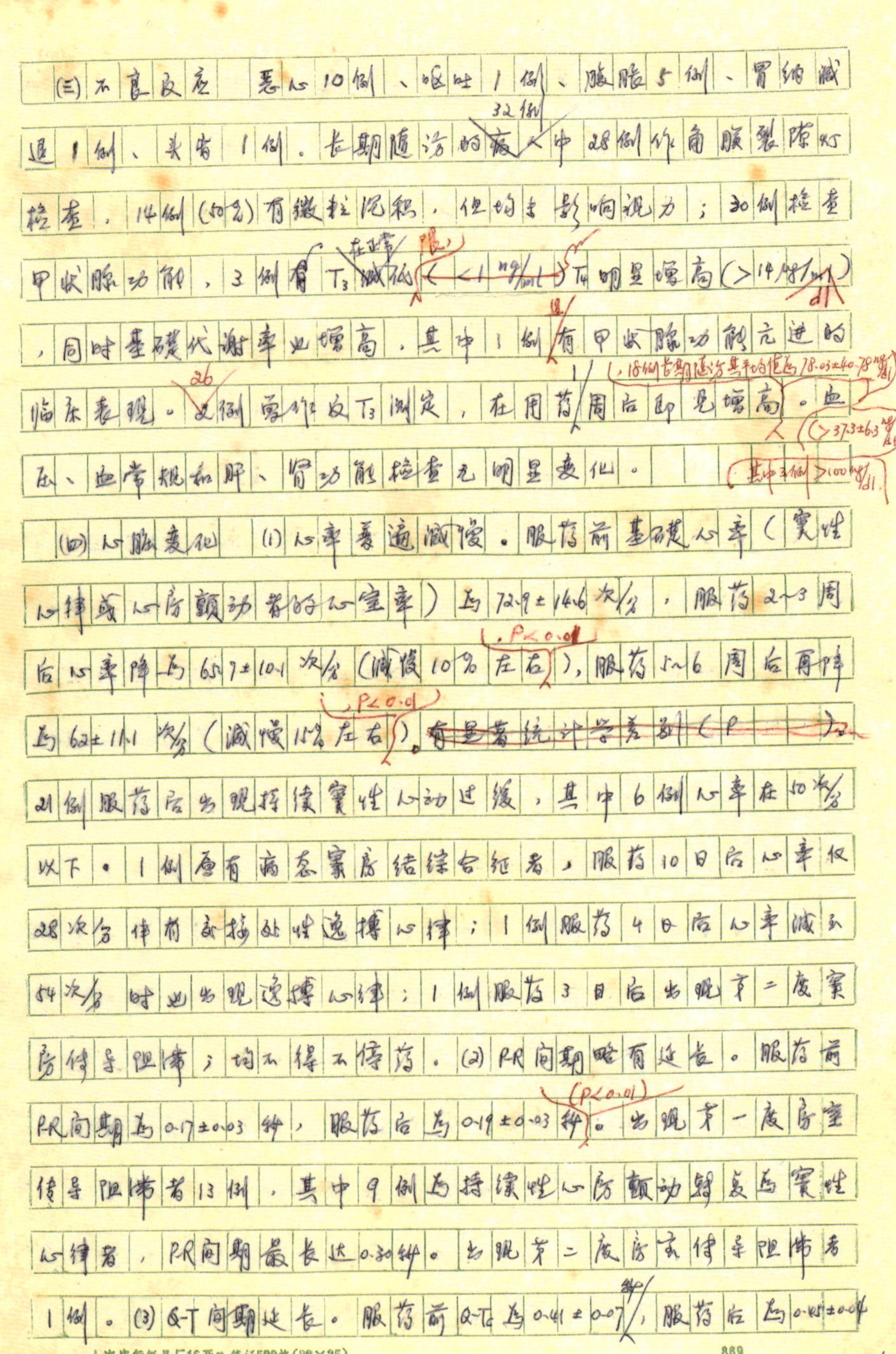

（三）不良反应　恶心10例、呕吐1例、腹胀5例、胃纳减退1例、头昏1例。长期随访的32例中28例作角膜裂隙灯检查，14例(50%)有微粒沉积，但均未影响视力；30例检查甲状腺功能，3例有T_3在正常低限(<1 ng/ml)，T_4明显增高(>14 μg/dl)，同时基础代谢率也增高，其中1例且有甲状腺功能亢进的临床表现。26例曾作反T_3测定，在用药1周后即见增高(>37.3±6.3 ng/dl)，18例长期随访其平均值为78.03±40.78 ng/dl，其中3例>100 ng/dl。血压、血常规和肝、肾功能检查无明显变化。

（四）心脏变化　(1)心率普遍减慢。服药前基础心率（窦性心律或心房颤动者的心室率）为72.9±14.6次/分，服药2～3周后心率降为65.7±10.1次/分（减慢10%左右，P<0.01），服药5～6周后再降为62±11.1次/分（减慢15%左右，P<0.01）。21例服药后出现持续窦性心动过缓，其中6例心率在50次/分以下。1例原有病态窦房结综合征者，服药10日后心率仅28次/分伴有交接处性逸搏心律；1例服药4日后心率减至54次/分时也出现逸搏心律；1例服药3日后出现第二度窦房传导阻滞；均不得不停药。(2)P-R间期略有延长。服药前P-R间期为0.17±0.03秒，服药后为0.19±0.03秒(P<0.01)。出现第一度房室传导阻滞者13例，其中9例为持续性心房颤动转复为窦性心律者，P-R间期最长达0.30秒。出现第二度房室传导阻滞者1例。(3)Q-T间期延长。服药前Q-Tc为0.41±0.07秒，服药后为0.45±0.04

上海唐行纸品厂16开文稿纸500格(20×25)　869

4

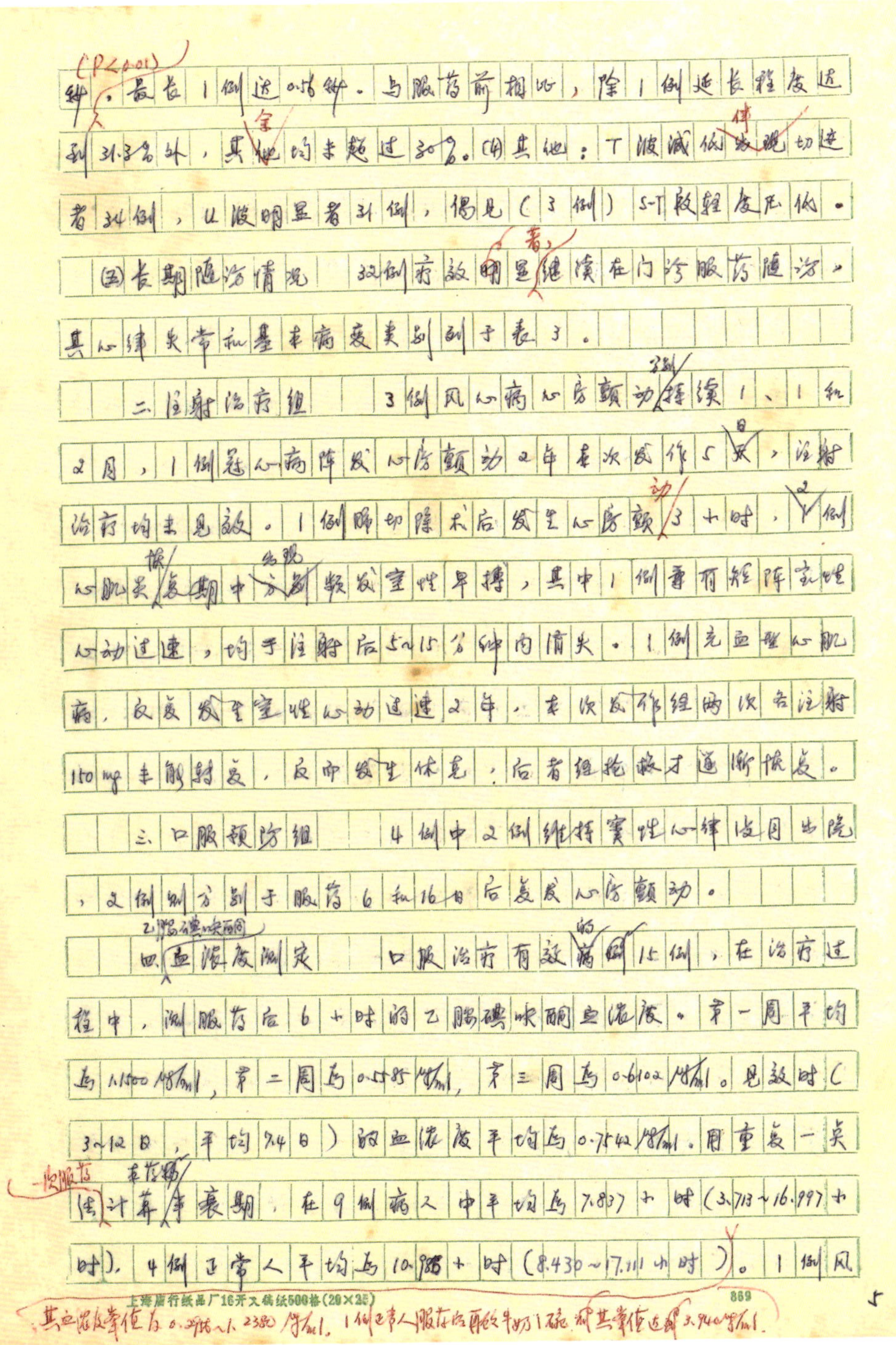

秒(P<0.01)，最长1例达0.56秒。与服药前相比，除1例延长程度达到31.3%外，其余均未超过30%。(4)其他：T波减低伴切迹者34例，U波明显者31例，偶见(3例)S-T段轻度压低。

(5)长期随访情况　32例疗效明显者，继续在门诊服药随访。其心律失常和基本病变类别列于表3。

二、注射治疗组　3例风心病心房颤动分别持续1、1和2月，1例冠心病阵发心房颤动2年本次发作5日，注射治疗均未见效。1例肺切除术后发生心房颤动3小时，2例心肌炎恢复期中出现频发室性早搏，其中1例尚有短阵室性心动过速，均于注射后5~15分钟内消失。1例充血型心肌病，反复发生室性心动过速2年，本次发作经两次各注射150mg未能转复，反而发生休克，后者经抢救才逐渐恢复。

三、口服预防组　4例中2例维持窦性心律达1月出院，2例则分别于服药6和16日后复发心房颤动。

四、乙胺碘呋酮血浓度测定　口服治疗有效的15例，在治疗过程中，测服药后6小时的乙胺碘呋酮血浓度。第一周平均为1.1500μg/ml，第二周为0.5585μg/ml，第三周为0.6102μg/ml。见效时(3~12日，平均7.4日)的血浓度平均为0.7542μg/ml。用重复一点法计算本药的半衰期，在9例病人中平均为7.837小时(3.713~16.997小时)，4例正常人平均为10.988小时(8.430~17.111小时)(一次服药)。其血浓度常值为0.2986~1.2380μg/ml。1例正常人服药后再饮牛奶1碗，则其常值达到3.940μg/ml。1例风

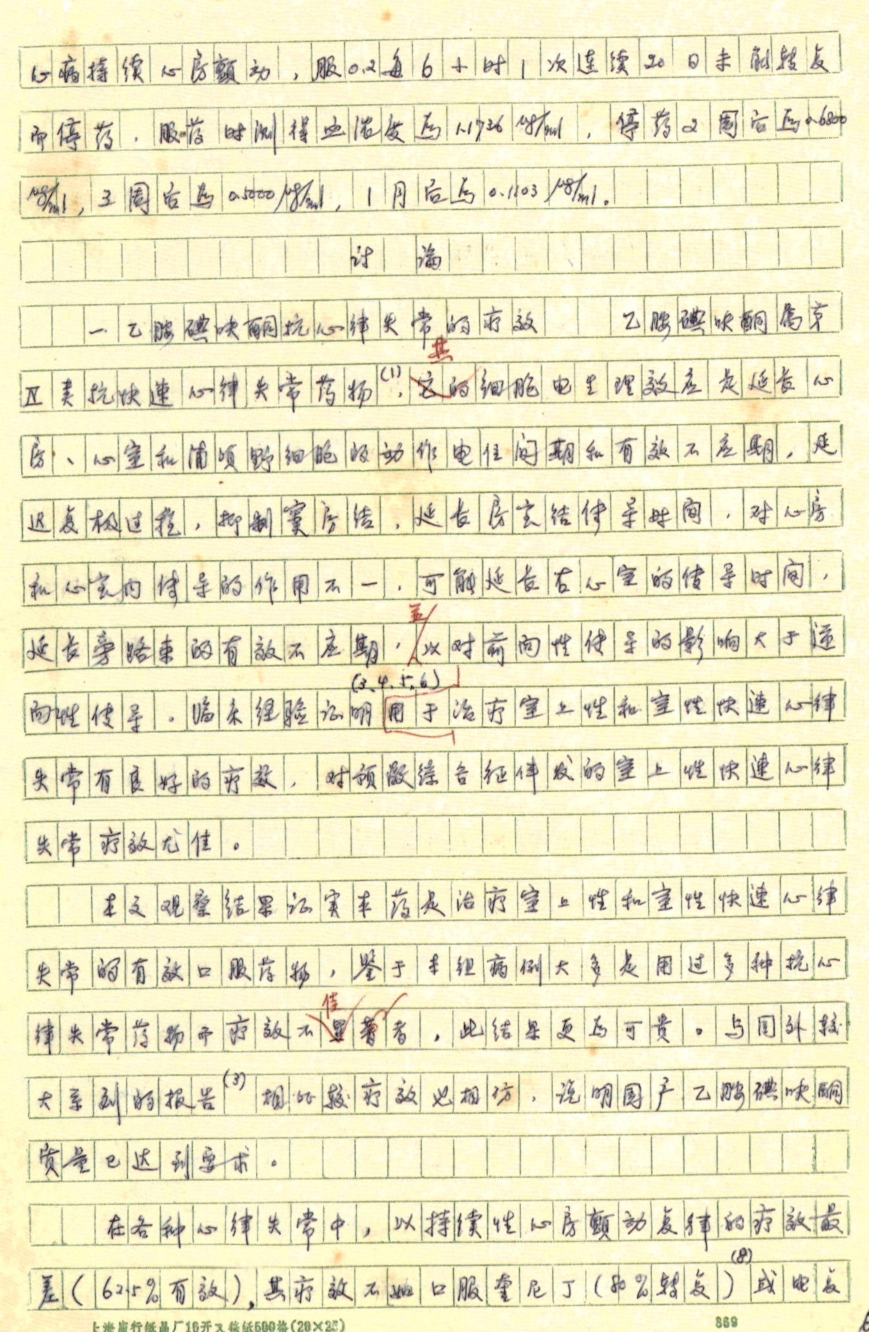
心病持续心房颤动，服0.2每6小时1次连续20日未能转复而停药。服药时测得血浓度为1.1726 μg/ml，停药2周后为0.6800 μg/ml，3周后为0.5000 μg/ml，1月后为0.1103 μg/ml。

讨论

一、乙胺碘呋酮抗心律失常的疗效　乙胺碘呋酮属第Ⅲ类抗快速心律失常药物[1]，其细胞电生理效应是延长心房、心室和浦顷野细胞的动作电位间期和有效不应期，延迟复极过程，抑制窦房结，延长房室结传导时间，对心房和心室内传导的作用不一。可能延长右心室的传导时间，延长旁路束的有效不应期，且对前向性传导的影响大于逆向性传导。临床经验证明[3,4,5,6]用于治疗室上性和室性快速心律失常有良好的疗效，对预激综合征伴发的室上性快速心律失常疗效尤佳。

本文观察结果证实本药是治疗室上性和室性快速心律失常的有效口服药物，鉴于本组病例大多是用过多种抗心律失常药物而疗效不佳者，此结果更为可贵。与国外较大系列的报告[3]相比较疗效也相仿，说明国产乙胺碘呋酮质量已达到要求。

在各种心律失常中，以持续性心房颤动复律的疗效最差（62.5%有效），其疗效不如口服奎尼丁（80%转复）[8]或电复

陈灏珠在冠心病和血脂领域的工作，使他成为我国研究冠心病、动脉粥样硬化和与之相关的血液脂质变化的先驱者之一。而今，大家都已经知道，无论农村还是城市，心脑血管病是我国死亡率最高的疾病。根据2018年《中国心血管病报告》数据显示，中国患冠心病病人已经高达1 100万，而这一数字仍处于上升趋势；而且近十年间，中国成人血脂异常升高者大幅上升，男性高于女性，城市高于农村，这与生活习惯有着密切的关系。这些都与陈灏珠在60年前所推测的完全一致。

心血管病流行病学研究一定要有前瞻性和普适性

对冠心病危险因素的分析仅仅是心血管疾病研究中的一个部分，陈灏珠在此基础上进一步开展起了心血管病流行病学的研究。我国《黄帝内经》的《素问•四气调神大论》有“是故圣人不治已病，治未病；不治已乱，治未乱，此之谓也。夫病已成而后药之，乱已成而后治之，譬犹渴而穿井，斗而铸锥，不亦晚乎”的论述，它包含三种意义：一是防病于未然，强调摄生，预防疾病的发生；二是既病之后防其转变，强调早期诊断和早期治疗，及时控制疾病的发展演变；三是防止疾病的复发及治愈后遗症改善预后。在中国传统文化熏陶下成长的陈灏珠，挚爱中国传统文化的精神内涵。他认为，在心血管病方面也是如此，早期积极预防可以减少疾病的发生，而早期治疗可以减轻器官受损，降低并发症。一个好的临床医师，首先是一个好的预防医学专家。这与流行病学的观念不谋而合，它通过研究人群中疾病与健康状况的分布及其影响因素，探索病因，阐明分布规律，指导制定防治对策，从而达到预防疾病、促进健康的目的，因此流行病学可以说是公共卫生及预防医学的基石。

然而，在20世纪50年代末，流行病学对陈灏珠而言还是一个全新的领域，我国也还没有心血管病流行病学这一个分支学科，他只能自己摸着石头过河。陈灏珠凭借临床逻辑思维训练的经验，开始注意观察中国疾病谱的变化，对临床工作中常见的心脏病病种如冠心病、风湿性心脏病和先天性心脏病等进行统计分析，并根据临床工作的统计分析结果，发现冠心病等与感染无关的心脏病逐年增多，而风湿性心脏病等与感染有关的心脏病则逐年减少，从而高瞻远瞩地提出我国心脏病的病种变迁和流行趋势会随着人民生活水平的提高和卫生条件的改善而逐渐与发达国家接近，并就此提出防治对策。然而，由于“文革”期间心血管病研究属于边缘专业，他的这一预测未能引起足够的重视，但陈灏珠并没有放弃这项研究。1981年，他在前期工作的基础上，又将上海市两所综合性医院——中山医院和华山医院内科30年来心血管病住院病人的情况进行统计分析，得到了相似的结论，他的论文“32年来上海所见心脏病及其病种的变迁”在《中华内科杂志》发表，并于当年获得中华医学会上海分会优秀论文奖。

1979年，陈灏珠受聘为世界卫生组织（WHO）心血管病专家咨询委员会委员，与世界卫生组织的合作，为他正式开启了中国心血管病流行病学研究的大门。世界卫生组织的工作重点是开展社区的流行病学调查和研究，这非常符合陈灏珠的想法。他认为之前对住院病人所做的统计分析结果可能与健康人群的结果并不一致，因此非常希望自己的观点能够在社区人群中得到证实。“中国心血管病流行病学的研究需要具备前瞻性和普适性，就是说不但要看得远、想得远，还要适用于普通健康人群，这样才能起到预防的效果。”为此，陈灏珠积极地承担了与世界卫生组织合作开展中国心血管病流行病学研究的任务，相关项目也得到了我国心血管病流行病学带头人陶寿淇教授和吴英恺教授的鼓励与支持。1983年，上海市心血管病研究所第一次与世界卫生组织合作举办了全国心血管病流行病学讲习班。

1984年，陈灏珠出任上海市心血管病研究所所长，同时被任命为世界卫生组织心血管病研究与培训合作中心主任。3年后，他被选为全国心血管病防治研究领导小组成员，施展的舞台更大了。一方面，陈灏珠与其他科研工作者一起，从流行病学的基本理论和原理学起，认真地学习外国专家的经验。另一方面，他主持了世界卫生组织开展的“多国心血管病趋势及决定因素”上海地区的研究（MONICA项目），和同事潘信伟、汪慧珍、洪玉玲、景怀根等在上海市城区和郊区设置了心血管病人的监测点，每月到监测点收集数据。他们培训当地地段医院医师和乡卫生员，由基层卫生员协助，开展入户调查，并进行死亡原因监测、核实。在这一过程中，陈灏珠常常在繁忙的工作中拨冗亲自下农村，进行监测的质量调查。虽然这项工作在初期仅仅是一个观察性的调查，没有对冠心病、高心病和其他心血管疾病的病人提供其他干预措施，但是，监测本身就是一个健康宣传和教育的过程。在十多年的监测过程中，他所负责的监测区共20万人口，心肌梗死和脑卒中病死率随着监测工作的普及有明显降低。为此，与该工作有关的“上海县卫生服务研究”课题获得了1993年卫生部甲级科技成果奖。以监测工作为基础，研究小组通过调查统计和总结分析，在国内外发表了一系列的心血管病流行病学调查报告和论文，例如，“上海县高血压的流行情况以及与吸烟的关系”（1984年，《心肺血管学报》）、“吸烟和高血压的关系”（1986年，《临床心血管病杂志》）、“心血管病危险因素调查”（1987年，《上海医科大学学报》特刊）、“Stroke Incidence and Mortality in Rural and Urban Shanghai from 1984 through 1991 — Finding from a Community-based Registry”（1994年，*Journal of Stroke*）、“Physical Activity and Cardiovascular Risk Factors in Rural Shanghai, China”（1994年，*International Epidemiology*）、“上海市心血管病主要危险因素变化趋势”（2001年，《实用心脑肺血管病杂志》），等等。在此期间，陈灏珠还曾多次出席与之相关的国际学术会议和工作会议。1985年和1987年，他分别在澳大利亚和美国讲学，着重介绍了我国心血管病的现状，向国外介绍中国的研究成果，参加心血管病人群防治工作的讨论。

2002年，78岁的陈灏珠担任全国心血管病防治研究中心专家委员会顾问。在他的指导下，研究小组与北京安贞医院流行病室合作，参与了“中国人群心血管病危险因素和十年心血管病发病危险因素的前瞻性队列研究”课题，对上海市有代表性的人群开展了心血管病危险因素的队列研究，相关研究成果获得了2004年北京市科学技术二等奖。他还利用业余时间举办了各种健康科普讲座，并亲自参加心血管病防治宣传活动。有人认为，他没有必要这样劳心劳力，作为一位德高望重、全国著名的心血管病学家为群众作科普讲座，是一种浪费。他不赞同，认为一个人的精力和时间既然有限，就应该花在研究国内急需解决的问题上，为大众普及健康知识才是我国目前的当务之急，而且“绝大多数心血管病都是可以预防的”。我国经济发展、人民生活条件改善，伴随着高脂肪、高热量饮食、少运动等不良生活习惯，造成冠心病等慢性非传染性疾病流行，也是目前医疗费用

表1. 降胆固醇膳食的食物选择

食物	建议食用	建议中等量食用	避免食用
谷类	米、面和粗粮食品，强调低糖、低盐烹调		奶油蛋糕
奶蛋类	脱脂奶、低脂奶酪、低脂酸奶酪，蛋白	低脂奶、减少脂肪的奶酪或酸奶酪，一周只吃2个全蛋	全奶、浓缩奶、全脂的奶酪或酸奶酪，蛋黄
肉类	鸡、火鸡、兔、小牛肉	瘦牛、猪、羊肉，腌肉、火腿，一个月只吃肝2次	动物内脏，鸭、鹅，带脂肪的肉、家禽的皮
鱼类	各种肉为白色的鱼	用不饱和油炸的鱼	用饱和油炸的鱼，鱼子、鱼皮
贝、甲壳类和软体动物	扇贝类	贻贝类，虾、蟹	鱿鱼、墨鱼、鳗鱼，虾子、蟹黄，螺类
脂肪类		单价不饱和油、多价不饱和油，含单价和多价不饱和油的软人造黄油（未氢化）	黄油、猪油、牛油、羊油，硬人造黄油，氢化脂肪
蔬菜、水果类	各种新鲜和冰冻蔬菜，豆类，土豆；各种新鲜、罐头或冰冻水果（不加糖）	烤土豆或用不饱和油烹调的土豆	用饱和油烹调的蔬菜、加盐的罐头蔬菜，炸土豆条或片，椰子
干果类	核桃、杏仁、榛子、栗子、花生	巴西胡桃	加盐的干果
调料、佐料	胡椒、芥末、辣椒	低脂肪的色拉调料	加盐的调料，色拉油、色拉奶油
汤和饮料	菜汤，茶，滤过的或速溶咖啡，水，无热卡的软饮料	低度酒，低脂肪的可可饮料	高糖、高脂肪的可可饮料，煮咖啡，含糖高热卡饮料，加奶油浓汤
糖果点心、小吃	水果色拉，脱脂奶做的布丁，果汁冰水	煮的甜食，用不饱和油烤制的饼干或点心	巧克力、太妃糖、奶油糖，冰淇淋，奶油布丁，市售的烤制饼干或点心

93—11—800本

引自 Nutr Metab Cardiovasc Dis 1998; 8: 205~271 略修改

表2　动物性食物中胆固醇含量（按毫克/100克食物排序）

食物	含量	食物	含量
鹌鹑蛋	3640	肥牛肉	125
猪脑	3100	羊油	122
牛脑	2300	鲳鱼	120
蛋黄	2000	黄油	110
鱿鱼	1170	鸽肉	110
羊肝	610	猪油	110
鱼肝油	500	牛羔	107
螺贝类	454	牛肉	106
全蛋	450	猪排骨	105
猪肝	420	火腿	100
牛肾	400	黄鱼	98
猪肾	380	鸡肉	90
牛肝	376	鸭肉	90
墨鱼	348	青鱼	90
奶油	300	鲫鱼	90
带鱼	244	比目鱼	87
鳗鱼	186	鲑鱼	86
蛤蜊	180	绵羊肉	70
蟹类	164	兔肉	65
虾类	154	海鲢鱼	63
猪肠	150	山羊肉	60
猪肚	150	瘦猪肉	60
牛肚	150	羊肚	41
腊肠	150	牛奶	24
牛心	145	海蜇	24
小牛肉	140	蛋白	0
奶酪	140	海参	0
猪肉	126		

快速增长的原因之一。为此，陈灏珠提出“八个一”守护心血管健康：一是保持一个宽阔的胸怀；二是有一种不向任何压力低头的坚强意志；三是有一个规律的生活；四是有一种健康的饮食习惯；五是做一些适宜的体育锻炼活动；六是有一些调节身心的业余爱好；七是有一张笑口常开的面孔；八是建立一种正确对待疾病的理念。他自己精神矍铄，也是得益于健康的生活习惯。

2013年，89岁的陈灏珠作为世界卫生组织心血管病合作与培训中心的新一届主任，仍亲自指导年轻医生组织调查，总结经验，开展心血管流行病防治工作。直到2019年退休前，陈灏珠依然十分关心这一领域的研究。“根据我多年的临床经验，心血管病流行病学研究为辨别疾病因素和获取最佳临床治疗途径提供了科学理论依据，这方面的研究应该一直追踪搞下去。”

做一个服务人民的好医生

有人曾好奇地问过陈灏珠：“您最希望别人怎么称呼您？”陈灏珠的回答既不是“陈院士”，也不是“陈教授”，而是“陈医生”。在他心里，无论是创新搞科研，还是勤勉教学生，都是为了做一个全心全意为人民服务的好医生，“医疗、教学和科研都是为了提高医生的水平，从而能更好地服务于人民。作为一个临床医生，医疗工作是基本。给学生上理论课程或带教实习，促使我查阅新文献，温习旧文献，从而也有助于提高自己的医疗业务水平。教学工作也不是单向的知识输出，与医学生、进修医生、硕士生和博士生的交流，是一种互动与切磋，我自己往往也受益匪浅。而科研工作则是探索新的诊断方法和治疗技术，提高诊治疾病的水平，虽然常常先于临床，但其目的是服务于临床。这些最终都是为了救死扶伤，使病人能早日康复。”他的一双儿女从小就熟悉父亲常说的一句格言：“爸爸是医生，医生的时间永远是用来服务病人的。”

在科研与教学之外，陈灏珠认为“医德高尚、医风严谨、医术精湛”是做一名好医生的三大标准。“医术精湛”主要就是医生对于病人病情的诊断与治疗能力要强。改革开放以后，随着中国医疗水平的稳步上升，医生的基本诊疗能力得到了很大的提高，但在疑难杂症的处理能力上仍需不断磨砺。他勉励后辈道：“我也是从一名普通住院医师慢慢成长起来的，在这个过程中有几点非常重要：一是要善于观察，从病人的病史、病征到治疗过程中的转变都要仔细观察并一一记录；二是基本功一定要扎实，采集、书写病史以及体格、辅助检查等都要不断实践，循序渐进，才能为日后技术的提升打下坚实的基础；三是练好临床思维能力，就是经过逻辑严谨的分析、鉴别、诊断，排除一些可能的疾病，最后得出正确的诊断结果，进而制订合适的治疗方案的能力，这是一个漫长的过程，也是进一步培养创新思维的基础；四是终身学习，医学的学习是永无止境的，总有当下不能解决的问题，因此要从上级医生和诊治疾病的工作中不断学习，教学相长，也要从书本、文献上不断学习，亲身实践。”内科病房遵循常规的三级医生查房制度，从住院医生到主治医生再到主任医生，逐级负责，逐级请示。每当有疑难危急病例或特殊病例，难以确诊，或者治疗方案难以抉择时，则会向更资深的专家教授寻求帮助，共同查房。每当这种时刻，陈灏珠都会展现出他严谨的临床逻辑思维能力和扎实的基本功，层层推理、抽丝剥茧，有时甚至堪比福尔摩斯探案，对Brugada综合征的诊疗就是一个很好的案例。

一次，有一位36岁的男性突发夜间濒死样呼吸，急诊的心电图可见V1~V3导联ST段抬高，并伴有T波倒置。急诊医生考虑急性冠脉综合征可能，收治住院。然而，住院的实验室检测结果排除了急性缺血和电解质紊乱，同时，超声心动图、胸部X线和运动试验的结果排除了的结构性心脏病，下一步的诊疗方案陷入了困境。主治医生及时向陈灏珠寻求帮助，他就带领着团队共同查房。患者表面看起来没有任何明显症状，体格检查也没有明显的体征异常，床旁心电图与急诊时的相似。陈灏珠从住院医师手中接过刚做好的心电图图谱，细细地查看，十多位跟随查房的医生屏声静息、静静地等待，大概过了一两分钟，他的目光从心电图上移开，再次仔细地追问患者的病史，一句话就切中要害之处：“家族中是否有早年去世的情况？”患者这才回忆起自己的一个哥哥，在他20多岁时，在睡眠中死亡，早上家人醒来才发现。陈灏珠若有所思，与患者又交谈了几句，走回办公室。从病房的长廊走到医生办公室大概有十多米，医生们一看到他走出病房，便争先恐后到办公室“抢地盘”。30平方米左右的办公室被挤得满满当当，椅子不够，有人就随手找个空箱子当椅子，大部分医生都站着，有的动作不够快，只能伸长脖子，踮起脚尖，站在门口了。陈灏珠沉着地分析病例：冠状动脉粥样硬化在年轻的健康人群中是很少见的。尽管诊断ST段抬高型心肌梗死可能是心电图最重要的临床用途，但还有许多其他临床状况可能导致ST段抬高。由于心肌酶谱正常，因此我们都知道，急性冠脉综合征的诊断是不成立的。患者心电图ST段抬高，需要对以下情况进行鉴别诊断。

1.早期复极和正常ST段抬高：在青年男性不少见，表现为右胸导联（V1~V4）2个相邻导联上出现J点抬高0.1mV及以上，呈顿挫或切迹的波形。早期复极征象几乎都是偶然的心电图发现，无临床意义。罕见情况下，可以导致特发性室颤。

2.冠状动脉痉挛：冠状动脉痉挛毫无疑问也会引起一过性的ST段升高。一些患者会突然出现心外膜大血管痉挛，从而导致其下游供血区域心肌缺血。ST段会升高，但只是暂时的，持续几秒到几分钟。

3.心包炎：心电图ST段抬高，有时需要考虑心包炎。心包炎的原因很多，包括感染、胶原血管疾病、外伤及肾衰竭等。由于感染弥漫于心室肌心外膜，因此前壁导联和肢体导联可以观察到广泛的ST段抬高，特别是下壁导联。心包炎导致的ST段抬高很少超过5mm，且通常呈弓背向下抬高。

4.肺栓塞：偶尔，肺栓塞会引起ST段抬高。肺栓塞常见于下壁导联，有D-二聚体的增高。

5.高钾血症：高钾血症可引起ST段抬高。心肌梗死ST段抬高的原因之一是局限性细胞外K+蓄积引起的T-P段压低。所以，不难理解严重的高钾血症可引起ST段抬高。除ST段抬高，高钾血症还可引起T波高尖、P波消失等其他心电图改变。血钾的检查结果，排除了高血钾的可能性。

在经过仔细分析并排除了上述五种情况后，陈灏珠认为最符合患者情况的是Brugada综合征。这是一种遗传性心律失常，其特征是特定的心电图模式和心脏猝死的风险增加，没有明显结构异常或缺血性心脏病。全球患病率为1/2 000，亚洲男性较为多见，并且具有不完全外显率的常染色体显性遗传模式。该综合征通常影响年轻成年男性，并且第一临床症状通常发生在大约40岁。仔细阅读患者的心电图，可以发现，抬高≥2mm的ST段在下降过程中向上凸起并与倒置的T波相连，心电图特异性地表现为QRS波群终末段的偏移，也就是I型Brugada波，同时，患者还伴有突发夜间濒死样呼吸的症状，家人也有睡眠期间猝死的病史，因此，高度怀疑患者是Brugada综合征。但他同时也指出，某些患者可在其他继发因素的作用下，出现类似Brugada综合征的心电图表现，例如，代谢状况、机械压迫、缺血和肺栓塞、心肌和心包疾病；其他，如酗酒、发热等，这些情况需要慎重排除。在治疗上，陈灏珠建议患者需要密切随访，警惕晕厥，在征询患者知情同意后，可以进行遗传学检测，并对一级亲属进行临床病史（是否曾发生过晕厥）和12导联心电图的筛查。根据患者的心电图模式和家庭成员的猝死情况，并依据我国心脏病学会关于植入式电子心脏装置指南，可以考虑植入心脏转复除颤器（ICD），用以预防猝死。

陈灏珠的这次查房展示了他多年积累的精湛医术，也给年轻医师上了一课，还证明了细致地病史询问与基本心电图检查和阅读的重要意义。在查房的实践指导中，他一直强调真正的“医术精湛”要“回归临床”，诊治疾病要重视临床资料的采集，规范体格检查和有关实验室检查，并结合自己的理论知识和实践经验做出诊断和治疗方案，而不是越过基本技能的应用，直接依靠或过度依靠高精尖诊断和治疗技术。陈灏珠还特别叮嘱要向小城镇医院的基层急诊和临床医生普及Brugada综合征的诊断信息，帮助他们通过心电图等基本诊断工具鉴别Brugada综合征。

做一名好医生光有精湛的医疗技术还不行，还需要加上对待病人时的“仁德之心”。由于陈灏珠盛名在外，经常有一些政府部门的高层官员、企业界的知名人士和在华访问或工作的外宾请他诊治，但他最多的病人，还是来自全国各地、各行各业的普通人，他们大多是因为疾病的困扰，在外地无法确诊或治愈，慕名而来，辗转找到他。他对每个病人都一视同仁，看病时非常认真仔细，关心体贴。几十年来，面对每个病人，陈灏珠始终遵循“视、触、叩、听”的传统检查方法，一步也不遗漏。跟随他查房的年轻医生在博客里曾这样写道：“陈院士的查体工作特别仔细，从眼睑、面部皮肤，脖子（应该是查甲状腺）到脚踝的水肿、望、触、叩、听每个都特别仔细。”有记者曾问陈灏珠:“现在的检查手段已经那么先进了,为什么您还要坚持做这些被有些医生讥为老掉牙的步骤呢?”他十分严肃地回答说:“心电图、超声图即使再先进也不能替代医生问病史、做检查。因为视、触、叩、听永远是诊断疾病、把握病情的客观依据。更重要的是,病人会在这一过程中与医生有互动,感受到医生的关怀和温暖。”听诊,是陈灏珠最在意的环节。医生不能把听诊器当作象征或者摆设,尤其是心脏科医生,学会用听诊器辨别心脏的异常症状永远是最重要的基本功。而从人文的角度来说,听诊更是为了倾听病人内心的声音。不少病人为了看专家门诊,往往要排上几个小时的队,好不容易坐到医生面前,医生却没说几句就低头做记录、开化验单子,有些甚至连看都不好好看病人一眼。陈灏珠觉得,虽然现在病人数量增多,医生常常觉得忙不过来,但与病人交谈和倾听的过程一定不能省略。“看病就像拼图,而问诊就是把图拼全的一个重要的因素。问诊一定要尽量把病人的‘完整故事’问出来,宁可多问,不能少问。”也只有这样,才能站在病人的立场上换位思考,理解病人,进而真正地帮助他们找到问题、解决问题,陈灏珠一再强调:“所以我要求学生,要把患者当作与你一样有尊严的人。病人以及家属处于相对弱势的位置,内心特别渴望温暖。如果不给病人以人性的温暖,把病人视作等待修理的‘机器’,那即使有再丰富的医学知识,也不可能成为一个真正的好医生。”

除了日常的临床医疗工作以外,陈灏珠还经常会收到来自全国各地向他请教的同行和各种病人的来信,他都一一认真亲自作答,并按年份将这些信件都装订成册。曾经有一位江苏贫困农村的青年,与母亲两人相依为命,因为一些生活琐事困扰,服毒自杀,后经过当地抢救,终于苏醒,但是这位青年自己觉得遗留了很多问题,心脏非常不舒服,经常感到胸闷、心悸和绝望,他从报刊上偶尔见到了陈灏珠的一些报道,就给他写了一封信。信到达陈灏珠家的那一天,他因为一个会议回家已经很晚了,读后,心里非常感慨,马上回信,并嘱托老伴第二天清晨一定要将回信寄出。因为他担心,这位农村青年第二次自杀的可能性非常大。在信中,陈灏珠为他分析了病情,劝导他及时就医,并进行了一些心理疏导。也有不少得到陈灏珠信件帮助再回复表示感谢的病人。“陈教授:您在日理万机的工作中,抽出宝

生命之花——陈灏珠院士医教研六十六周年

贵的时间，为我这个未谋面的小同乡病号认真地分析研究所得的有限资料和病历，准确地给予处理和用药的建议。之前本人已经连续服药几个月，症状未见明显好转，前一个月曾复查一个运动试验的心电图，也没有什么用。现按您的处理意见服药，仅一个星期，症状已见好转，请接受我真诚的谢意！”更多的是已经痊愈的病人来信表示感谢，有一位病人的家属在来信中写道：“陈主任：不知道您还记得我们吗？我的妹妹××，20多年前住在中山医院××病房，患的怪病，一直诊断不明，由林医生与您主治。没想到她那时七次病危，如今还活着，而且还参加了工作，并且受聘于香港××贸易公司任副总经理。我写这封信给您，一来感谢您当年对小妹的悉心治疗，与您通个近况，您一定会为她高兴。”作为一个医生，有什么比读到这一封封感人至深的来信，看到、听到自己诊治的病人康复更令人高兴的呢？这是为医者最大的幸福。

陈灏珠觉得：“医生需要以病人为中心，不是挂了号的才算是病人。虽然看信回信占据了我一点业余时间，但这非常值得。特鲁多的碑上有句话：有时去治愈，常常去缓解，总是去安抚。只要能帮到病人，我就很高兴。”他还常说：“医生这个职业是苦中作乐。”在忙碌的工作中，病人的康复能帮助他振作精神、排解愁苦，使自己能用更宽广的心胸对待生活。经常面对生与死边缘，才会更懂得生命和爱的珍贵。

实习医生、住院医生、主治医生、内科教授、工程院院士，70年的光阴岁月，陈灏珠从年轻黑发的小伙儿变成了满头银丝、温文尔雅的老先生，但无论在哪个阶段，环境多么复杂，工作多么忙碌，你每周总能在复旦大学附属中山医院和上海市心血管病研究所的心内科病房里看到他穿着白大褂查房问诊的身影，直到2019年他退休前的最后一刻。怀着对医学、对生命的敬畏之心，陈灏珠这一生都在践行着“做一个好医生”的庄严承诺。

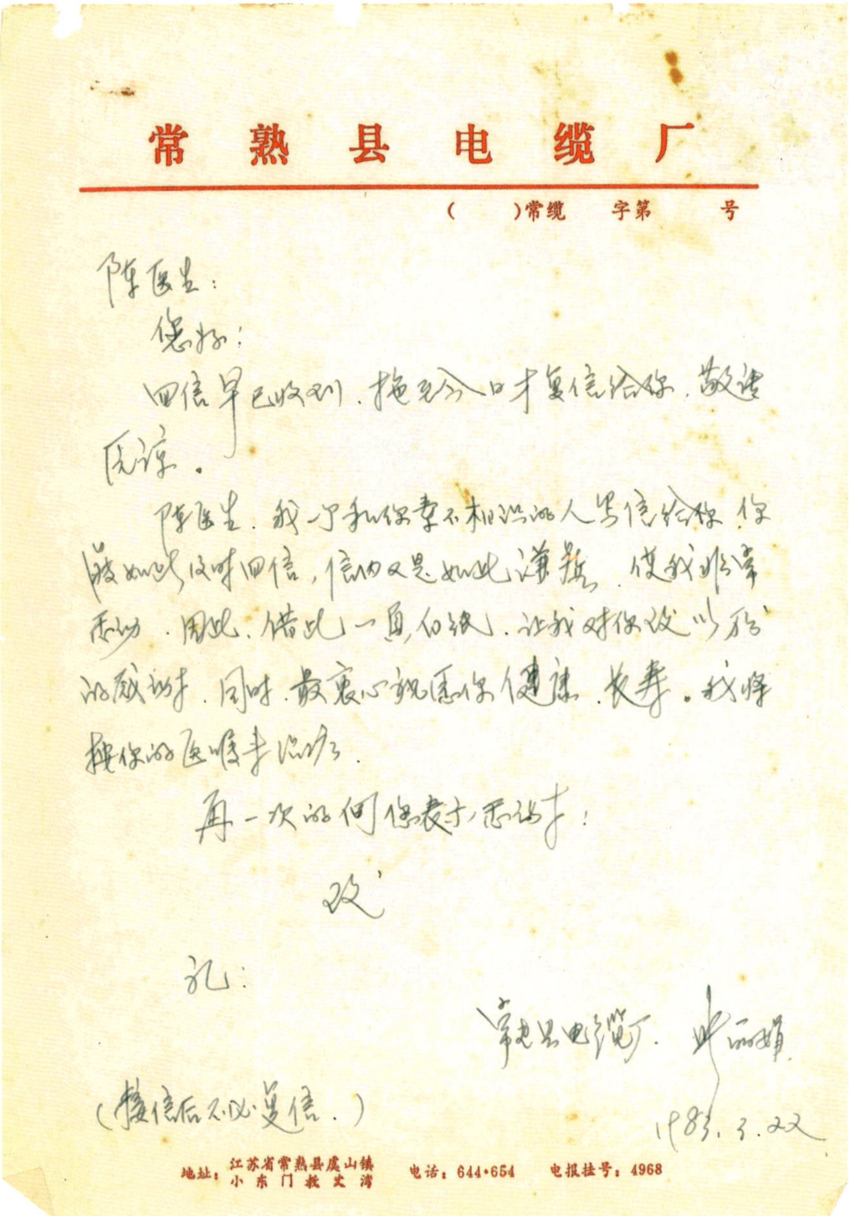

常熟县电缆厂

（　）常缆　字第　号

陈医生：

您好：

回信早已收到，拖至今日才复信给你，敬请原谅。

陈医生，我一个和你素不相识的人写信给你，你竟如此及时回信，信的又是如此谦虚，使我非常感动。因此，借此一页白纸，让我对你致以万分的感谢。同时，最衷心祝愿你健康、长寿。我将按你的医嘱去治疗。

再一次的向你表示感谢！

致

礼！

常熟县电缆厂 [illegible]

1983.3.22

（接信后不必复信。）

地址：江苏省常熟县虞山镇小东门教丈湾　电话：644·654　电报挂号：4968

陳教授：

您好：

收到您的来信十分高兴，多谢指教。衷心祝望您贵体安康。

陈教授您在日理万机的国事及教务中，抽出了可贵的时间，为我这个素未谋面的小同乡病号，认真地分析研究所得有限的资料及病历，准确地给予处方用药，使我感到十分荣幸。对您的谢意及敬意实难笔墨可形容。陈教授，我定将您的医德作为我的座右铭，请接受我真诚的谢意。陈教授，本人已连续服药几个月了，症状未见明显改善。前一个月曾复一个运动试验的心电图，基本未好转。现按您的处方服药亦已一星期，症状稍好转。现服药是慢心律100mg tid，肌苷200mg tid，B1 100mg tid，维生素C 100mg，硝酸戊四醇酯10mg tid，有时间需加服安定2.5mg tid。工作量已尽量减到最少，每天中午休息午睡。谢谢您陈教授，我准备继续按您处方服药一段时间，再复查一个运动试验的心电图，到时如有必要，再寄给您，请予指教。陈教授，容日面谢，就此搁笔。

此致

敬祝教安

陸燕群敬上

澳门三盏灯圆形地一号C[illegible]阁楼 陆燕群付

1989.10.25.

陈教授：

您好！

首先感谢您在百忙中的来信。我现在洛阳铁路医院住院治疗。这次住院主要是由于劳累和心情紧张（因我爱人去了一次北京）刚进医院曾昏过几次。有一次病情较85年以后时还要重。现已好多了。这医院决定给换起搏器，是否给国产的，从北京[illegible]厂购买的（这家医院的联系点）起搏器型号为：EY905-01 SSIR 单腔体动式频率反应式。不知您的意见如何？现寄病历和心电图（最重时的），请您一阅，并能提出意见。我深知您工作时间太紧，如果您有时间的话，我再把这几年洛阳这几家医院的病历寄去，或会我再去北京一次都行。因这回要给换起搏器，我想您来信指示的[illegible]电话是[illegible]我在9月20日晚8时给您去一次电话。太麻烦您了！再次表示感谢！

致

礼

病人 [illegible]

92.8.29

邮 471000 洛阳铁路分局[illegible]

上海曙光电缆综合服务部

第　　页共　　页

陈教授，您好。

我们全家首先感谢您和华山医院的专家、教授们，为了抢救我的生命化费了很大的精力。也感谢中山医院的领导和全体医生、护士小姐们对我的精心治疗和周到细心的护理，为了我的治病还垫付出大量的医药费用。对此，我们心中十分不安，更不能忘记你们的救命之恩。

为了医药费用，我的父母十几次去九棉催付，还写信给徐市长，我本人也去市府、市纺局、申能、九棉去催付，各级领导对我的情况很同情，愿帮我解决，但效果不大。我对不起中山医院，也对不起救命恩师您。许老对我的情况很同情，经许老推荐，请陈教授在百忙中将我父母写给谢市长的求救信转给谢市长，更加使我们全家感恩不尽，深表感谢，大恩后报。

祝您

身体健康，万事如意。

病员：华宏琪 叩上

95.12.10.

南華大學附屬第一醫院

421001 湖南省衡阳市船山路69号 赵小伟转

陈老师：

您好！

10月12日收到您给我的回信，对我提出的问题作了及时的回答，使我惊喜，更为之感动。我想用六句话表达我对您的感激和尊敬。

医学泰斗　博大精深

关爱大众　乐于助人

大家风范　传世留名

我现在的用药情况是：每天早饭后波立维一粒，打算服半年；晚饭后服肠溶阿斯匹林300mg，3个月后改为100mg，长期服用；消心痛片10mg，每日一次；其它药物根据情况酌情服用。

不多写了。

祝您

健康长寿，幸福吉祥！

赵石吾谨上

2005.10.16.

装 订 线

地址：湖南省衡阳市船山路69号　　第　页

陈灏珠一直坚持亲笔回信患者，为他们分析病情，提出治疗建议，并留存回信的复印件

陈炜同志：

您好！

2006年1月17日来信收到，知悉一切！

信中提到的问题，答复如下：

一、超声心动图诊断先天性心脏病是比较准确的，尤其是对儿童病人。您寄来的温州医学院第二附属医院的超声诊断报告单两张，都说明您的儿子患有“完全性心内膜垫缺损”为主的复合性先天性心脏病。

二、先天性心脏病可以用手术治疗，对儿童病人在上海以上海儿童医学中心所施行的手术最多，该中心在浦东，在仁济医院的附近。您来信中说的“上海浦东东方儿童医院”也许就是这所医院。

三、我们的研究所仅收治成年病人，所以儿童先天性心脏病不在我所施行手术，因此您带儿子到上海儿童医学中心去看病是对的。

四、施行心脏手术危险性是比较大的，对任何一位病人说来手术治疗的成功和失败的机会都是一半对一半，即50%对50%。所以是要搏一搏的，6个月大是可以作手术的时候了，手术宜早不宜迟。

五、心脏手术治疗费用是比较贵的，难度也是大的，患者常难以负担，您是否可以向民政部门或慈善机构申请帮助来解决？

以上意见供您参考，超声诊断报告单复印件奉还。

祝

好

陈灏珠 上

2006.1.28.

装 订 线

共 页 第 页

江省洞头县人民检察院

地址：洞头县北岙镇车站路3号

邮政编码 325700

陈灏珠一直坚持亲笔回信患者，为他们分析病情，提出治疗建议，并留存回信的复印件

19　年　月　日　　　第　页共　页

倪雅英女士：

您好！

3月12日来信收到，我因患病在留医期中，多时未到医院，以迟复为歉。

您女儿的病，根据去年仁济医院的超声心动检查，诊断是比较清楚了，她患"完全性大血管转位合并室间隔缺损和肺动脉瓣狭窄"。完全性大血管转位时体循环和肺循环之间不沟通，病孩缺氧将无法生存。但如果有房间隔缺损或室间隔缺损同时存在，则两循环之间得到沟通（但这是不正常的沟通）病孩可以存活，少数能活到20~30岁。您女儿就属于这样的情况。完全性大血管转位的治疗需作外科手术，如果病孩没有房间隔缺损或室间隔缺损，则在婴儿期要人工造成房间隔缺损，让病孩能够先活下来，然后到3~5岁时施行外科纠治手术。您女儿已经错过了手术纠治的最好时机，2002年昆明某教授说需作心肺置换手术，也是无奈中的选择，而如今您女儿的肾功能不全，是无法承受如此大的手术的。因此现在只能是对症治疗，看看能不能请肾病科医师治疗肾功能不全，查查有无肝功能不全和有无凝血障碍。如果没有，而且肾功能不全得到改善，才可以请心脏外科医师考虑手术治疗的问题。

以上意见供您参考。

祝

好

陈灏珠

2008.4.7.

复信。

1050—500本—91—3　　　　中山医院

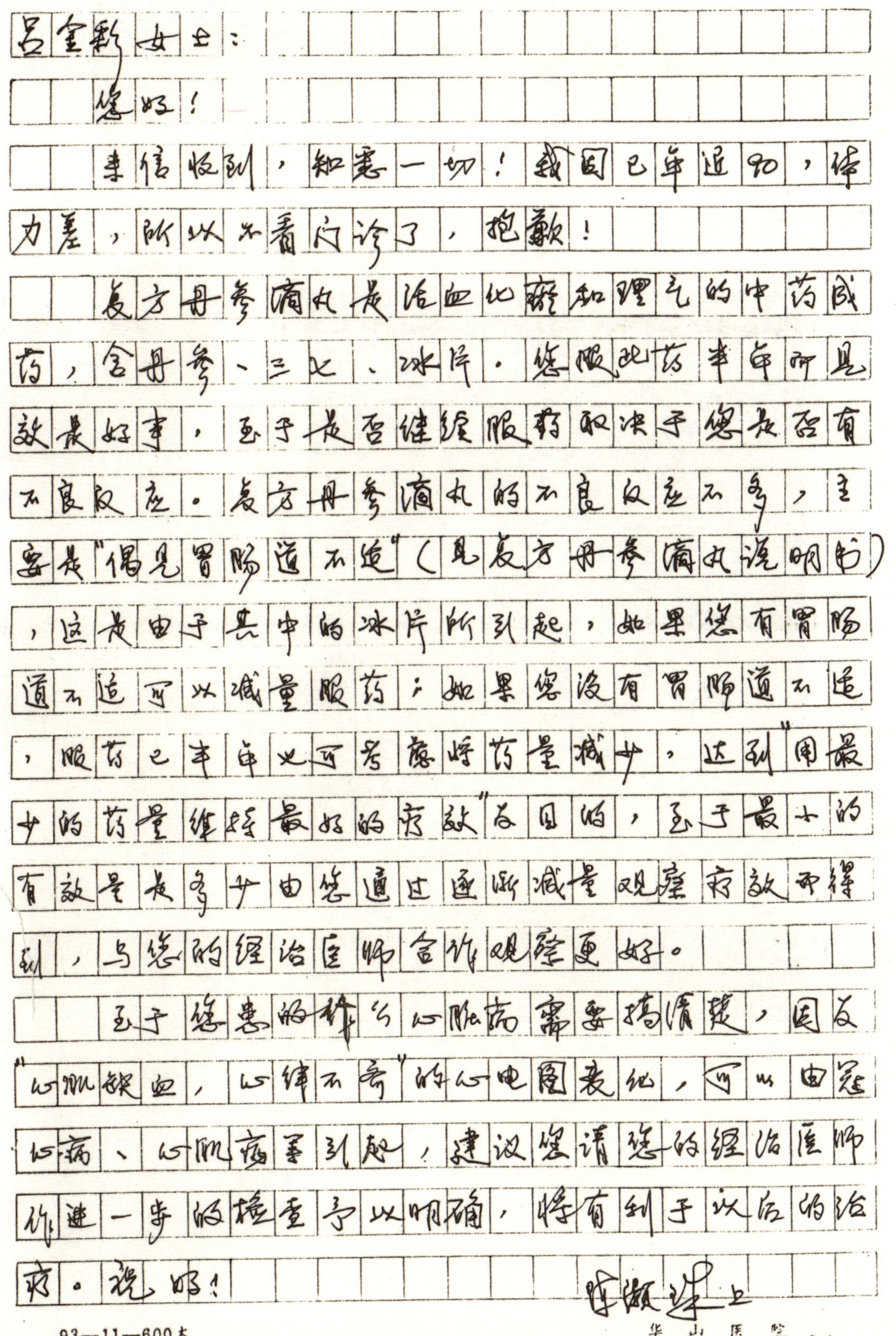

吕金彩女士：

您好！

来信收到，知悉一切！我因已年逾80，体力差，所以不看门诊了，抱歉！

复方丹参滴丸是活血化瘀和理气的中药成药，含丹参、三七、冰片。您服此药半年所见效是好事，至于是否继续服药取决于您是否有不良反应。复方丹参滴丸的不良反应不多，主要是"偶见胃肠道不适"（见复方丹参滴丸说明书），这是由于其中的冰片所引起，如果您有胃肠道不适可以减量服药；如果您没有胃肠道不适，服药已半年也可考虑将药量减少，达到"用最少的药量维持最好的疗效"的目的，至于最小的有效量是多少由您通过逐渐减量观察疗效而得到，与您的经治医师合作观察更好。

至于您患的什么心脏病需要搞清楚，因为"心肌缺血，心律不齐"的心电图表现，可以由冠心病、心肌病等引起，建议您请您的经治医师作进一步的检查予以明确，将有利于以后的治疗。祝好！

陈灏珠上

2011.5.31.

93—11—600本　华山医院

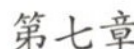
第七章

严师良友育英才　桃李不言自成蹊

教学是陈灏珠70年医、教、研职业生涯中另一个浓墨重彩的篇章。他以精深渊博的知识、深入浅出的讲授、循循善诱的态度、平易近人的关怀，引导了一代又一代青年学子步入救死扶伤的神圣殿堂。他对学习的要求十分严格、仔细，却从不居高自傲，反而欢迎不同意见，提倡教学相长。他的特色教学和人格魅力无时无刻不在影响着身边的年轻医生，传承中华医学优良传统，树立大医精诚的远大志向！

无论是知名的心脏病学专家、各地心血管专科的学科带头人，还是在边远山区的普通基层医生队伍中，抑或是还在学校求知求新的医学生群体中，有不少是陈灏珠的学生。在70年执教生涯中，他亲自培养了博士后3位、博士研究生52位、硕士研究生24位，上过的教学和实验课不胜枚举且专业涉及广泛，举办过的全国或国际各类培训班不计其数，在中山医院和上海市心血管病研究所进修的心内科医生无不听过他的英语查房和病例讨论，更不用说那些被他所编写的各类专著和教科书所惠及的莘莘学子了。

1982年，陈灏珠获得了上海市高等教育局颁发的“从事教育工作三十年”荣誉证书，表彰他为医学人才培养及上海教育事业所做的贡献；因其在培养优秀中青年教师的工作中表现突出，他获得1989年上海医科大学“伯乐奖”以及2001年上海市第八届银蛇奖的“特别荣誉奖”；1996年，他所带领的“心血管内科继续教育十九年”课题获得上海市优秀教学成果一等奖；2004年，他荣获第六届“厉树雄教育卫生奖”一等奖。

荣誉背后，是陈灏珠对每位学生严谨而耐心的教导、亲切而细致的关怀，他与学生之间亦师亦友，他的人格魅力影响了太多学生的为人处世与医风医德，也照亮了他们的医学事业发展之路。

学生代表着未来，代表着希望

1949年，陈灏珠以优异的成绩毕业进入上海医学院附属中山医院工作，并成为中山医院内科助教，从此开始了他执掌教鞭的一生。

抗战时期的经历使陈灏珠很早就意识到我国医学人才的稀缺性及其对国家实力的影响，并坚信培养医学人才是我国医学事业发展中至关重要的一个环节。他常常说：“学生代表着未来，也代表着希望。”因此，即便医疗和科研工作再忙，他也会想办法腾出时间与学生沟通交流，投入百分之百的精力完成教学工作。

新中国成立之初，许多临床医师认为教学只是一个知识输出的过程，对自身临床经验的积累和学术水平的提高没有帮助，相反还要投入大量的时间与精力，就很不愿意带学生。陈灏珠却截然相反，在他任内科学助教时，主动承担各类临床示教工作，热情辅导医学生和实习医生，课余时间还帮助他们收集辅导资料，整理并发表大量临床病例和临床病理讨论资料供他们参考，并经常与他们讨论案例，听取他们的分析。久而久之，陈灏珠发现这种互动交流不但提高了自己临床示教水平，而且无形中还提高了自己的学术水平。

由于在助教期间广受学生好评，1957年，陈灏珠被正式聘为上海第一医学院内科讲师。“文革”期间，他短暂地脱离了教学岗位，之后很快又重新走上讲台。1978年，他被晋升为上海第一医学院内科副教授及硕士生导师，这也是中国历经多年动荡后的第一批硕士生导师，承载着人们的殷切希望。1980年，他再次被破格晋升为教授，第二年成为中国第一批博士生导师。

在教学期间，陈灏珠承担了许多与循环系统疾病内科学和诊断学有关的课堂教学和临床示教，覆盖了临床医学院、预防医学院、药学院、留学生班、夜大学班、护士学校等学院内的多个专业。他学识渊博，上课时从不照本宣科，而是充分仔细地备课，使他的讲解简明扼要、条理清晰、结构严谨，但又十分通俗易懂，课堂效果非常好。尤其在后期，已经积累了丰富教学经验的陈灏珠讲课更加炉火纯青、游刃有余，他的课上总是坐满了旁听生，学生们常被他从容不迫的学者气质倾倒。而这些生动有趣的讲课完全是陈灏珠利用闲暇休息时间精心准备的结果，对此，他有一套自己的看法：“比方说，一堂课的内容讲足了是100%，那么备课时就要准备多于100%的内容，至少150%，最好是200%；如果只准备了100%的内容，经过讲授，学生吸收到的可能就只有50%，达不到及格的要求。”而且，在陈灏珠看来，备课并不是一次备完就能一直用的，而要根据前沿发展不断更新。例如，他讲了超过百次的心电图学，可谓千锤百炼，但每次授新课前，他都要重新认真备课，做幻灯片，并查询最新的文献资料，及时补充到他的教学讲义中。

除了院校内的正规课程外，全国乃至国际性的进修班可以说是陈灏珠传播知识的第二课堂。1955年，受卫生部委托，31岁的陈灏珠第一次协助陶寿淇教授举办了第一届心电图进修班，以推动心电图技术在国内的普及，每年一届。1977年，他又受委托主持举办了全国心内科进修班，也保持每年一期。该进修班学员来自全国各地，尤其许多都是偏远地区的基层医师，迄今培养学员已经超过1 000名。陈灏珠90岁时仍在该进修班里亲自参与授课，他的工作大大地促进了心内科新的治疗方法及进展在全国的推广。除了这两个常规进修班以外，兄弟单位和国际上大大小小的心血管病相关培训或者会议都会邀请陈灏珠去讲学，只要排得出时间，他大都来者不拒。“医生平时都十分繁忙，能凑起来的时间不多。培训班这种集中学习的时间是难得再学习的机会，而且还能遇到很多同行讨论案例。如果仅仅是牺牲我自己的一点休息时间，能把相关知识传播给更多的学生，那就是有意义的事情，何乐而不为呢？”他还经常邀请国内外心血管病领域的知名专家到上海市心血管病研究所给年轻医生和学生授课，丰富他们的知识。

课堂之外的临床示教则是更直观的一种教学模式。在这一过程中，陈灏珠总是言传身教地为年轻医生和医学生们做出表率。用英语查病房是陈灏珠坚持了40多年的教学特色，之后还将细细写来。除此之外，更值得学生钦佩的，是他对于细节的追求和对病人无微不至的关怀。他在示教过程中常常叮嘱学生要注意病人的冷暖，避免引起病人劳累等。他还教育学生不要把病人视为实习的工具，而是要把他们看作是帮助自己学习的朋友和不幸患病需要自己帮助的亲人。这一方面提高了示教的效果，另一方面也密切了医生与病人的关系。在陈灏珠已经颇具名望后，有一次他在查房时发现住院医生的功课没有做好，对病人的病历也不够熟悉，为此，他语重心长地说了一段话，不少医生都将其记录了下来，并广为流传：“今天想跟大家谈谈自己作为医生的一些体会。我知道临床医生工作很辛苦，我也是这样过来的。病人情况发生变化半夜里也得爬起来处理，抢救病人常常要夜以继日，节假日不休息是常事，遇到洪水、地震等自然灾害要迅速奔赴第一线，有传染病流行就要立即开展防治，因为接触病人多，受到疾病传染的机会也大。大家能坚持干下去是要有一点精神的，这就是全心全意为人民服务的精神，救死扶伤发扬革命人道主义的精神。一个行医之人，有三个方面大家需要牢记：首先也是最重要的是要有高尚的医德，待病人如亲人，经常为病人着想，把看到病人痊愈出院作为自己最大的幸福。收受红包或接纳回扣是每一个医生应该感到可耻的事情。其次是做工作一定要严谨，对病人态度很好，但是做事马马虎虎，还是会给病人造成很大的伤害。曾经就发生过这样的事件，一位医生要为病人做胸腔穿刺抽液，事先没有仔细看病历，也没有对病人好好检查，态度是非常好，与病人边聊天边操作，可是，胸腔积液却怎么也抽取不出来，一检查才发现穿刺部位应该是左侧胸部，而他却是在右侧胸部进针。因此，一位行医者，一定要牢记行医‘如临深渊、如履薄冰’这八个字，如果你工作有这样的心态，那就不会出现医疗差错，至少很少会发生这种事故。老一辈医学家是这样以身作则的，年轻一辈更需要努力。最后，技术要精益求精。一个医生，即使你态度很好，做事也非常认真，技术不够高明，不能为病人解决问题，还不是个好医生。住院医师的培养过程要把上述三个方面的传统融入自己的日常工作习惯中，提高为人民服务的本领，而且良好的工作习惯养成后，无论外界情况如何变化，都要坚持使其不受影响。大家要牢记，‘生命所托’这四个字是沉甸甸的啊！”一番话说得在场的年轻医生们都羞红了脸，低下了头。而陈灏珠不但是这样说的，也是这样做的。学生们经常能看到满头银丝、温文儒雅的他在病房间穿梭，详细地查看病人病历，和蔼地与病人交谈，又犀利地指出病因和解决方式，这无疑是所有医生学习的最佳榜样。

因为在流亡大学时期体会过没有教材只能依靠速记读书的辛苦，所以陈灏珠对于编写医学教材和讲义也十分用心。历年来，陈灏珠编写的教材和讲义多达40余种：他参与编写了高等医学院校教材《内科学》第1~7版，其中由他主编的第3版（1990年版）于1996年获得卫生部第三届全国高等院校优秀教材二等奖，第4版（1996年版）于1997年获得上海市优秀教材一等奖。这是一套全国医学生的必备教材，一些基层医生也以此作为临床工作的参考书，因此发行量非常大。为了配合教学，陈灏珠还主编了《实用内科学》（1997年第10版至2013年第14版）、《实用心脏病学》（1993年与董承琅、陶寿淇共同主编第3版、2007年由陈灏珠主编第4版）、《中国医学百科全书：心脏病学》（1982年）、《心脏导管术的临床应用》（1962年第1版，1980年第2版）、《心血管病鉴别诊断学》（1996年）、《心血管病新理论与新技术》（2000年）、《心血管病诊断治疗学》（2003年与陈国伟、顾菊康共同主编）、《起死回生100例》（1998年与陈兆民共同主编）、《高血压与相关疾病》（2003年与阎西艴共同主编）、《心脏急重症监护治疗学》（2008年与孙宝贵、顾菊康共同主编）以及1979年出版的《临床心电图幻灯片及说明书》等12本参考书目。其中《中国医学百科全书：心脏病学》为代表国家水平之作，《实用内科学》第10版、《实用心脏病学》第3版和《心脏导管术的临床应用》都达到国际同类书籍的水平。刚开办心电图和心内科进修班时，全国还没有可以适用于教学的心电图图谱。而准确识别各种类型的心电图是一个心血管病科医生最重要的基本功。从波形的细微变化中可以推断患者的心脏出了什么问题，心电图图谱是心电图变化的实例，多看图谱多了解实例，进修医生就容易理解和掌握心电图的变化。于是，陈灏珠决定自己编写。他和心内科、心电图室的医生和技术人员一起，从以往多年积累的病例资料中挑选典型的病例，编辑，配上文字的描述和说明，按照心脏病病种和心律失常类别来分类编排，完成后，委托上海科教电影制片厂印刷并制成幻灯片，这套心电图图谱定名为《临床心电图幻灯片》和《临床心电图幻灯片说明书》于1979年1月出版后，受到全国各地医学院校师生的热烈欢迎，认为是一套非常好的教材而争相购买，许多临床医师也购买作学习提高之用，以致一时供不应求，一版再版，产生很大的影响。大家当时都没有版权意识，也没有想到过劳动应得的经济利益，凭着单纯为人民服务的热情做了一件社会效益极好的很了不起的工作，看到这么受欢迎，一起参与的人员都感到自豪和满足。陈灏珠曾不止一次地指出："著书为后学，把自己的经验传下去，也是表达自己临床经验和科研成果的一个很好的机会。"

作为一位医学大家，陈灏珠毫无保留地把自己的学识传授给年轻人，指导学生在自己开辟的道路上"青出于蓝而胜于蓝"。他以诲人不倦、润物细无声式的教育方式，引领着下一代医学大家的诞生。

教学要有特色，学生才记得住

医学学习有着大量需要背诵的内容，而且大都非常冗长，有时又枯燥乏味。在刚开始教学的时候，陈灏珠总是问自己一个同样的问题："怎样教才能深入浅出地使学生们都记住呢？"他回忆起自己学习的时候，每当老师用一些类比或者讲一些笑话时，课后自己的记忆时间总能更长一些。因此，就想将一些艺术人文的手段融进教学里，恰好他从小喜欢中国古典文学，正好可以兼顾兴趣与教学，一举两得。于是，他尝试着将音乐、成语、类比、绘画等一系列素材融入自己的讲学里，没想到得到了学生们的一致好评，开辟了自己独特的“人文教学法”。例如，他在讲授心脏听诊时，以模仿心音和心脏杂音的声音来配合讲课，给学生留下极为深刻的印象；在讲授心电图学时，以常用的成语“针锋相对，电轴右偏”“背道而驰，电轴左偏”等来描述一些心电图的变化特点，使学生易于记忆；在需要手绘人体器官或者解剖图时，还会组织大家比比谁画得更逼真，等等。本来枯燥乏味的课程，经过他一讲，就变得生动有趣起来，许多学生时隔几十年都还记忆犹新。有位实习医生曾经在自己的小结里有过这样一小段记录：“我有一次随陈院士查房，他说病人的心音有一个特殊的杂音，并形容那个声音‘像低音提琴拨弦一般’，他分析那个声音是由装入的MitraClip发出来的。然后问周围的主治和住院医生，大家谁都没有听出来。很难想象一个耄耋的老人能够有如此敏锐的听力，同时相信陈院士一定是个艺术修养很高的人，否则不会用这样的词来形容这个杂音，也更坚定了我对艺术方面有兴趣是没有错的。”这样的例子比比皆是，不胜枚举。这种教学方式不但增强了学生的记忆力，无形中还培养了他们对于人文经典的喜爱，促进他们提升人文关怀的能力及水平。“我希望我的授课本身就是带有温度的，这样学生才能将这份带有温情的关怀传达给病人。面向未来，人民需要的永远是那些具备医学人文素养的高层次医学人才，这样矛盾才会减少，医患关系才会和谐。”

除了人文教学外，陈灏珠授课的另一大特色就是英语查病房。为了提高低年资医师的专业英语水平，陈灏珠从担任上海市心血管病研究所所长开始，就一直重视医生加强英文的继续学习，为此，他一直坚持每周一次完全使用英语查病房。他还鼓励下级医生用英语汇报病史，研究生临场做口译等。这样既可以提高临床业务水平，又可以提高专业外语水平。“目前提供最大信息量的语种是英语，90%以上的医学文献是用英文报道的，国际会议中使用最多的语种也是英语，因此临床医生学习第一外语时选择英文最为有用，能自由阅读英语文献，畅顺交流，也等于有了一双自由飞翔的翅膀。如果自己满腹经纶，不能很好地表达，无法和国内外同行交流，那就有点太可惜了。”

陈灏珠的查房日程风雨无阻。每到这一天，他会早早地来到病房，整个过程常常会延续到中午12点以后，更有好几次错过了午饭时间。在查房的过程中，陈灏珠从不限制来观摩听讲的医生数量，除了负责的主治医师、住院医师外，连病房里其他的教授、进修医师、实习医生也都会来列席旁听，因此常常爆满，病床边被围得满满当当。连病人都会开玩笑地对他说："陈院士你一查房，我就好像明星一样受关注咧！"

玩笑归玩笑，但平时看上去特别和蔼可亲的陈灏珠一旦查起房来却十分严格，让下级医师和学生们都紧张不已，丝毫也不敢马虎。他尤其注重基本功的训练，要求下级医师熟悉病史和各项检查结果以及病情发展的细节。下级医师报告病史时，他总是边听取口头汇报，边查阅病史，随时指出病史记录里不够详细或者不当之处，连用词不够确切和规范，也会委婉地给予更正。听取病史汇报后，他还亲自询问病人，检查体格，视、触、叩、听，一步一步，从不马虎，用来验证之前病史记录是否准确。他告诉学生，无论科学发展和医疗设备多么先进，医生都必须要亲自进行详细的体格检查，一方面是设备有时候会遗漏一些病人的细节，另一方面是与病人缺少必要的沟通不利于了解详细的病史。其中心脏听诊尤为重要。他在一次听诊中曾临场提问边上的医生关于二尖瓣反流的杂音辨析，大部分医生都知道说是心室膨大撞击胸椎后产生的杂音。陈灏珠补充道，由于骨骼传递声音的特点，这个杂音不但前面能听到，后面脊柱也能听到，甚至放到头顶还能听到。边上的医生还亲自尝试听了一下，发现果然如此。

每次查房完毕，陈灏珠还组织医生们做病例讨论，全程用英语采取问答方式进行，气氛热烈。大家丝毫没有拘束，各级医师们都踊跃提问，认真思考，甚至可以挑战陈灏珠所提出的观点。严格的病例讨论训练，不但提高了医师们的英文水平，帮助他们更好地理解和记住每个病例的细节，更重要的是锻炼了他们的逻辑思维能力。在总结中，陈灏珠总是层层深入地进行分析，思维极为活跃，常常会一针见血地指出之前病例分析中的遗漏或者不足之处，并引发大家的热烈讨论。但即便是在讨论中，他也从不因为自己资历丰富而有任何炫耀之心，相反，他十分仔细地倾听每位医生的发言，再根据临床资料全面分析病例，耐心地进行剖析，最后才得出可信的结论。这样一步一步沉着稳妥的分析处理方式深得大家的推崇和敬佩。所以，陈灏珠查房后的病例讨论会经常是早就过了医院规定的午餐

时间还没有结束，大家一起饿着肚子也要等讨论出了最后结果才罢休。久而久之，大家就都养成了在陈灏珠查房那天自备口粮的习惯。

这样的学习环境给许多医生都留下了深刻的影响。曾经有一个外院来的见习医生这样写道："今天有机会能旁听陈院士的查房，觉得非常幸运，收获特别大。耄耋年纪的陈院士思维敏捷又有条理，还很和蔼耐心，实在是让我深深地折服！中山心内集体学习精神非常不错，一定是个不断进步的科室，我要趁在中山心内见习的好机会多多认真学习！"而这些在年轻医生看来十分伟大的事情对陈灏珠而言只是一个坚持了30多年的教学习惯罢了。

我对待每个学生都要认真负责

执教70年，陈灏珠对待学生认真、严谨、负责的态度从来没有过任何改变，也为上海市心血管病研究所树立了良好的学风。"每一个来读医科的学生都是怀有理想的。作为老师，我们要认真、负责地引导他们走上正确的从医之路，这不但守护了他们的理想，也守护了我们自己的理想。"

陈灏珠与人为善、温文尔雅，对待学生的工作、学习从来没有锋利的言语；而学生从他平等如朋友般的交谈中，感觉到的却是老师治学的严谨。他首先要求每位学生都要有扎实的临床基本功，包括最基础的如何接触病人，采集病史，全面的体格检查和对诊断试验的选择能力。一位他的硕士研究生曾说："老师要求每位学生都认真书写大病历，练好临床基本功。即使他的有些学生在考上研究生前，已经有了相当长的临床经验，导师还要手把手亲自'传帮带'。"其次是临床综合分析的思维和判断能力的培养。陈灏珠曾说："临床思维是应用已掌握的医学理论知识和临床经验，结合患者的临床资料进行综合分析、逻辑推理，从错综复杂的线索中去伪存真、去粗取精，找出主要矛盾，并加以解决的过程，也是找准临床问题，做出决策的必备条件。作为我的学生，这是必须要学习具备的素质。"再次是在学生对待病人的过程中要求学生必须对患者有责任心，以患者为中心去考虑问题。许多心血管疾病的发生与心理、精神因素有关，而且患者在患病后对疾病的认识和心态会影响其病情及预后。因此，要了解患者对自己疾病的想法和忧虑所在，还要了解患者的社会状况、经济情况和家庭负担。与不同性格的患者顺利沟通，交流思想，从而发现患者在心理上存在的问题，并帮助解决，这也是治病的一部分，也是一个医生所必须具备的素养。他常告诉学生，前辈教授最看重的是什么东西？他们流传下来最珍贵的是什么？那就是他们身体力行，尊重每个患者，想他们所想，及他们所及。最后是对于每位学生的研究成果都严格把关。上海市心血管病研究所副所长舒先红教授谈起自己的导师时曾说："我的成就与导师的辛勤指导和严格要求是分不开的。我的第一篇学术论文从设计、统计分析、结果解释到讨论，每一步导师都亲自过问，成文后的英文稿和中文稿，他又认真、细致地帮助修改。所有这些对我后来的科研工作有着良好而深远的影响，也为我后来在学术上培养青年医师做出了榜样。他刻苦认真的工作和学习态度给我的印象是深刻的，他是学生和下级医师的严师，许多人都在他的潜移默化中养成了一丝不苟的作风。"曾任中山医院副院长的姜愣教授在写一篇病例报道时，起初抄录了一段爱不释手的文句，写入论文中。陈灏珠看后，做了大量的删改，并语重心长地对她说："论文要写自己的东西，描述自己的发现，总结自己的经验。千万不要拷贝别人的东西。"对于学生或他的下级医师在他指导下撰写的学术论文，他总坚持学生自己为第一作者署名，他自己则放在最后。正是陈灏珠优良的学术道德，追求学术的真、善、美，让跟随他的学生觉得受益匪浅，并在各自的领域继续传播这种严谨的治学作风。

除了督促学生严谨勤勉治学外，陈灏珠对于学生提出的问题、交来的稿件也都是"来稿必回"。对待学生的稿件，他总是自己动手，反复修改，连汉字简化、标点符号都力求符合规范。学生收到的回稿都很及时，上面总会有密密麻麻的红色蝇头批注，里面还有他最中肯的建议和意见，字迹工整、一丝不苟。有时候，一篇论文要来来回回修改三四轮。20世纪90年代以后，除了博士生、硕士生以及上海市心血管病研究所年轻医生的论文稿件外，陈灏珠还经常收到全国各地的医生寄来请他指正的学术论文，或请教心血管病诊断和治疗问题；一些患者也慕名写信或电话求教。虽然，这些额外的工作使他更为辛苦和忙碌，但他总是认真对待，及时答复每封来信。他的学生觉得老师太过费心，一些边远地区医生

2009年8月，陈灏珠亲笔回信解答同行年轻医生提出的问题

No.

Date

刘云峰、高小亭医师：

您们好！

7月31日来信"关于急性心肌梗塞患者的体位"一文收到了，谢谢您们！我同意您们的意见急性心肌梗死病人卧床时所采取的体位视心脏功能的不同而不同。信中其他问题答复于下：

一、全国高等学校教材《内科学》（五年制）的"心肌梗死"一节是我编写的，2004年修订出版的第6版第293页对休息（第二行）和护理（第八行）是这样描述的：(二)休息 急性期卧床休息，保持环境安静。减少探视，防止不良刺激，解除焦虑。(四)护理 急性期12小时卧床休息，若无并发症，24小时内应鼓励患者在床上行肢体活动，若无低血压，第3天就可在病房内走动；梗死后第4～5天，逐步增加活动直至每天3次步行100～150m。2008年修订出版的第7版第293页对休息和护理描述也是如此。因此，只提卧床休息未提要平卧位，提到梗死后第4～5天逐步增加活动，未提卧床休息之周。随着治疗措施的进步，心肌梗死病人住院时间也大大地缩短了。

二、急性心肌梗死时的心力衰竭被称为"泵衰竭"，其程度按Killip分级法分为四级即：Ⅰ级左心衰竭代偿阶段，Ⅱ级轻至中度左心衰竭，Ⅲ级重度左心衰竭、急性肺水肿，Ⅳ级心源性休克。心源性休克病人采取什么体位卧床？平卧、半卧半坐或坐位在床上取决于有无Killip Ⅲ、Ⅳ级表现。如果表现是休克血压量不出、四肢厥冷，则体位以取平卧为主以免脑部发生缺血缺氧。如有Killip Ⅲ级表现则体位以取半卧或坐位为主。急性心肌梗死发生后病人血压常有所降低，如无心力衰竭，卧床以平卧位为主，根据病人平常的习惯，枕头可选择高或低。

以上意见供参考

祝

好

陈灏珠

2009.8.8.

寄来的论文欠缺较多，从设计、方法到分析每个步骤均需要推敲修改，要花费大量的时间和精力，其实这种繁重的工作交给学生就可以了，可他总是事必躬行。后来，收到的求教来信越来越多，他答复多，收到的更多，加之他年事已高，实在无暇一一亲自回复，才答应让学生帮忙答复一部分。

学生们钦佩之余不免好奇，老师的日常临床、科研、教学工作这么满，几乎没有任何空余时间，他是怎么安排自己的时间的呢？与他共事时间长的同事都知道，陈灏珠确实有一个重要的秘诀，那就是合理利用零碎时间。由于需要参加各种学术会议、会诊等工作，陈灏珠频繁往来于国际各大城市、全国其他地区与上海之间，每次搭乘飞机、火车或汽车时，别人正在闭目养神之际，却成了他审稿的最佳时间。收到回信的学生、医师和患者又怎么会知道大部分论文的审阅和信件答复都是在旅途之中完成的呢？陈灏珠不以为意，还幽默地说："这还真不是谁都可以这样做的。因为利用这些时间工作，要具备一个条件就是不能晕飞机或晕车，而且在颠簸的飞机或车上看稿子，不会头晕眼花，我正好具备这样的条件，这才比别人拥有了更多的时间，感觉自己赚到了呢。"他的生活和工作之弦总是绷得紧紧的，会议期间，主办方安排的参观活动或购物，他是一概免去。在仅有的几次出国探亲期间，他也尽量抽空埋头书案撰写和审稿。女儿陈芸笑着说："爸爸的行李箱这么重，原来都是书稿，我还以为是给我的礼物呢！"

陈灏珠始终都在关注每位学生和新职工的成长。为了帮助他们更快地成长成才，陈灏珠经常鼓励他们参加各类学术会议，以增长见识、开阔视野，指导他们用英文书写论文，申请各级科研基金课题。他支持年轻一代勤于笔耕，并曾为39位中青年医师所编写的专著作序。一有机会，他就积极推荐学生去海外继续深造，为他们提供更好的培养环境。他的52位博士生中，有超过80%曾经在国外继续深造。他还组织中青年医生先后翻译了英文版的《临床心脏病学》《心脏病学》《心血管病内科手册》等国外优秀心脏病学专著，既提高了他们的英译中水平，也达到了国际交流的目的。

知识渊博的陈灏珠总是以非常谦逊的态度与学生沟通交流，学生们常常感觉他就像是同辈好友一般，一点架子都没有，这与上医的优良传统不无关联。1978年，陈灏珠总结了自己和前人的经验，在《中华内科杂志》上发表了一系列关于心脏听诊的讲座。众所周知，小小的听诊器可以帮助医生诊断很多疾病，而心脏听诊则是一名医生特别是心脏内外科医生的基本功。这一系列教科书式的讲座对当时年轻的医务工作者起到了答疑解惑的作用，很受他们的欢迎。他的老师之一、时任重庆医学院院长的内科专家钱悳教授有一次遇到他时，还就此事特别表扬了他："你做了一件很好、很有意义的事情，应该谢谢你。"陈灏珠觉得老一辈上医人始终保持着教学相长的优良传统。他的前辈老师们从来不因为他年轻而有任何偏见，反而经常肯定他的成果，使他不断进步。于是，在之后教书育人的过程中，他也是这样要求自己和他的学生们。陈灏珠常说：学海无涯，毕业并不代表学完了，而是一个新的开始，在校期间是理论知识积累的阶段，要为将来的实践打下扎实的基础。而踏上医生的工作岗位后更要谦虚谨慎，对待每个患者，对待每种不同的变化都应多想想，多问问，碰到特别的情况要培养多翻翻书、查查资料的习惯，不能想当然，应永远保持谦逊的态度。"临床医师不要以为根据自己在医学院学到的知识就足以回答每个临床问题而不需要再学习。对于某一问题的答案随着医学的发展是会发生改变的，对一个临床问题认识的不断升华才能使之逐渐接近真实。"在这一点上，陈灏珠是学生们的最佳榜样，因为大家都能够看到，即使工作再繁忙，他也总是坚持阅读主要医学杂志和书刊，对于核心文献，他每期都不遗漏，因此才能对心血管病临床的进展了如指掌。陈灏珠也十分欢迎学生根据自己的观察在讨论中提出不同的见解，当不能完全确定答案时，他从不急于回答，而是进一步查阅资料后再与学生探讨，力求做到凡事都有据可查。在他看来，对于一个医生，终身的学习是必不可少的，只有不断提出问题，寻找答案，才能有进步。

陈灏珠辛勤的耕耘得到了回报，每年的圣诞新年，他的办公桌上铺满了从世界各地寄来的感谢与祝福，真可谓是"粉丝"遍天下！

我希望我的学生们都比我厉害

2015年，学生们曾为陈灏珠举行了从医执教科研66周年纪念活动，大家从世界各地纷纷赶来为老师庆祝，实在不能到场的也录制了视频表达心意。活动上，91岁的陈灏珠看着现场和视频里一张张熟悉的面孔，听他们细数与自己过往的小事，汇报而今在各自岗位上所取得的成就，笑得合不拢嘴。他说："我真心希望我的学生们都比我厉害，希望他们能为中国医学发展做出更大的贡献，没有比这更让我高兴的事情了！"

桃李不言，下自成蹊。在陈灏珠所培养的众多学生中，涌现了姜楞、葛均波、魏盟、舒先红等一批知名的心脏病学专家。

姜楞教授：美国塔夫茨（Tufts）大学内科学教授，附属马萨诸塞州贝斯得特（Baystate）医学中心无创心脏科主任、美国心脏病学院院士（FACC）、美国心脏病学会会员（FAHA）、美国心脏超声学会会员（FASE）兼国际委员会委员、美国华裔心脏学会（CNAHA）创始主席。

姜楞是陈灏珠最得意的学生之一。1963年，她从上海第一医学院毕业后，被分配到中山医院由林兆耆教授直接领导的肝癌病组担当住院医师。1976年被重新分配到心内科当主治医生。姜楞在大学里学的是俄语，陈灏珠为了让她之后有更为宽广的发展舞台，不断给她"压担子"锻炼英语能力，一遍又一遍不厌其烦地帮助她修改国外医学译文稿，让她在各种场合练习即席口译能力，使她最终在改革开放后第一次全国选拔出国留学考试中以雄厚的实力取胜。姜楞于80年代初期赴美国哈佛大学麻省总医院进修，跟随国际著名心脏超声专家韦曼（Arthur E. Weyman）教授学习进修两年。回国的那天，陈灏珠还亲自到机场迎接她，恭喜她学成回国。1989年，她被破格晋升为教授，陈灏珠作为指导老师获得中山医院颁发的"伯乐奖"。在老师的支持和鼓励下，姜楞将在美国所学运用到工作，创立了中山医院心脏超声诊断室，在国内率先引进和开展心脏多普勒和彩色多普勒、无创性测定肺高压、经左心导管心脏超声造影、心肌灌注超声显像、食管超声心动图等全新的先进技术，多次获得市科委和卫生部的奖励。在此期间，她还担任卫生部心血管专家咨询委员会副主任和全国心血管病防治领导小组副组长，并任中山医院副院长一职。但凡工作中有任何烦心事，姜楞都会向陈灏珠倾诉，她在回忆中写道："陈所长总是心平气和地给我做分析，主张求大同存小异、扬长避短。他还用郑板桥的'难得糊涂'劝我，甚至还风趣地劝我去学'太极拳'。在我的记忆中，我从未见过他对谁发过一次脾气。"1991年，姜楞离开中山医院再次赴美国继续深造。她在短短数年内通过了美国医生、内科专业和心脏病专业所必需的一连串考试，被认可

在一次国际会议中，陈灏珠与学生姜楞相遇并合影

达到“哈佛水平”而破例免除全部住院医生和心脏病专科的临床训练，并一举成为美国塔夫茨（Tufts）大学内科学教授。陈灏珠曾经力邀姜楞回国发展上海市心血管病研究所。然而，作为一位有出色成就的内科学家，一位执着追求真理的学者，姜楞是“善者好之，不善者恶之”，她更喜欢美国比较单纯的学术环境，对非常复杂的人事纷争深恶痛绝，便留在美国没有再回来。但是，她一直对上海市心血管病研究所和陈灏珠满怀感恩之情。“我有如今的成就，并不是因为我有超人的天资或靠什么关系，而是因为我的不平凡机遇。我有幸在一流的上海医学院、中山医院和上海市心血管病研究所受训，更有幸的是得到了陈所长数十年的亲自栽培。即便我不回国，也会为上海市心血管病研究所的发展尽我所能。”在她的牵线搭桥和亲自指导下，上海市心血管病研究所培养出了多位心脏超声诊断的专家，她自己也受聘为中山医院心脏超声诊断室的客座教授。

葛均波院士：中国科学院院士、复旦大学附属中山医院心内科主任、上海市心血管病研究所所长、复旦大学生物医学研究院院长、中国科学技术大学附属第一医院（安徽省立医院）院长、中华医学会心血管病学分会候任主任委员、亚太介入心脏病学会主席、美国心脏病学会国际顾问、九三学社中央常委、九三学社上海市委副主委等。曾获国家科技进步二等奖、国家技术发明奖二等奖、上海市科技进步一等奖等。

葛均波无疑是陈灏珠学生中的杰出代表。他从小就有做一名好医生的梦想。在山东医科大学求学时，是陈灏珠主编的《心脏导管术的临床应用》一书将其领入了崭新的心导管世界。1988年，他顺利考取上海医科大学心内科博士研究生，由陈灏珠与姜楞共同带教。葛均波在回忆中这样写道：“那是一段激动人心的岁月，中山医院心内科和上海市心血管病研究所在陈灏珠老师等前辈的带领下，正书写着一个个辉煌和动人的故事。在这里，每天都有新鲜事发生，面对着应接不暇的新技术、新信息、新思想，我像海绵吸水一样努力地学习。特别是陈灏珠老师每周一次的例行英语查房，于我而言是极好的学习机会。我总是挤在查房队伍的前排，认真地记下陈老师的每句话和每个动作，这些精辟的思想和高尚的医风，对我以后的人生起到了不可估量的影响。”1990年，在教育部安排下，葛均波被派往德国美因兹大学作为联合培养的博士研究生进行学习。1993年，他在获得美因兹大学医学院医学博士学位后，经国家教委及中国驻联邦德国大使馆批准，继续留在德国深造。他跟随其导师艾贝尔教授到埃森（Essen）大学医学院完成博士后研究，并以极大的兴趣参与到心血管内超声的基础理论

1994年，陈灏珠在出席美国心脏病学院第43次学术年会期间，向该院院长Dr. S. L. Weinberg赠送《实用心脏病学》，中间为同期与会的在德国进修的葛均波

2019年，陈灏珠与葛均波在“沪滇心血管内科新进展培训班”结业仪式上亲切交谈

Cilazapril

Junbo Ge, MD
II. Medizinische Klinik und Poliklinik
Johannes Gutenberg-Universität
Langenbeckstr. 1
6500 Mainz
Germany

尊敬的老恩师：

您好！

近来您老身体好吧？工作好吧？

中秋节就要到了，每逢佳节倍思亲，此时此刻，我无限思念远在中国我的父老，我的恩师、我的母校及朋友。虽然这儿的一切都较国内优越，但是，一种失落、孤寂和不安定感不时涌上心头。

时间过得真快，眨眼间，我离开母校已一年半了，这一年半中，学生学到了许多国外的先进技术，也取得了可喜的成果，这与您的熏陶和教诲是分不开的。不知我其他几位师兄弟近况如何？大师兄舒乃华及二师兄均尚在美国吧？袁伟龙及王勇鹏在日本均好吧？师妹陈浏去了美国，也一定很成功吧？您可谓桃李遍天下，望您老注意身体，不要过累。请您老放心，既然已经作为您的学生，我们都会努力进取，以优异成绩向您汇报。

前不久，我在此得知国内的一位同学来信讲姜楞教授辞掉中山医院副院长的职务去美国定居。若是真的，这是我们心研究所的一大损失。

由于我的研究课题尚未完成，我打算再在此延长一段时间，希望您恩准。关于我的资助问题目前已有些头绪，一旦确定，我再及时向您汇报。

祝您 身体健康
精神愉快

此致

学生葛均波拜上

91.9.17

Junbo Ge, M.D.
Department of Cardiology, University Essen

Hufelan[illegible]
45147 E[illegible]
Tel: (49)2[illegible]
Fax: (49)20[illegible]

Prof. Dr. CHEN Hao Zhu
Director
Shanhai Institute of
Cardiovascular Disease
Shanghai 200032
VR. CHINA

Dr. med. Junbo GE
Kardiologie
Uniklinikum Essen
Hufelandstr. 55
45122 Essen
BRD

UNIVERSITÄTSKLINIKUM ESSEN
MEDIZINISCHE EINRICHTUNGEN DER UNIVERSITÄT
- GESAMTHOCHSCHULE - ESSEN
Hufelandstr. 55, 4300 Essen 1

尊敬的陈老师：

您好！

两次来信收悉，知我们所正在开展冠心病诊治方面的研究，很高兴。您所需带的东西我准备了一些，但有些东西一时难以筹到，如 IVUS 6.2F 导[illegible]已经很长时间不用，主要用3.5F冠脉[illegible]刚好我爱人要回国给她母亲祝寿，我也要[illegible]下个月我把筹的部分物品带回国内。借[illegible]会，我要把我所学的技术介绍介绍，向汇报[illegible]如果您没有特别要求，我就只带血管[illegible]的幻灯片，与各位老师交流。我大约10月中[illegible]到达。您看什么时间合适？从上个月起，我[illegible]名为博士生指导教师了。代问候[illegible]老师、[illegible]珍老师及张学军老师好！

学生葛均波 敬上

93.9.12

UNIVERSITÄTSKLINIKUM ESSEN
MEDIZINISCHE EINRICHTUNGEN DER UNIVERSITÄT
- GESAMTHOCHSCHULE - ESSEN

ZENTRUM FÜR INNERE MEDIZIN
Medizinische Klinik und Poliklinik
Geschäftsf. Direktor: Prof. Dr. R. Erbel
Dr. Junbo Ge, MB, Msc, MD
Director,
Intravascular Ultrasound Laboratory
Department of Cardiology

Hufelandstr. 55, 45122 Essen Tel: 0049-201-723-2571 Fax: 0049-201 - 723 - 5951

Prof. Hao-Zhu Chen
Director
Shanghai Institute of Cardiovascular Diseases
Zhongshan Hospital
180 Feng Lin Road
200032 Shanghai

V.R. CHINA

Fax: 0086-21-6403-8472

尊敬的老恩师 您好！

前段经国务院侨办安排作为"华人海外专家"回国巡回讲学，回到上海恰逢您去北京开院士会议，刚好未见到您，很遗憾。

回上海同医院人事处及杨院长座谈，他们多次提到您的保举和推荐，对您的栽培学生终生不忘。医院已签定聘任我的手续，我打算明年初回国工作，现在在这里的科研尽快完工作。回德后去南斯拉夫和荷兰讲学，一直未给您汇报，请您见谅。您如果对学生有何要求和吩咐，请指信。

从新闻得知，今年上海气温异常，望您注意身体，尤其是老师外出时。钱医生来德后已开始了她的论文，一切进展顺利，另外她的科研及临床水平很高，无需您多操心，请您放心勿挂。

此致

恭祝身体健康，精神愉快

学生葛均波拜上
98-7-17

与临床应用研究，期间在国外重要学术刊物上发表多篇学术论文。1995年，他被聘为埃森大学医学院心内科血管内超声室主任。就在葛均波取得令国际同行瞩目的成绩之时，陈灏珠鼓励他多做临床工作并邀请他回国，希望他作为领军人物回归上海市心血管病研究所团队。"我觉得是带着自己的所学所悟回家的时候了。"1999年，葛均波放弃了德国优越的工作条件，携妻子与一双儿女回到祖国，受聘为中山医院和上海市心血管病研究所的心内科副主任、心导管室主任、博士生导师、上海市心血管病研究所副所长和长江计划特聘教授。他回到上海市心血管病研究所后，不辱使命，勇于开拓，不断做出开创性成果。2009年，在陈灏珠的支持下，葛均波接过了上海市心血管病研究所所长的接力棒，带领上海市心血管病研究所团队在未来的岁月中再创辉煌。2011年，他当选为中国科学院院士，上海市心血管病研究所也成了国内唯一一个拥有两位院士的心血管病医学中心。葛均波曾在感言中对陈灏珠说："每一天，无论您是否意识到，您都在改变着学生的生活。"他知道老师喜欢中国古典文学，还特别写了一首小诗表达感谢：

感念恩师陈灏珠

桃李不言蹊自成，恩师教诲浦江畔。
临床教学勤科研，八十春秋为楷范。
冠造超声心导管，一腔热血献杏坛。
医教兴国代代传，中山心研谱诗篇。

陈灏珠曾说："中山医院和上海市心血管病研究所的岗位有限，但上海、全国都需要优秀的心血管病专家，我支持大家去外院有更好的发展。"正因为如此，上海不少医院的心内专家都是他的学生，魏盟就是其中之一。他自1988年开始跟随陈灏珠从事介入心脏病学工作，并以冠心病作为主要研究方向。1991年，他从上海医

魏盟教授：上海交通大学附属第六人民医院内科主任和心内科主任、内科教授、博士生导师。中华医学会心血管病专科学会委员及上海分会副主任委员，上海市冠心病、瓣膜病介入诊治学组副组长。《介入放射学》杂志编委、《国外医学》心血管病分册编委、《世界药学》杂志（国外医学药学分册）编委、《中华心血管病杂志》特邀编委、武汉大学学报（医学版）特邀编委。

临床医学博士论文答辩会
研究生 魏盟
导师

科大学心血管专业博士毕业后，留在中山医院心内科工作。1995年，经陈灏珠安排推荐，魏盟赴美国俄勒冈州医学激光中心继续深造；1997年继续到德国埃森大学医学院学习心脏病介入诊断和治疗。学成回国后，他在陈灏珠的支持下，与前辈专家何梅先、戎卫海等教授一起，开展了多种心脏介入诊疗技术的临床应用及相关研究，包括采用冠状动脉旋磨术治疗冠心病、经导管法纠治先天性心脏病、经皮化学消融术治疗肥厚性梗阻型心肌病、最先在国内采用脉冲染料激光及超声溶栓的方法治疗急性心肌梗死，采用多普勒导丝对冠脉血流动力进行研究，采用经桡动脉路径行冠状动脉介入手术等。因为在心脏病介入诊断和治疗领域所做的杰出贡献，1998年，他入选上海市卫生系统“百人计划”培养对象。对于恩师陈灏珠，他满怀感激：“如果没有陈老师的推荐，我也不会走出自己的舒适区去美国、德国学习。我的每篇论文他都认真仔细地改过。陈老师是我医学事业上的引路人，而他高尚的医学风范也值得我终身学习。”

在2018年中山医院“终身荣誉教授”颁奖礼上，陈灏珠的学生和同事纷纷向他表达了多年深藏在心底的钦佩之情。

钱菊英教授（复旦大学附属中山医院副院长、心内科副主任、上海心血管病临床医学中心副主任）：

陈老师勇于创新、不断学习、严谨踏实、一丝不苟、淡泊名利的大家风范一直是我学习的榜样，他一切为了病人的医者仁心也激励着我们努力成为病人心目中的好医生。

舒先红教授（复旦大学附属中山医院心内科主任医师、心脏超声诊断室主任、上海市心血管病研究所副所长）：

陈老师医术精湛，医德高尚，儒雅谦逊，虚怀若谷，严谨执教，坚持创新。他的言传身教激励我不忘初心，勤奋进取，做一名好医生、好教师！

王春生教授（复旦大学附属中山医院心外科主任）：

陈院士那种持之以恒、积极向上的精神，以及一个医学家对简朴的生活与高尚思想的信仰和博爱的内心，感染着身边所有的医务工作者。

陈瑞珍教授（复旦大学附属中山医院心内科主任医师）：

陈老师使我感受最深的是他的“五心”：实干创新，潜心做学问；德高医精，全心为病人；著书立说，精心育英才；参政议政，忠心效国家；胸怀坦荡，诚心待他人。他的仁心仁术、大医风范是我人生的灯塔，努力的方向。幸得恩师，终身受益！

金雪娟副研究员（复旦大学附属中山医院心流行病学副研究员）：

陈院士用他的率先垂范诠释了什么是一位医学大家的奉献与担当，什么是一位科学家的“勤学获新知、深思萌创意、实干出成果”，什么是一位导师的“师者，所以传道授业解惑也”。逐光而行，陈院士始终是我学习的楷模。

陈允钦主治医师（复旦大学附属中山医院心内科副主任医师）：

陈院士是我们敬爱的导师，他治病救人大医精诚，教书育人孜孜不倦，科研工作严谨求实。作为学生，我们耳濡目染，受益无穷。

陈灏珠为人师表，以身立教，他把心血管疾病的诊疗深深扎根于中国国情的沃土中，几十年如一日为医学事业无私奉献，他的人生轨迹、治学态度和人格魅力是所有医学后辈的宝贵财富。

2017年，陈灏珠与钱菊英在第十一届东方心脏病学会议上商讨学术问题

陈灏珠与同事和学生合影（上图：葛均波、陈灏珠、陈瑞珍、舒先红；下图：樊冰、宫剑滨、魏盟、陈灏珠、何梅先、李远方）

上海医科大学附属中山医院

陈老师：

你好！告诉你好消息，我的标书已批下来一段时间了。本该早告诉你，但批下来后，我又遇上一个机会：有一个来宾来此地参观，临时与我同住一个办公室，他了解了我的工作，很感兴趣，希望明年有机会去他那里工作，年薪为29000～45000美元。我考虑了一阵子，因为和美国心脏病学会签合同后，三年不能变动，最后我还是决定不去，因为这是美国心脏学会给我的荣誉，也是给我们心研所、医院和上医的荣誉。而且这里导师对我还不错，也不能丢下别人的工作就走。再说，对我来说也非常名正言顺。因此原因，推迟告诉你此事了。

我现在一并把这些事办好，所以把这些报告和心脏学会的通知附件一并寄给你，你再与上医领导同志讲讲。

回顾起来，能在美国这样竞争激烈的社会里取得一点小成绩，与你在国内时对我的培养和课程安排分不开，使我掌握了比较全面的知识。

前进的道路十分艰巨，我要保持清醒的头脑和谦虚的态度，脚踏实地地前进。

重

学生：舒乃华

89.3.27

Dr. Nai-Hua Shu
Mayo Foundation
for Medical Education and Research
Rochester, Minnesota 55905
Biodynamics Research Unit
U.S.A.

三一〇四〇〇

UNIVERSITY OF CALIFORNIA, LOS ANGELES UCLA

BERKELEY · DAVIS · IRVINE · LOS ANGELES · RIVERSIDE · SAN DIEGO · SAN FRANCISCO

SANTA BARBARA · SANTA CRUZ

DEPARTMENT OF PHYSIOLOGY
UCLA SCHOOL OF MEDICINE
CENTER FOR THE HEALTH SCIENCES
10833 LE CONTE AVENUE
LOS ANGELES, CALIFORNIA 90024-1751

Fax (310) 206-5661

陈老师，您好。

已有很久没有给您写信了。估计收到此信时已是春节。借此机会祝您和师母春节愉快，身体健康。李李在10月18日生下一女孩，取名嘉音，现已两个多月。自从有了孩子，我们生活节律全被打乱，没有时间看书，没有足够睡眠。2月9-13日我去Houston参加生物物理年会，我有一个报告，到现在还没有时间坐下来准备一下。

不知您是否还记得，我有一个弟弟袁卫忠在日本读语言学校，经过两年时间语言学习，最近通过考试，考入京都大学法学部读法律。冈田先生对此十分高兴，特意发一份Fax然后又打一个电话给我。卫忠今年22岁，他有足够时间读书。

最重要的事情是想告诉您，我们考虑到孩子太小，不愿去东部，所以取消了NIH的位置，继续留在加州大学。我申请了Davis、San Diego和Riverside三个分校，结果全部录取。经过比较，我决定去Riverside分校Bers实验室，此人近几年在钙通道与钙平衡方面十分活跃，建立了一个很大的心血管实验室。我将在2月份开始在他实验室工作。随信附上新的地址和电话，请带个一条给杨英珍老师。

致

礼。

学生 袁卫龙 92-1-1

1998年7月，陈灏珠致信欢迎舒先红回国工作

舒先红医师：

您好！

接您的来信、来电、来传真后，知您将回国工作。我认为这是好事，中国学子回来报效祖国应该欢迎。为此，我与杨院长、沈副所长、蔡主任商讨您回来的工作安排问题。

院领导和科领导认为心内科编制已经满员，今年已决定不增加人员。虽然如此，随着我国机构改革的逐步深入，由国务院的机构开始裁员一半，然后到省、市机构裁员若干，卫生系统有些地方裁员，有些地方关并。我们医院将要裁员10%，原则上大概是哪里人多就哪里裁员，所以心脏内科是裁员对象因为它属于人多的科。

沈副所长认为超声心动图室现在编制不足，需要增加人员，而且他也需要有人来接班。因此，如果您愿意，我们很欢迎您回来从事超声心动图的工作，担任超声心动图室的副主任。这个职务我和沈副所长决定以后报院领导备案就行了。您如担任了这个职务，编制就在超声心动图室，也可以从事一些临床工作，但不是主要的了。您在国外从事超声的研究，我想您是可以胜任这个职务的，而且也会是沈副所长的好接班人。

我国社会主义建设在不断发生变化，目前是国有企业改革、市场经济改革的攻坚阶段，加上机构改革和亚洲金融风波的影响，变化是很大的，我们大家都在适应这个变化。

葛均波医师决定明年春回国工作，上医大校领导和中山医院院领导已决定安排他担任副所长兼心内科副主任的职务，他现在正作回国的各种准备工作中。顺告。

祝

好

陈灏珠上

1998.7.26.

复旦大学

陳灏珠先生：

您好！

首先向您拜年，祝您新年快乐，身体健康。

接徐智章教授来信谈及《上海医学影像》名誉主任委员一事。您德高望重，学术成就大，地位高。徐智章教授和我一直十分尊敬您。徐教授说排名第一的名誉主委，非您莫属。我完全赞同他的意见。左教授身分高，当名誉主委也是应该。

在您的亲切领导下，徐智章教授已做完了主任委员该做的事，为学会做了工作，使学会越来越好。特别徐教授起了重要的作用。他是我们超声诊断的奠基人之一和一位开拓者，在国内颇有号召力，在国际上也有一定影响。说实话，在国内超声医生中，他是我从心底里钦佩的学术帅才，医德医术好的良师益友。如今，他提名我，是对我的一种鼓励。我在学术上是您的学生辈，在职位上又不能与左院长相比，我深感不能与您、左教授相提并论。我最好不当名誉主委，而当一般编委为好。特此向您汇报。

顺颂

安好

学生

王威琪

敬上

2001.1.27.

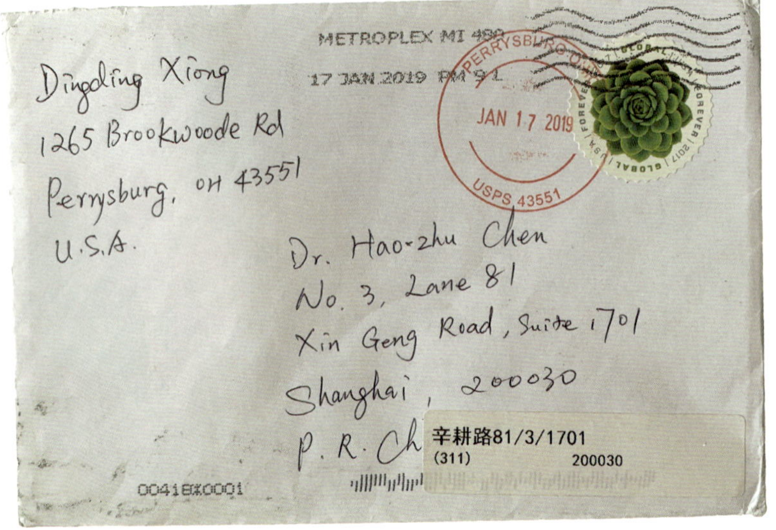

学生熊丁丁写给陈灏珠的贺卡，从回信中可以看到陈灏珠每年都会给学生寄送亲笔书写的贺卡，从不间断

尊敬的陈所长：您好！

自来美以来，每年最感动和最幸福的时刻就是收到您的新年贺卡及新春祝福。至今已经收到二十一张您寄来的贺卡，我一直珍藏着，非常感谢您！

新春佳节之际，祝您及家人：

节日吉祥

身体健康

生活愉快

万事如意

学生：丁丁

2019.1.15.

附

陈灏珠历年培养研究生名录

博士后研究生及其毕业年份

01	李　武	1991~1993	与杨英珍教授共带教
02	李高平	1994~1996	与杨英珍教授共带教
03	封启明	1997~1999	协助杨英珍教授带教
04	陈允钦	2004~2007	-

博士研究生及其毕业年份

01	舒乃华	1986	与蒋有铭教授共带教
02	耿建国	1989	与杨一峰教授共带教
03	贾海燕	1990	与宋后燕教授共带教
04	廖　埔	1991	与李志善教授共带教
05	郭晓清	1991	协助姜楞教授带教
06	魏　盟	1991	与何梅先教授共带教
07	宫剑滨	1991	协助浦寿月教授带教
08	袁卫龙	1991	与杨英珍教授共带教、中日联合培养
09	葛均波	1991	与姜楞教授共带教、中德联合培养
10	王岳鹏	1991	与姜楞教授共带教、中日联合培养
11	徐　岩	1993	与杨英珍教授共带教
12	宿燕岗	1994	与杨英珍教授共带教
13	屠　洪	1994	与蔡乃绳教授共带教
14	李延文	1995	与杨英珍教授共带教

15	舒先红	1995	与沈学东、杨英珍教授共带教
16	周京敏	1996	与蔡乃绳、沈学东教授共带教
17	邹立华	1994	与杨一峰教授共带教
18	陈宝京	1995	与浦寿月、童步高教授共带教
19	张高星	1995	与浦寿月教授共带教
20	崔　宁	1995	与韩琴琴、宋后燕教授共带教
21	杨昌生	1995	与杨英珍教授共带教
22	樊　冰	1997	与戎卫海、沈学东教授共带教
23	刘伏元	1997	与童步高教授共带教
24	利姆布（尼泊尔留学生）	1997	与沈学东教授共带教
25	胡　英	1998	与蔡乃绳、沈学东教授共带教
26	李　清	1997	与沈学东教授共带教
27	刘华军	1997	与杨学义教授共带教
28	李伟明	1997	与上海市第一人民医院江智文教授带教
29	钱菊英	1999	协助沈学东教授带教
30	张国兵	2000	与上海市第一人民医院江智文教授带教
31	陈良龙	2003	与葛均波教授共带教
32	沈成兴	2003	与葛均波教授共带教
33	许从峰	2003	与杨英珍教授共带教
34	张召才	2004	与杨英珍教授共带教
35	贾庆哲	2005	与葛均波教授共带教
36	郭士遵	2006	与舒先红教授共带教
37	程　宽	2006	与李高平、王齐兵教授共带教

38	申　锷	2007	与陈瑞珍教授共带教
39	曾　欣	2007	与舒先红教授共带教
40	史浩颖	2007	与上海市第一人民医院孙宝贵教授带教
41	李小平	2009	与陈瑞珍教授共带教
42	李　敏	2009	与王齐兵教授共带教
43	黄国倩	2010	与舒先红教授共带教
44	陈　萍	2010	与陈瑞珍教授共带教
45	汪云开	2010	与陈瑞珍教授共带教
46	董丽莉	2011	与舒先红教授共带教
47	张　磊	2011	与姜红教授共带教
48	刘旭杰	2011	与陈瑞珍教授共带教
49	黄冰清	2012	与钱菊英教授共带教
50	谢烨卿	2012	与陈瑞珍教授共带教
51	解玉泉	2012	与陈瑞珍教授共带教

硕士研究生及其毕业年份

01	王德传	1981	与浦寿月、诸骏仁教授共带教
02	蔡迺绳	1981	与浦寿月、诸骏仁教授共带教
03	黄以平	1981	与浦寿月、诸骏仁教授共带教
04	章斌乐	肄业	与浦寿月、诸骏仁教授共带教
05	杨令德	1982	与浦寿月、诸骏仁教授共带教
06	曹　进	1982	与浦寿月、诸骏仁教授共带教

07	李丹宇	1982	与浦寿月、诸骏仁教授共带教
08	孔祥林	1985	与浦寿月教授共带教
09	孔庆凤	1989	协助姜楞教授带教
10	严　建	1989	与韩琴琴、宋后燕教授共带教
11	林　捷	1990	与林佑善教授共带教
12	朱文青	1991	协助林佑善教授带教
13	芮　涛	1992	协助杨英珍教授带教
14	汪庚辛	1992	协助黄士通教授带教
15	翁国路	1992	协助韩琴琴教授带教
16	宗　普	1994	与蔡乃绳教授共带教
17	贾海燕	-	硕、博连读
18	魏　盟	-	硕、博连读
19	屠　洪	-	硕、博连读
20	宿燕岗	-	硕、博连读
21	利姆布	-	硕、博连读
22	舒先红	-	硕、博连读
23	周京敏	-	硕、博连读
24	廖　埔	-	硕、博连读

第八章

心研世界展宏图 实至名归攀高峰

改革开放以后，除了自身医学、研究、教育事业的发展外，最让陈灏珠骄傲和自豪的，是上海市心血管病研究所成了世界卫生组织心血管病研究和培训合作中心，并以此为起点，走上了世界的舞台。开拓创新一甲子，陈灏珠陪伴着上海市心血管病研究所走过了60个春秋，亲历了它的成长与辉煌；而上海市心血管病研究所也为陈灏珠提供了更为广阔的舞台和事业发展的空间，见证了他的辛劳与荣耀。

1948年的夏天，陈灏珠开始在中山医院实习，在之后的70年里，他再也没有离开过。而在中山医院，有着一片他倾注了更多心力的地方，那就是建立于1958年的上海市心血管病研究所（简称“心研所”）。这里是上海最早设立的临床医学研究所之一，也是中山医院成立最早的研究机构，专门从事心血管病临床、科研、教学、培训工作。60年辛勤耕耘，上海市心血管病研究所在临床诊疗和基础科研上都取得了不少突破性进展，更是做到了数不清的“第一”。60年岁月更替，陈灏珠是参与者，是管理者，更是守护者。他从上海市心血管病研究所初创起就是其中一员，1978年任副所长；1984年任所长；2009年从管理岗位上退下来后，依然坚持每周查房，治疗病人，带教学生。陈灏珠常把上海市心血管病研究所比作自己的第二个“家”：“它的成立为我和所有中山医院的心脏科医生提供了更为广阔的舞台和事业发展的空间。”“广阔舞台”和“发展空间”这两个关键词，非常准确地概括了上海市心血管病研究所在陈灏珠学习成长过程中发挥的作用，也蕴含在了他晚年所取得的每份荣誉里。

最艰难的时候，我们也从没有想过放弃心研所

中华人民共和国建立之初的中国医学可谓百废待兴。师资、设备俱缺，医学科研尚在萌芽，只有简单的临床观察、零星的演讲会与少数的学术活动，医学期刊也屈指可数，医学教科书则完全仰赖欧美日以及苏联等一些医学先进国家，医学研究领域的竞争也主要在欧美国家之间展开。面对落后的现状，中国政府和一些医学大家清醒地认识到医疗科研的重要性，于是积极地倡议并支持部分综合实力强劲的医院建立专项研究院，在学习国外先进医疗技术的基础上，自力更生，自主研发，为中国的医学健康事业发展做出贡献。

1958年12月，著名心胸外科专家、时任上海第一医学院副院长的黄家驷教授克服万难在中山医院内筹备创建了上海市胸病研究所（上海市心血管病研究所前身）。当时建所的宗旨是开展我国的心肺血管病临床、科研工作，同时为普遍缺乏师资的医学教育与再教育提供高水平师资，为全国心肺血管病医生提供进修的机会。1963年5月，上海市胸病研究所正式更名为上海市心血管病研究所，由我国著名的外科专家沈克非教授出任所长。研究所包

括心脏外科、心脏内科和研究室，组织建设逐渐完善。

初创期间，沈克非教授和石美鑫教授在心脏外科领域做了很多开拓性工作，成为国内最先开展心血管手术的单位之一，先后开展的心脏手术也有十余种之多，例如，动脉导管切断缝合术、心房间隔缺损直视下修补术、右径二尖瓣闭式分离术、主动脉弓切除同种异体主动脉弓移植术等。他们还成功研制出我国首台静立垂屏式人工心肺机，并将其应用于法洛四联症纠治术、主动脉窦瘤修补术、左心室室壁瘤切除术和二尖瓣修复术等，并成为上海瓣膜研究中心所在地。而在心脏内科领域，则是由陶寿淇教授带领着陈灏珠等一批年轻医生进行初创工作。他们悉心建立起心导管室，从右心导管检查开始，稳步发展，并在国内率先开展左心导管检查、微型心导管检查、心腔内心电图检查、心腔内心音图检查、染料稀释曲线测定、氢和维生素C稀释曲线测定等介入性诊断技术，解决了先天性和风湿性心脏病这两种常见心脏病的诊断难题，协助心脏外科直视手术的开展。与此同时，心血管病的生化、药理、病理等基础研究也得到了扎实地推进，心血管病流行病学研究开始起步。在这一阶段，除兼职的工作人员外，全所专职工作人员仅有29人，但他们工作热情高涨，踏实肯干，全身心地投入心血管病的临床和基础研究工作，使我国心血管病的诊治水平与国际水平逐渐拉近。

然而，在“文革”最初的六七年时间里，由于心血管病研究处于边缘化地带，大批教职工被调离岗位或靠边劳动，所里的研究人员大都被安排到中山医院的临床第一线工作，设备被封存，研究工作完全停止，研究所几乎面临解体。但即便在无法进行实验室研究的情况下，石美鑫教授、陶寿淇教授和陈灏珠等几位医生仍竭力想在心血管病的临床研究方面做些工作，其中包括1968年石美鑫和陈灏珠共同施行的国内首例埋藏式起搏器植入术。陈灏珠回忆说：“就算在最艰难的时候，我们也从没有想过放弃上海市心血管病研究所，更没有停止过学习和思考。我们坚信在当下所做的每一点努力，在后面都会用得到。”事实也是如此，1972年开始，研究环境有所好转，陈灏珠终于能将其在艰难的岁月里坚持临床研究的成果——“慢性肺源性心脏病的发病规律和治疗体会”（1972年，《中华医学杂志》）以及“抢救急性心肌梗塞危重病人的体会”（1973年，《中华医学杂志》）两篇论文发表。

当时发表论文只能用单位的名义，陈灏珠不但写了上海第一医学院附属中山医院和华山医院，还特别加上了上海市心血管病研究所。

1973年，上海市心血管病研究所得以恢复建制，由石美鑫教授出任所长，人员逐渐回归集中，设备得以启用和增添，研究工作也陆续开展起来。当年，陈灏珠带领团队成功地完成了我国首例选择性冠状动脉造影。但是，由于长期的学术封闭和政局动荡，已使上海市心血管病研究所的整体水平与国际上突飞猛进的医学发展拉开了差距，大家不得不铆足了劲儿，迎头赶上。1974年，陶寿淇教授受命调任北京工作，陈灏珠成了研究所心内科的中流砥柱。陶寿淇教授嘱托陈灏珠协助石美鑫所长开展临床、教学和科研工作。1976年，国家卫生部和上海市共同投资，在中山医院内建造上海市心血管病研究所大楼。1977年，上海市心血管病研究所成为国内最早研究制造和使用人造生物瓣膜的单位，由石美鑫教授牵头研发了牛心包瓣、猪主动脉瓣和硬脑膜瓣等人造瓣膜并成功应用于临床，累计生产近1 400枚生物瓣膜供本院和兄弟单位使用，还培养了一大批生物瓣研究人员。上海市心血管病研究所的发展逐渐走出低谷，踏上了开拓创新之路。

与世界卫生组织的合作为心研所按上了腾飞的翅膀

1978年，党的十一届三中全会召开，改革开放给上海市心血管病研究所的发展带来了许多重大机遇。同年，陈灏珠被任命为上海市心血管病研究所副所长。

当时的上海市心血管病研究所，已经云集了一批国内最优秀的心血管病医生，陈灏珠尽可能地整合与利用各种资源，营造浓厚的学术氛围，良好的学习环境激发他们的创造力，把上海市心血管病研究所打造成“海阔凭鱼跃，天高任鸟飞”的医学研究平台。1979年，在陈灏珠出任副所长的第二年，上海市心血管病研究所创建了国内第一个临床心血管病毒研究室，由杨英珍教授主持开展病毒性心肌炎的发病机制、病毒学诊断和治疗研究。这也是国内最早开展系统病毒性心脏病研究的小组，后来成为卫生部病毒性心脏病重点实验室。

随着中国与国际组织往来的进一步加深，国际间的医疗合作也被提上了议事日程。而成为世界卫生组织心血管病研究和培训合作中心，是上海市心血管病研究所发展过程中最重要的一次发展契机。从此，上海市心血管病研究所的发展被安上了全新的引擎。

1979年的春天，时任中山医院院长的裘麟教授紧急通知陈灏珠："医院接到卫生部的一个重要任务，要一位中英文和临床都非常出色的心血管病专家到北京卫生部去参加申报，争取使我院的上海市心血管病研究所成为世界卫生组织的心血管病研究和培训合作中心。届时需要把我们工作的详细情况同时用中英文向世界卫生组织和卫生部报告，医院考虑你是最合适的人选，虽然领导知道你近来患肺炎还没有痊愈，但是任务重要，院领导考虑再三，还是希望你能克服困难，亲自到北京去一趟。"陈灏珠一听就非常兴奋，他知道这是一次难得的发展机遇，如果能与世界卫生组织合作，那就如同给上海市心血管病研究所搭上了与世界接轨的桥梁并按上了腾飞的翅膀，他完全忘记了自己身体的不适，毅然接受了任务。为了更好地完成任务，他参阅整理了上海市心血管病研究所建所以来各个阶段所开展的工作，总结了取得的成绩，并与国际心血管病研究领域比较，具体地分析了现阶段存在的差距，阐明了努力的方向，并分别用中、英文写了工作报告，非常自信地到北京当场介绍了上海市心血管病研究所的情况。世界卫生组织和卫生部的官员在听了陈灏珠的报告后，十分肯定上海市心血管病研究所在过去所打下的基础，决定到上海进行下一步实地考察工作。考察期间，陈灏珠亲自陪同，介绍情况并做翻译，得到了一致的认可。经世界卫生组织和卫生部分析研究，1980年，上海市心血管病研究所被正式任命为世界卫生组织心血管病研究和培训合作中心，由石美鑫所长担任中心主任，陈灏珠受聘为世界卫生组织心血管病专家咨询委员会委员。

与世界卫生组织建立的合作，是上海市心血管病研究所发展史上的一个重要里程碑。世界卫生组织十分重视心血管病流行病学的研究以及初级卫生保健，因此，加强基层医务人员培训和健康教育是合作中心的一项重要任务。中心成立初期，世界卫生组织提供了数十万美元的项目支持经费，开展技术合作和人才培养。1983年10月，中心举办了第一届"全国心血管病流行病学培训班"（International Training Course on Epidemiology of Cardiovascular Diseases）组织全国各省市有关医生接受培训，希望培养出一批从事心血管病流行病学研究的人才，世界卫生组织西太区办事处特别派来两名国际专家参与授课。世界卫生组织还专项资助上海市心血管病研究所组团出国考察动脉粥样硬化和冠心病研

1988年12月，上海市心血管病研究所向世界卫生组织提交的"心血管病研究和培训"项目申请书

001

号　CHN/　/　　　　年度　/

WHO卫生技术合作项目申请书

项目名称　心血管病研究和培训

合作项目名称　上海医科大学 上海市心血管病研究所

申请单位　上海医科大学 上海市心血管病研究所

单位负责人　陈灏珠

主管单位

卫生部科教司、外事局

一九八八年十二月三十日

究的国外最新进展；捐赠了一批用于进行血液脂质检测的仪器帮助课题组得以在全国率先开展心血管病流行病学调查和研究，并对上海市20万人进行冠心病和脑卒中的人群监测和病因因素动态研究，使监测区内人群发病率明显下降，为冠心病和脑卒中的人群防治措施提供了宝贵经验。在随后的几年中，以上海市心血管病研究所为参考，心血管病流行病学的调查工作在全国开展。1996年，卫生部成立全国心血管病防治研究领导小组，陈灏珠为主要成员之一。在世界卫生组织的资助下，上海市心血管病研究所还心系祖国山区缺医少药的贫困农民，为老、少、边、穷地区培训基层心血管病专业医生，先后在新疆和云南举办心血管病培训班，在云南楚雄地区进行有关地方性心肌病的流行病学调查等。陈灏珠作为世界卫生组织专家咨询委员会委员和临时顾问多次参加国际专家咨询会议，例如，参与制订心肌病新诊断标准的讨论以及有关发展中国家适宜的心血管病诊断技术的讨论等，在介绍我国心血管诊疗现况的同时，也带回了相关领域的国际前沿研究信息。

上海市心血管病研究所与世界卫生组织的合作，也推动了所内学术梯队的建设和培养。1984年，陈灏珠被任命为上海市心血管病研究所所长及中心主任。在他的领导下，上海市心血管病研究所有计划地派遣一些已有3~5年工作经验的优秀青年医师到欧美各国进修考察，把国际先进技术带回来。他们后来大都成为上海市心血管病研究所的骨干，使得“文革”造成的学术梯队断层得以修复。到新世纪开始时，上海市心血管病研究所已经形成一支年龄、学历和知识结构较为合理的学科队伍。

有了设置齐全的科室、先进的仪器设备、水平高超的专业化队伍和国际合作平台，作为所长的陈灏珠并不满足。他提出了更为远大的目标：“研究先于临床，只有研究突破创新，临床才有新的技术可用。所以我们心研所不仅要具有中国先进的研究水平，而且一定要达到国际水平。”在30年前陈灏珠说此话时候，许多人都觉得他有点不自量力。上海市心血管病研究所如果能成长为全国领先的研究机构就已经足够了，与欧美竞争，不太可能。陈灏珠毫不避讳上海市心血管病研究所与国际先进水平之间存在的差距，并坦率地补充说：“发展成为国际知名的研究机构的确不是一朝一夕之间可以做到的。但是，我们的发展目标并不是自以为是和不自量力的，心研所奋斗的目标需要豪气。我们心研所每个人都应该是这个整体的一部分，没有人是孤岛。我相信只要我们同心协力就能发展，就能赶超国际水平。”在这一奋斗目标的激励下，上海市心血管病研究所全体成员上下一心，紧密团结，攻克了一个个难关，取得了令人信服的成果。

我希望自己是一个好的管理者，更是一个好的传承者

随着上海市心血管病研究所的壮大，相关学科也得到了长足的发展。1989年，心内科被国家教委和卫生部定为重点学科。1994年，上海市启动了医学领先专业重点学科建设，心内科又被上海市卫生局批准为上海市医学领先专业重点学科，陈灏珠为学科带头人。同年，心脏病毒实验室被定为卫生部重点实验室。1997年，心内科被列为国家教委“211工程”发展规划重点学科；1998年，蝉联上海市医学领先专业；2001年，心内科再度被教育部评为国家级重点学科。重点学科的建设给上海市心血管病研究所增添了新的活力，也增强了科研能力，加快了人才培养和梯队建设。

世纪之交，上海市推出了重大卫生改革举措，要求汇集上海市三级医院中层次最高、力量最强的优势学科，以诊治疑难杂症为宗旨，特别是那些覆盖面较大、人民群众迫切需要解决而目前尚未解决的疑难杂症，逐步形成管理现代化、服务精良、技术先进、设备完善的具有相当规模的标志性临床医学中心。临床医学中心的目标是建成临床医疗水平达到国内一流、亚洲及国际领先的医疗中心，最终把上海建设成为亚洲医疗中心城市。陈灏珠觉得这是一个将科研与临床相结合的重要契机，建立心血管病临床医学中心将对上海市心血管病研究所以及上海市的卫生事业发展起到长远的影响。为此，77岁高龄的他不辞艰辛，亲自带领年轻同志积极准备参加“擂台竞赛”。从汇报材料的准备、以往工作背景的总结到发展规划的制订，他每一步都事必躬亲，并在最终的竞赛中出色地向领导和评委全面、详细地进行了展示。经过了公正而严格的选拔及评审，2002年，上海市心血管病研究所成为第二批获得批准的临床医学中心之一。上海市心血管病临床医学中心的建立，为心研所在新世纪的后继发展注入动力。两年后，上海市心血管病研究所还进一步被指定为上海市心血管病急救中心。

从1984年到2009年，在陈灏珠担任所长的25年时间里，上海市心血管病研究所全体同仁严谨治学、精诚团结、锐意进取、辛勤耕耘，团队先后承担了“973”和“863”国家重点基础研究、国家科技支撑计划项目、国家攻关课题、“211工程”、上海市心血管病临床医学中心、上海市医学发展基金重点项目、世界卫生组织合作课题等重要科研项目，获得各类科研基金项目共141项，总研究经费达5 626余万元；获得国家、省（直辖市）、部、委级科技进步、科研成果、教学成果奖近70项，包括国家科技进步奖6项、全国科学大会重大贡献奖3项、教育部科技进步奖8项、卫生部科技进步奖13项、中华医学奖4项、上海市科技进步奖24项、上海医学科技奖6项、上海市临床医疗成果奖4项、上海市优秀发明奖1项。

在此期间，上海市心血管病研究所的学科发展、临床诊疗和医疗教育也取得了累累硕果，先后建立心血管病内外科专科病室、心内外科专科门诊、心血管病内外科监护病室、造影诊断室、心导管室和心脏超声诊断室等，成为全国数一数二的心血管病诊断和治疗研究中心。

心脏外科领域在从美国学成归来的年轻学科带头人王春生教授和赵强教授的领导下，团队把握国际心脏外科发展动态，科学管理，在临床与科研上均位于国内领先地位，例如，床位使用率为国内第一；心脏移植手术效果为国内最佳；微创冠脉搭桥居国内前三位等，科室年手术量更是以30%的速度递增。科研上，团队在国内率先开展了无支架生物瓣的应用（1999年）、施行国内首例儿童原位心脏移植术（2000年）、用“Elephant Trunk”技术进行主动脉全弓置换术（2000年）、智能机器臂辅助微创心脏手术（房缺修补术等）。

心脏内科领域，团队勇于开拓，不断引入全新的技术手段，在国内率先开展血管内超声检查、冠脉内粥样斑块旋切术、激光冠脉内溶栓、冠脉内多普勒血流速度测定、经桡动脉行冠状动脉等介入治疗；建立急性冠状动脉综合征介入治疗的“绿色通道”；开展疑难和高危冠心病的介入治疗，如以切割球囊、腔内放射治疗来治疗支架内再狭窄，并用药物洗脱支架安置来预防再狭窄等，冠心病介入治疗的病例数以每年20%的速度增长；开展心房颤动等心律失常的射频消融治疗、以CARTO系统协助消融前的病灶定位；继续先天性心脏病的缺损封堵，瓣膜病的成形术等介入治疗；继续心肌类和扩张型心肌病以及心力衰竭的综合性治疗；开展以骨髓干细胞进行治疗等等。

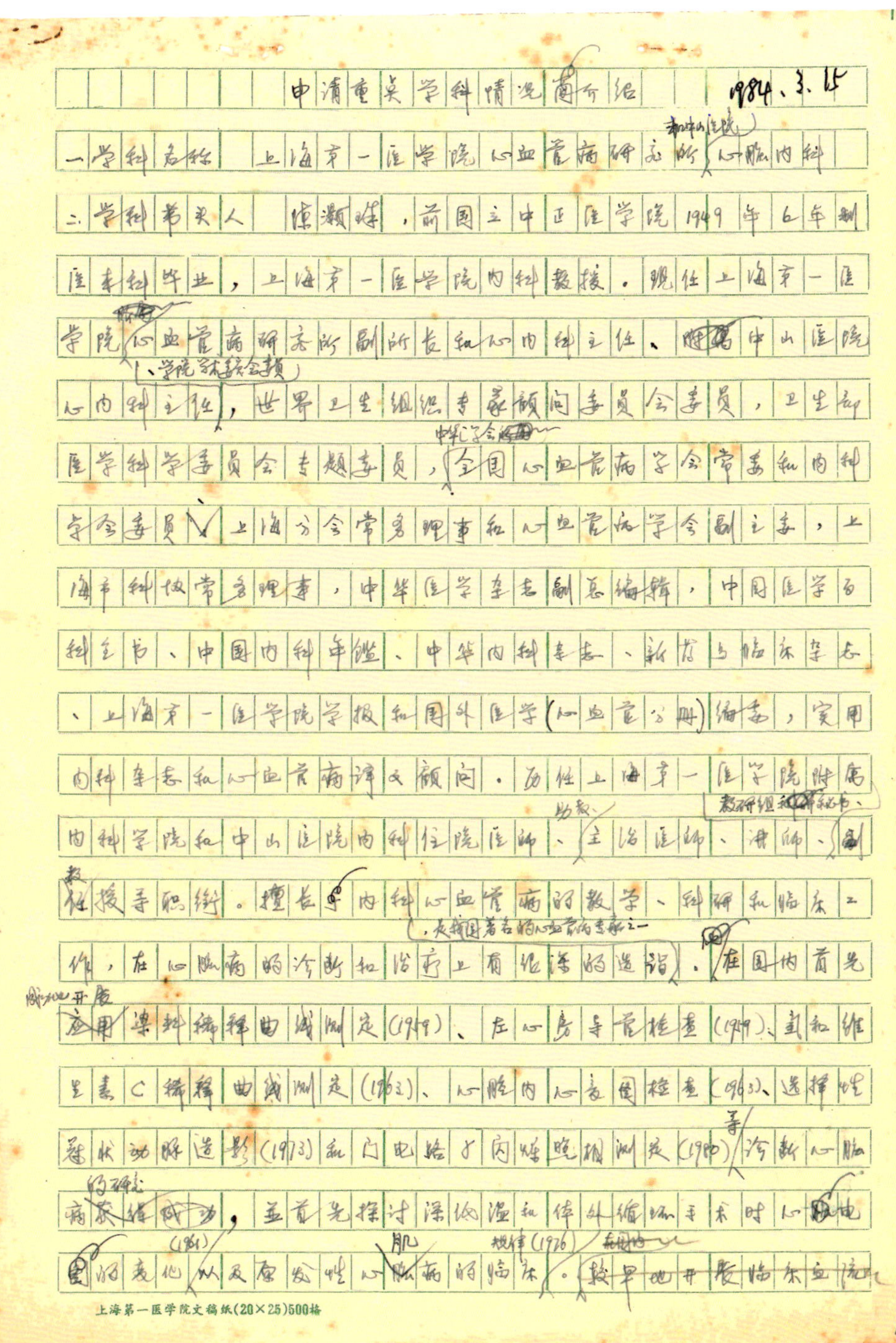

申请重点学科情况简介　1984.3.15

一、学科名称　上海第一医学院心血管病研究所和中山医院心脏内科

二、学科带头人　陈灏珠，前国立中正医学院1949年6年制医本科毕业，上海第一医学院内科教授。现任上海第一医学院心血管病研究所副所长和心内科主任、中山医院心内科主任、学院学位委员会委员，世界卫生组织专家顾问委员会委员，卫生部医学科学委员会专题委员，中华医学会全国心血管病学会常委和内科学会委员、上海分会常务理事和心血管病学会副主委，上海市科协常务理事，中华医学杂志副总编辑，中国医学百科全书、中国内科年鉴、中华内科杂志、新药与临床杂志、上海第一医学院学报和国外医学（心血管分册）编委，实用内科杂志和心血管病译文顾问。历任上海第一医学院附属内科学院和中山医院内科住院医师、助教、主治医师、教研组秘书、讲师、副教授等职务。擅长于内科心血管病的教学、科研和临床工作，在心脏病的诊断和治疗上有很深的造诣，是我国著名的心血管病专家之一。在国内首先开展染料稀释曲线测定（1959）、左心房导管检查（1959）、氢和维生素C稀释曲线测定（1963）、心腔内心音图检查（1963）、选择性冠状动脉造影（1973）和心电图心内膜标测技术（1980）等诊断心脏病的新技术，并首先探讨深低温和体外循环手术时心肌电图的变化（1961）以及急性心肌梗塞的临床规律（1976）。

上海第一医学院文稿纸（20×25）500格

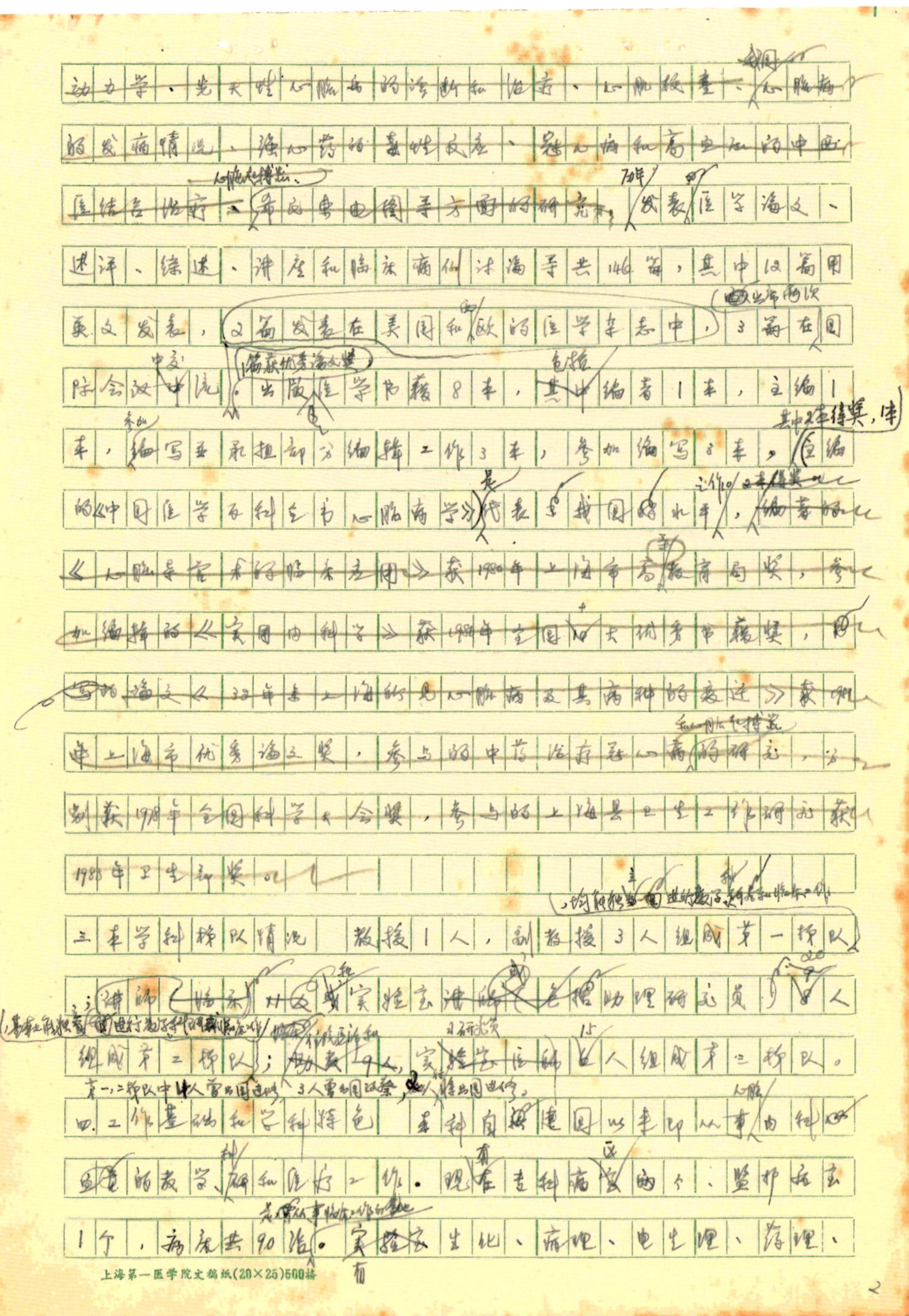

动力学、先天性心脏病的诊断和治疗、心肌梗塞、心脏病的发病情况、强心药的毒性反应、冠心病和高血压的中西医结合治疗、希氏束电图等方面的研究，发表医学论文、述评、综述、讲座和临床病例讨论等共146篇，其中12篇用英文发表，2篇发表在美国和欧洲的医学杂志中，3篇在国际会议中讲。出版医学书籍8本，其中编著1本，主编1本，编写并承担部分编辑工作3本，参加编写3本，主编的《中国医学百科全书心脏病学》代表了我国的水平，编著的《心脏导管术与临床应用》获1980年上海市高教局奖，参加编辑的《实用内科学》获1988年全国优秀书籍奖，写的论文《33年来上海的儿心脏病及其病种的变迁》获1981年上海市优秀论文奖，参与的中药治疗冠心病的研究，分别获1978年全国科学大会奖，参与的上海县卫生工作研究获1983年卫生部奖。

三、本学科梯队情况　教授1人，副教授3人组成第一梯队；讲师（临床）11人、实验室讲师1名，助理研究员1人组成第二梯队；助教9人，实验室技师12人组成第三梯队。

四、工作基础和学科特色　本科自建国以来即从事内科中心的教学、科研和医疗工作。现在专科病房4个、监护病室1个，病床共90张。实验室生化、病理、电生理、药理、

上海第一医学院文稿纸(20×25)500格

心脏超声诊断室是上海市超声质量控制中心，在心血管病超声诊断和治疗方面开展的各项新技术均为国内首创或最早开展的单位之一。团队率先开展连续多普勒定量肺动脉测压、经食管超声心动图和术中超声检查、超声消融斑块、超声三维重建及体外超声助溶的研究。科室每年的超声检查达12 000例，超声诊断与手术符合率达到95%以上，并有90%以上的病人可以在术前免受创伤性心导管检查而直接手术。

在医学教育领域，上海市心血管病研究所为国家培养了大批医学本科生、硕士、博士研究生以及博士后人才，并坚持每年举办全国心血管内、外科进修班和其他继续教育学习班，学生遍布全国各地。在国内、国际很多重要的心血管病学术会议上，都能找到曾来上海市心血管病研究所进修过的医生的身影。

正是由于陈灏珠的远见卓识和杰出的管理工作，上海市心血管病研究所由小到大，逐渐发展成为集研究、医疗、教学和人才培养于一体的综合性医学研究机构。1990年，国家教委授予陈灏珠“从事高等学校科研工作40年成绩卓越”荣誉证书；1991年，他获得国务院颁发的“为发展我国医疗卫生事业做出杰出贡献者”证书以及政府特殊津贴；1997年，他当选为中国心血管病学界第一位工程院院士；2003年，他又获上海市第四届“医学荣誉奖”；2004年获得上海市第一届优秀科研院所长奖（华山奖）。有同事给予了陈灏珠这位勤奋实干的老所长很高的评价：“陈灏珠所长是一个博学豁达的领军者，他以极大的耐心和毅力去完成每项工作。我们对所里开展的每项研究课题都要进行长时间的讨论，但从没有过严重的意见分歧，他总是以身作则、为人正派，公正的处理各种分歧和争执，因此也赢得大家的尊敬，在上海市心血管病研究所极具威望。”

虽然上海市心血管病研究所有了些许成就，他自己也获得了不少荣誉，但陈灏珠思考得更为长远：“我一直希望自己是一个好的科技管理者，但同时，我也必须是一个好的传承者。黄家驷教授、沈克非教授、石美鑫教授这三位所长传给我的接力棒，我要找好接班人，继续交接到下一任手中才行。”1998年，陈灏珠主动提出申请，想将所长之位让给年轻的医学领军人担任。“我有幸躬逢祖国医学发展之盛，目睹也记录了我国医学史这半个世纪的盛况和轨迹，而且参与其中扮演一定的角色，也从昔日的住院医生成为今天的教授、院上海市心血管病研究所历任正副所长合影（前排左起：蒋振斌、石美鑫、陈灏珠、杨英珍；后排左起：赵强、葛均波、姜楞、沈学东、舒先红）

十、建设中国特色社会主义，发展上海市心血管病研究所

1978年3月中央召开全国科学大会，邓小平同志提出"科学技术是生产力"。我国迎来科学的春天。我们的"血栓素质及治血栓机制原理""心脏电生理的研制及临床应用""体外循环人工心脏瓣膜"3项研究成果获全国科学大会重大贡献奖。1978年党中央召开十一届三中全会，制定我国改革开放建设中国特色社会主义的政策。我所从事的医疗、教学和研究工作从此走上正轨并不断得到发展。1978年我国恢复停止了10年的学衔制，我被升为内科副教授，1980年被破格晋升为正教授；研究生制度也恢复并发展，1978年我被定为内科学硕士研究生导师，1981年我被定为全国第一批内科博士研究生导师。1978年我被任命为心血管病研究所副所长，协助石美鑫所长领导研究所的工作。我们先进行组织重建，与时任中山医院院长兼心研究所党支部书记的裘麟教授达成共识：除心研究所各实验室的建制，临床心脏内外科人员编制隶属中山医院也属心研究所，实行"一套班子两块牌子"，人事、财务工作由中山医院监管和控制。由卫生部投资、上海市卫生局补助，1979年在中山医院内建成并启用7层的心研究所大楼。内设心脏内科和外科病区各一，病床共90张；冠心病监护和手术后监护病区各一，病床共20张；心脏外科手术室4间，心脏内、外科专科门诊各一；心脏导管室、心电图和心脏电生理室、超声心动图室、心血管生化研究室、心血管药理研

究室、心血管病理研究室、病毒性心脏病实验室、心血管病防治室、心功能研究室、核心脏病实验室、图书资料室等。逐渐具备作为全国研究所的设备的条件，临床和研究人员得以各就各位，团结合作为心血管病的诊治和研究努力作贡献。1979年中山医院院领导派我到卫生部汇报心研究所的工作，得到卫生部推荐，向世界卫生组织（WHO）申请作为该组织的心血管病研究和培训合作中心，经WHO审核并派官员来心研究所实地考察后，于1980年被确定为该组织的合作中心，石美鑫所长为合作中心主任，我被聘为WHO心血管病专家咨询委员会委员。1984年石美鑫教授接任医学院院长，我被任命为心研所所长和WHO合作中心主任，我从此承担起领导心研所的工作重任。自此上海市心研所的心脏内、外科（也是中山医院的心脏内、外科）和各实验室的工作得以走上正常的轨道，并在党和政府的领导和支持下得到发展，成为上海市和上医从事心血管病临床和基础研究以及承担医疗、教学和培训任务的研究机构。

于1988年心外科建立上海心脏瓣膜研究中心，率先成功施行并推广联合瓣膜替换手术（一次手术同时替换多个有病的瓣膜）；在施行心脏直视手术中用经食管超声心动图监测，提高手术效果；率先开展带主动脉瓣的人造主动脉移植手术治疗主动脉瘤病，手术例数和成功率国内领先；

心内科于1989年被定为国家教委重点学科，1993年被定为上海市领先专业重点学科，率先开展室性心律失常的外科手术治疗。与有关单位合作研制长效锂电池埋藏式按需人工心脏起搏器成功，率先用于临床；在国内率先用经静脉途径安置埋藏式自动起搏复律除颤器成功；率先开展经导管电消融术治疗室性心动过速；率先施行冠脉腔内超声显像和多普勒导丝血流速度测定并以监测冠心病的介入治疗；率先开展冠脉内粥样斑块旋切术、冠脉内激光溶栓术、经桡动脉的冠脉造影和介入治疗；率先开展急性心肌梗死病人的24小时急诊冠脉介入治疗。率先用心包穿刺活检术诊断心包疾病。率先在上海开展病毒性心肌炎的临床和实验研究。率先研制信号平均心电图系统并用于临床；率先开发12导联同步心电图计算机自动分析诊断系统。成功自制门电路系统行闪烁照相测定心室壁局部收缩功能。率先在国内进行大规模健康人血脂水平调查。在彩色超声多普勒血流显像、无创性多普勒技术定量测定肺动脉压、经食管超声心动图（包括多平面）、超声心动图三维成像等的研究和应用在国内领先，提高无创性诊断结构性心脏病的水平。

1998年心研所大楼改建加层3层工程完工，工作空间增大。进入21世纪以来心研所的病床逐渐增加到300余张，收病人服务面增大，基础研究实验室集中改建为中心实验室，工作面积扩大，临床和科研工作得到进一步发展。2000年心外科在国内施行首例儿童原位心脏移植术，至今已完成200余例晚期心力衰竭病人施行心脏移植术，病例数居全国首位，成功率达国际先进水平，此外还施行心肺联合移植术9例。在国内率先成功应用机器人施行冠脉搭桥手术，开展微创搭桥，高龄危重病人搭桥和搭桥结合介入的“杂交”手术治疗冠心病；手术纠治复杂先心病病人。心内科在国内率先施行冠脉完全闭塞病变经逆行导丝进行的介入治疗、冠脉内旋磨术、切割球囊术、带膜支架植入术、药物洗脱支架植入术和自体骨髓干细胞移植心肌以及门诊经桡动脉冠脉造影术，提高复杂冠心病和心肌梗死的介入治疗效果。经导管电极射频消融治疗心房颤动，取得显著疗效。在国内外率先报告用PCR法测定病人血液和心肌标本的巨细胞病毒DNA和肠道病毒RNA；在国内首先建立用合成多肽检测柯萨奇B组病毒IgM的间接ELISA法；帮助诊断病毒性心肌炎。开展心肌声学造影、组织多普勒显像、心肌同步化显像等达到国内领先水平。

心研所于2002年被定为上海市心血管临床医学中心，2004年被定为上海市心血管病急救中心，2007年、2008年心内科和心外科分别被定为上海市心血管病临床质控中心

士，如今站在新世纪的开端向前展望，上海市心血管病研究所的未来如何发展，应是年轻医生无可旁贷的责任。”然而，在那时，人才梯队还没有培养完备，中山医院和上海医科大学在继任人方面存在分歧，认为尚无合适的人选接替陈灏珠担任所长的职务，这些细节都被记录在了1998年3月5日学校领导班子专题讨论会的纪要中。在陈灏珠当选院士后，名誉加身，谤亦随之，曾有人在背后说他恋栈，不舍得从所长职务上退下来，陈灏珠知道后，什么也没有辩解。“不言是非是我为人处世非常重要的准则之一。大家都有各自的考量，我只要做好自己的本职工作，其他的就随便他们去说吧。”

但自此，陈灏珠就对培养年轻医生、寻找接班人更为上心了，并私下将这项工作戏称为“传帮带”计划。1999年，他引进了国家长江奖励计划特聘教授葛均波等国内外知名青年学者。他们像一颗颗冉冉升起的新星，活跃在国际、国内心血管病临床、科研和教学舞台。陈灏珠为这些青年医学人才创造了很多机会，为了能使他们走上管理岗位，他不遗余力地提携后进，推着他们去各种场合磨砺，自己则在边上默默地陪伴，为他们“保驾护航”。他说：“心血管病的预防和治疗、心研所的管理和发展都需要年轻一代的努力，在‘传帮带’的团队建设中，我希望能为其搭桥铺路尽一点绵薄微力。”2004年，80岁的陈灏珠在获得第一届上海市优秀科研院所长奖之后，再次提出将所长一职让给年轻骨干。可是，医院和上海市心血管病研究所的年轻一辈都觉得还差了一些火候，力邀他继续留任，他的国际影响力和严谨的学术风范对上海市心血管病研究所的发展和指导永远是宝贵的财富，希望他不但“扶上马”，还最好能继续“送一程”。又一个五年过去了，上海市心血管病研究所逐渐形成了一支约60%有硕士以上学位的、平均年龄不足40岁的研究队伍，成为国内为数不多的，临床和基础两大学科互相渗透、互相配合的心血管病研究机构之一。在众多年轻骨干中，葛均波表现尤为突出，他不但多年成功主办东方国际介入心脏病会议，而且在专业领域大放异彩，屡获突破，并首次将中国的手术转播至美国经导管心血管治疗（TCT）会议现场，极大地提升了上海市心血管病研究所的国际影响力。岁月更替，薪火相承，2009年，葛均波接过了老师陈灏珠的班，担任上海市心血管病研究所所长，担负起带领全所同仁再铸辉煌的重任。交接的那一天，陈灏珠无不欣慰地说：“‘传帮带’工作终于取得了成果，我也可以放心地隐退了。”从管理岗位上退下来的陈灏珠依然每周像一名普通的医生那样，去上海市心血管病研究所带学生、查病房，默默地支持并守护着上海市心血管病研究所的发展。

2011年，葛均波当选我国心血管界第一位科学院院士。在他的带领下，上海市心血管病研究所开启了心血管病治疗新时代，相继进行了技术创新、理念创新、器械创新，又做到了多个“国内第一”和“全球第一”。例如，在国际上首创冠脉完全闭塞病变经逆行导丝进行的介入治疗；先后研发肾动脉冷冻球囊消融、聚乳酸冠脉可降解支架、ValveClamp二尖瓣夹闭系统；在国际上首次改进并命名了冠状动脉逆向导丝主动迎客技术（AGT技术），等等。在人才梯队上，上海市心血管病研究所除了有我国心血管界第一名工程院院士和第一名科学院院士外，还有教育部长江学者2名、国家杰出青年基金获得者3名、青年长江学者1名。可以毫不讳言地说，而今的上海市心血管病研究所已成为国内外知名的心血管临床及基础研究中心，陈灏珠在30年前为上海市心血管病研究所立下的远大目标也已经完全实现了。2018年12月，上海市心血管病研究所以“开拓创新一甲子”为题庆祝建所60周年。陈灏珠感慨道：“过去我们主要以模仿或融合创新为主，在国家倡导创新的大环境下，上海市心血管病研究所已逐渐摸索出了一套适合国人自己的原始创新之路。这是一条由无数前辈医学家开拓而成的路，也必将在新一代医学人才的努力下走得更为宽广。”

今日再登功臣榜，缘由德技达新峰

在陈灏珠看来，医生这个职业是神圣的、庄严的、高尚的，它并不只是“谋生手段”，而是他一辈子为之奋斗的事业。在2017年首届国家名医高峰论坛上，他勉励后辈道：“要做一名好医生，主要具备六项素质：医德高尚，医风严谨，医术精湛，热心教学，努力科研，终生学习；还有附加的两条：从事流行病学工作和参与做好疾病管理工作。”陈灏珠70年从医、执教、科研的经历也正是这段寄语最好的表率。

他是一位妙手仁心的医学大家。由他治疗过的病人不计其数，遍布全国乃至世界各地，更不用说那些厚厚的存放在他家里的仅有通信而从未谋面的病友。在国家需要医生的时候，他总是积极报名参加，防治血吸虫病的队伍里有他，抗美援朝的队伍里有他，威宁山

陈灏珠与同事在工作中探讨病例

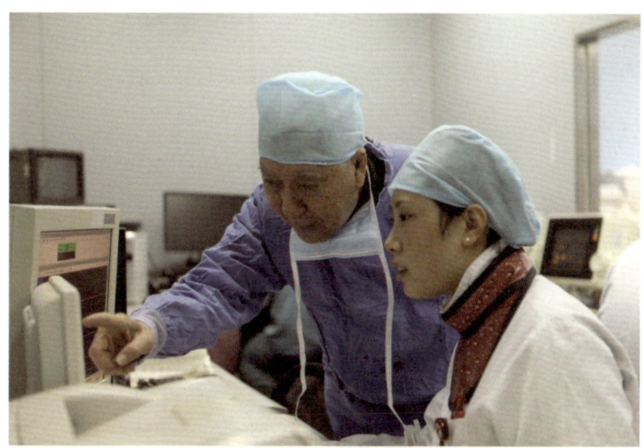

区巡回医疗的队伍里有他，抗震救灾的队伍里还有他。他通过无数次的试验练习才拥有了娴熟的技艺，才能自信地做好每次手术。他说："病人性命相托，是对医生最大的信任。对待病人要如同亲人一样，才能有同理心。"

他是一位和蔼严厉的教育学家。他培养了3位博士后、52位博士研究生和24位硕士研究生。而听过他课的，无论是在学校的课堂里还是在各种培训班中的学生数不胜数。他从不拒绝拿着书找他签名的学生，对待生活中有困难的学生也都尽力相助。但在学业上，他的眼里却容不得一点沙子。他说："榜样的力量是一代又一代薪火相传的。"

他是一位辛勤耕耘的研究学者。在他从医执教科研66周年之际，他的学生第一次全面统计了他的论文与著作情况，结果发现，他历年发表论文和其他学术性文章包括述评、专论、编著按语、讲座、综述、讨论会记录、会议简况和纪要等居然达到700余篇，其中40余篇论文在国外和国内英文版杂志发表。他主编的《实用内科学》等专著12本、参编书30余本、主译书5本，每本都堪称经典。更不用提他所完成的那些"全国首例""世界领先"的创新技术。丰富卓越的科研成果使他获得"国家科技进步二等奖"2项、"全国科学大会重大贡献奖"2项、部省级重大成果奖或"科技进步一等奖"8项。当学生跟他汇报这些数字的时候，他却笑着说："这些数字并不代表什么，大部分都是团队合作的成果，并不是我一个人的功劳，真要算，你们还要乘上我的劳动参与率咧！"

他还是一位连接中外医学知识的科技传播者。他在担任知名国际学会会员时，常被邀请主持或参加国际心血管病会议，开展讲学或访问，并在国内多次主办国际性专科学术会议，接待无数的外国专家。他的足迹遍布美洲、欧洲、亚洲和大洋洲，通过大会报告、即席发言、版报等形式，使国际同行对我国心血管病研究工作有了深入的了解，也赢得了来自世界各地专家学者的赞赏与崇敬。大家分享彼此的研究心得，对一些悬而未决的疑难问题进行争辩和讨论，给临床和科研工作带来许多新的启发，学习国外经验的同时，也展示了我国的学术水平和实力。而由他所主译的国际著名医学著作，如《西氏内科学精要》《临床心脏病学》《心脏病学》《心血管内科手册》《默克老年病手册》等，极大地推动了当代医学前沿理论和技术在中国的传播，促进了中西方医学学术的交流，也大大缩短了我国医学理论水平与世界先进水平的差距。但在重视学习国外先进技术和经验的同时，他也反对生搬

2004年，陈灏珠医教研55周年学术活动之际，不少医学界同仁纷纷致信表示祝贺（图为新疆医科大学第一附属医院汪师贞教授的贺信）

شىنجاڭ ئۇيغۇر ئاپتونوم رايونلۇق تىببى ئىلمىي جەمئىيىتى

新疆维吾尔自治区医学会

灏珠学长、尊敬的院士：您好！

接到您送来的医教研55年履迹，特别高兴，大概翻阅了一遍，以后再细读。您的卓越的贡献，深深感动而钦佩，您的开拓创新在心血管领域是突出的领先的，超前意识特别强。我与您在华山与中山医院同事期间，我亲自看到您的开创精神，率先开展心导管先进技术，主编全国内第一本有关导管的技术指导，使之在全国推广应用，在这基础上进行冠状动脉造影及介入治疗。还在心脏起搏的开展及研制起搏器，抢救很多心脏病人，还孜孜不倦地去进一步研究血管内超声，诸如先进事迹，不胜枚举。

您在55载临床、医疗和科研过程中的确尽心尽职、呕心沥血，刻苦钻研，善于总结，积累了丰富的经验，出版很多有关的教科书、著作及几百篇论文，显示知识渊博，造诣很深，无不深深感动，而且对广大医务工作者得益匪浅。

您培养了很多优秀研究生，执教半世纪，桃李满天下，真是广育后继有人，使心血管学科不断发展，更使心血管技术水平不断提高。

您的确是著名的心血管病专家，非但在国内有很大的影响，而且在国外有很高的声誉，为祖国争光，当选为中国工程院院士的内科专家，是我们医学界的楷模。

我们都是八十多岁的从医五十余年，都为社会主义医学教学的事业奋斗一辈子，当然能力有大小，所做的贡献不同，但是我们要有自身奉献精神，更要向您学习！望您多保重！

韩慧华：我还记得您小韩，您可能对我还有些印象，您有一个好老伴，作风正派，会做人做事做学问。羡慕您有这样幸福的家庭，儿女们事业有成

遥祝

全家幸福，健康长寿

您们的新疆战友

汪师贞 谨上

8.

2004年，陈灏珠医教研55周年学术活动之际，不少医学界同仁纷纷致信表示祝贺（图为北京协和医院方圻教授的贺信）

中国医学科学院
中国协和医科大学
北京协和医院

Peking Union Medical College Hospital
Chinese Academy of Medical Sciences
Peking Union Medical College
Beijing, China

灏珠教授：

欣闻即将召开你从医55周年的学术活动，特此向你祝贺，并致以真诚的敬意！

你从上世纪五十年代即师从我国临床心血管病的奠基人董承琅董老，并继承发扬了他开创的事业，在医、教、研三方面都为我国心血管病学做出了卓越的贡献。你不但开创了上海市心血管病研究所，并当选为我们心血管病学界的第一位中国工程院院士。在此，我再一次向你致敬！

由于工作的安排，不能亲自去参加盛会，特致谦意，并祝学术研讨会完满成功！

方圻
于北京协和医院
二〇〇四年十一月廿六日。

北京东城
帅府园1号
1 Shuaifuyuan, Wangfujing, Beijing 100730, China. Tel:86-10-65296114, Fax:86-10-65124875

2004年，陈灏珠医教研55周年学术活动之际，不少医学界同仁纷纷致信表示祝贺（图为复旦大学附属中山医院汤钊猷教授的贺信）

复旦大学附属中山医院

陈灏珠院士：

您好！

您从医55年、又适逢您八十大寿，特向您致以热烈的祝贺，并祝健康长寿。

您一生从事心血管疾病临床、教学与研究，取得丰硕成果，当选院士是对您的最好评价。

我因事未能当面祝贺，道歉。

谨送上节日贺卡再致贺意

汤钊猷

2004年12月15日

地址：上海枫林路一八〇号　　电话：六四〇四一九九〇

硬套，强调要有自己的观点，他的科研选题完全适应中国心血管病重要疾病构成的时代变化，“我们的研究一定要立足于中国现实情况，为广大病人服务。”

他更是一位赤诚的爱国者。除了积极响应国家号召，服务各地和参政议政外，这一点还体现在许多平日的小细节里。例如，经常会有国外专家询问陈灏珠一个相似的问题：“您曾在美国或欧洲哪一所医学院校或研究机构学习或工作过吗？”他总是自豪地回答：“我只在中国的医学院接受过教育，完全是‘中国出品’。”他的许多同窗好友都旅居国外，其中一些在美国、新加坡、加拿大、澳大利亚开业，成为知名的医生，别墅、名车等世俗认为成功的标志全有了。每当与旧友相聚，追怀往事，唏嘘感叹之余，总会有朋友询问他是否考虑过去国外定居，他却说：“留在祖国不只是一种传统的感情，这儿是我的根，我在新中国成立的同一年成为了一位人民的医生，参加了新中国的建设，得到培养而逐渐成长，由此我满怀感激，我想我应该为国家做些事情。”他更为祖国医学事业的发展而感到由衷的骄傲和自豪，每当有好友在垂暮之年有回国定居的念头，他都极力鼓励：“国家现在发展迅速，形势这么好，我觉得你们回来的话，可以做的事情会更多。”

无论在上述任何一个方面，陈灏珠为我国医学事业发展所做的巨大贡献都是无可争议的。1997年，他当选为中国工程院院士，成为我国心血管病学界第一位院士，这也是国家设立的工程技术方面的最高学术荣誉称号。1998年，陈灏珠受到时任中共中央总书记兼国家主席江泽民的接见，这也表达了党和政府对知识分子巨大的鼓励和充分的肯定。陈灏珠当选院士后，积极响应党中央的号召“当奉献楷模，做创新尖兵”，为心血管病学术领域的年轻科学家们做出表率。2003年，他获得上海市“医学荣誉奖”；2006年，陈灏珠因为在我国心血管病介入性诊治技术发展中做出的开拓性贡献而获得中华医学会“中国介入心脏病学终身成就奖”，同年，他所带领的“血管内超声及多普勒技术在冠状动脉疾病诊治中的研究与应用”课题荣获了国家科技进步二等奖。

2010年3月24日，上海市科学技术奖励大会在上海展览中心友谊会堂隆重举行。会上，85岁的陈灏珠荣膺2009年度上海市科学技术奖励的最高奖——“上海市科技功臣奖”。时任中共中央政治局委员、上海市委书记俞正声为他颁奖，这是上海市政府对他60年如一日奋战在临床第一线，对现代心血管病发展做出创造性贡献的肯定与褒奖。陈灏珠代表获奖者发表了获奖感言："勤学获新知，深思萌创意，实干出成果。"这是他的座右铭，也正是凭借着勤学、深思、实干的这股劲儿，使他在医学事业上取得了令人瞩目的成绩。会后，陈灏珠回想起他60年的职业生涯，感慨万千，欣喜之余赋诗一首《庆三度立功》：

庆三度立功

曾为雄师灭吸虫①，敢就危邻入关东②，
济世悬壶初出道，江南塞北以立功③。
思劳尽日研医教，奋战连年受奖丰，
今日再登功臣榜，缘由德技达新峰。

① 指1950年为上海郊区解放军治疗血吸虫病。
② 指1952年参加上海抗美援朝医疗队在东北为志愿军服务。
③ 上述两项工作分别获三等功和一小功。

2015年12月，在中华医学会成立百年之际，大会授予30位资深医学科学工作者"中华医学会百年纪念荣誉状"，陈灏珠位列其中。他们大都已步入耄耋之年，把毕生都贡献给了我国医疗卫生和人民健康事业。颁奖词中有这样一段感人的肺腑之言代表了无数人的心声："我们感谢他们满怀医者仁心，在各自平凡的专业岗位上数十年如一日，刻苦钻研医术，精心为患者服务；感谢他们勇于坚持真理，锐意攻坚克难，勇攀医学科学高峰，为祖国争得荣誉；感谢他们传道授业，为人师表，为国家培养了一批又一批优秀医疗卫生工作者；感谢他们始终坚守理想信念，拳拳赤子报国之心，为全行业树立了爱党、爱国、敬业、奉献和大医精诚的典范！"

2016年12月，93岁的陈灏珠荣获"敬佑生命•荣耀医者公益评选活动"颁发的首个"生命之尊奖"。这一奖项作为该评选活动的最高奖项，是唯一一个由评审团一致提名、商定、推举的奖项，旨在表彰国内外享有声望的、其研究具有开拓性里程碑意义的、医学专科领域奠基人。"作为中国的医生，在任何时候都要保持和发扬我们民族刻苦耐劳、不屈不挠、团结奉献、不怕牺牲、去争取胜利的精神，这是伟大的中华民族之魂。"陈灏珠在颁奖典礼上说道，"重塑医者尊严、树立医者典范，构建和谐医患，助力健康中国需要全社会的认同和参与，这与每个医生、病人、普通民众都休戚相关。我也是医生中的一员，将继续以身作则，为社会医疗事业发展继续贡献一己之力。"2017年9月，陈灏珠又荣获了首届国家名医高峰论坛"国之大医特别致敬奖"。2018年9月，复旦大学附属中山医院授予陈灏珠"终身荣誉教授"。

中国人民解放军 肾脏病研究所用笺

灏珠学兄：

您好。

来信已收到，适逢我去美国开会（ASN），昨日始回到南京，迟复为歉。

申报工程院院士事，我兄当之无愧，我很乐意作为推荐人，只是材料文件准备困难，今年对此要求颇高，一俟工程院正式通知下达，即寄上送。

此颂

秋安

黎磊石

96.11.10.

210002

南京中山东路305号

通信：南京军区南京总医院

Tel. 4403110，4403111

同濟醫科大學

Tongji Medical University

陈灏珠教授，

首先祝贺您当选为"中国工程院院士"（内部消息，尚未正式公布），我由衷为您高兴。

今年十二月中旬将在北京召开教材会議，同时進行医学教育改革的讨论（教委有人参加）。在這次会議中将决定第五版教材的主编人。您是《内科学》的三、四版主编人，身体健康（72岁），我本人完全同意您的意见，继续担任第五版主编，驾輕就熟，一定能更好地完成任务，並表示感谢！

我本人不拟再担任第五版主编，拟请我的学生吴在德教授（69岁）接任。当然，這仅是我的推荐，尚要通过会議讨论。

我已高龄（83岁），但仍耳聪目明，有时尚能上台手术。究竟是老了，所以应及时引退为好！

祝好！

裘法祖

97,11,11

地 址：中华人民共和国 湖北 武汉 航空路13号
Address. Hang kong Lu. Wuhan. Hubei. The People's Republic of China
邮 430030

2010年3月25日的《解放日报》和《文汇报》头版同时刊登了上海市委书记俞正声为陈灏珠和管彤贤颁发"上海市科技功臣奖"的照片

解放日报

JIEFANG DAILY

2010年3月25日 星期四

胡锦涛与阿富汗总统会谈一致同意

拓展中阿全面合作伙伴关系

卡尔扎伊表示将努力确保中国在阿公司和人员安全

温家宝主持国务院常务会研究引导民资健康发展

鼓励民企参与国企改制重组

解放日报报业集团出版

新闻热线：63523600 传真电话：63226483

战斗号令：全军支援

总参总政通知要求坚决贯彻落实，把解决群众饮水

胡锦涛就西南地区特大旱灾对当地驻军作出重要

俞正声强调：上海必须在进一步增强自主创新能力上狠下功夫

优势在创新 动力在创新 希望在创新

市科技奖励大会举行，管彤贤陈灏珠获科技功臣奖，韩正主持，刘云耕殷一璀出席

全面落实世博科技行动

管彤贤：半生拼出一个"传奇"

陈灏珠：一辈子研究一颗"心"

文匯報

胡锦涛与阿富汗总统会谈表示愿共同努力

五方面构建睦邻互信世代友好关系

2010年3月25日 星期四

俞正声强调上海发展的优势、动力和希望都在于创新

把办博作为促进科技发展重要契机

为科技功臣奖获得者管彤贤陈灏珠颁奖，韩正主持市科技奖励大会，刘云耕殷一璀出席

密切配合地方打赢抗

帮群众之所需解群众

胡锦涛作重要指示要求部队积极投身抗旱救灾斗争

管彤贤：创新振华

陈灏珠：以管窥心

俞正声强调必须坚持一手抓矛盾化解一手抓依法处置

今年信访工作首要任务：确保世博平安

市信访工作会议召开，韩正主持，王石奇提出要求，殷一璀宣读表彰决定，刘云耕等出席

世博

第九章

参政议政系百姓 创立基金助扶贫

在陈灏珠70年医、教、研的过程中，有着一段在民主党派及政协工作的特殊经历。“从医为民、参政为国”，陈灏珠对待参政议政工作就如同对待医疗工作一样认真仔细，每个提案都结合自己的切身体会，深思熟虑并经过多轮修改后才上交。班子里因为意见不合闹了矛盾，也是他积极地去调解。政协工作还让他更深刻地意识到我国医疗水平发展的不平衡状况，并促使他在家人的支持下设立专项基金支持国家“精准扶贫”战略。

在家人、朋友和同事的心目中，陈灏珠是一个不言他人是非而且很讲政治原则的人。不管是在建国初期的多次医疗任务中，还是被迫离开科研的动荡时期，又或是后来担任上海市心血管病研究所所长期间，对于上级交派的工作，他都能毫无怨言、兢兢业业地完成。他还长期承担着各层高级干部的医疗保健任务，是中央保健局所聘的资深专家，在心血管病的诊断和治疗方面享有盛誉。但他身边的人，包括他的夫人在内从来都没有听他谈论过这方面的工作。不但如此，他对于普通病人的资料也很保密，十分注重病人的隐私。在陈灏珠看来，“无论是高干保健还是普通病人的诊疗，医生与患者之间都是相互尊重和信任的关系，党和政府信任我，我也尽到了一个医生的职责。这么多年，我只能说自己无愧于党和政府的信任。”正是因为陈灏珠的高尚品质，才使他具备了广泛的民众基础。从20世纪80年代末开始，陈灏珠先后当选中国农工民主党上海市委员会主任委员、中国农工民主党中央副主席、上海市政协副主席、全国政协常委等职务，直接参与社会管理和政治活动。

更为难能可贵的是，陈灏珠从领导岗位上退休以后，依然十分关心当时所提出的《努力实现农村初级卫生保健目标》以及《关于改善城市贫困人口的医疗服务的若干建议》这两大重要议题。2007年，在家人的支持下，他捐资设立了“复旦大学陈灏珠院士医学奖助学金”，用以资助家庭困难的医学生完成学业。在国家提出“精准扶贫”战略后，他积极号召社会力量，群策群力，将基金逐渐扩大并更名为“复旦大学陈灏珠院士医学发展基金”，新增“生命之花”医疗扶贫救助项目，旨在支持西部地区心内科医学人才培养，改善西部地区相关医疗技术、设备及环境，帮助当地贫困家庭开展医疗救助。基金承载着陈灏珠“悬壶济世为人民”的远大理想，将继续为中国医学事业发展添砖加瓦！

参政议政、进言献策、为民造福、为国分忧是我的义务和责任

1949年9月，在中华人民共和国建立前夕，由中国共产党、各民主党派和无党派人士、各人民团体、各地区、人民解放军、各少数民族、国外华侨及其他爱国民主分子的代表组成的中国人民政治协商会议第一届全体会议在北平（今北京）召开，同时也表示新中国的

建立具有广泛的民主政治理论和人民基础。1954年12月，召开了政协第二届全国委员会第一次会议，制定了《中国人民政治协商会议章程》，这也宣告人民政协作为人民民主统一战线组织，将继续存在和发挥作用。政协第二届全国委员会第一次会议后，各省、自治区、直辖市分别建立了人民政协的地方委员会。

这里就不得不重新提起陈灏珠的父亲陈国伦。陈国伦在中华人民共和国成立后，曾多次参加广东省新会县各界人民代表大会，被选为第二、第三届特邀代表、县人民委员。1956年，他在广东省新会县政协委员会第一届第一次会议上当选为政协副主席，并从第一届连任到第五届。而在那段时期，陈灏珠则通过为解放军防治血吸虫病和抗美援朝的经历，刚刚对人民解放军和中国共产党的领导制度有了一个初步的认识，部队严格的纪律，为人民、为国家不怕牺牲的爱国主义精神深深地震动了他。他暗暗下决心，努力提高自己的政治觉悟，为祖国的医学事业多做贡献。1963年，陈灏珠带着家人第一次回广东老家探望父亲陈国伦，并得知父亲已经在老家担任政协副主席多年。在促膝长谈中，父亲就像小时候一般回答了许多陈灏珠提出的与“中国共产党领导的多党合作和政治协商制度”和政协职能相关的问题，并叮嘱他要“真心诚意拥护共产党，热爱祖国，听党的话，跟党走”。父亲的引导不但为陈灏珠解答了许多疑惑，坚定了他对于国家政治制度的信心，同时，也在他心里埋下了一颗“参政为国”的种子。

在十年时局动荡时期，人民政协工作受到严重破坏，以致被迫停止活动。1978年2月，全国政协五届一次会议召开，恢复了已经13年没有举行的政协全会，政协工作逐步恢复，并进行了一系列的创新。一些老同志因去世或身体健康原因离休，不少具有爱国情怀和参政议政能力的知识分子加入其中，他们为人民政协工作注入了勃勃生机与活力。1978年，陈灏珠在上海第一医学院和中山医院党委的支持下，当选为上海市政协第五届政协委员，并作为无党派爱国民主人士积极参加上海市政协的工作。从那时起，他才正式开始走进政协、了解政协，并最终热爱政协工作。“我想起父亲当年对我说过的话，觉得自己参加政协工作冥冥之中是受了他的指引，继承了他未完的心愿。”陈灏珠参政议政也是他“济世”理想的体现，“古人有良相济天下之说，而良医悬壶济世，治病救人，惠泽四方。我想作为一个医生，应有悬壶济世之情怀，也需要有‘达则兼济天下’的理想。在十年动荡的时局中，内敛的‘独善其身’是不得已。以自己的专业知识为依托参政议政，是知识赋予的一种品格，也能更好地为人民服务。”他还补充说道：“参政议政、进言献策，为民造福、为国分忧是我的义务和责任。医生治愈的是一个个患者的身心疾病，而政治家的目标是治愈社会生活中存在的顽疾，都是为了大家生活得更好，两者可谓是殊途同归。我们所受的教育及十年动荡，使得大多数人认为莫谈国事是明哲保身的最好方法。但建立和谐社会需要每一位公民有正视现实的勇气和智慧，担当起完善法律制度、建立政治文明的重任。”

参与政协工作后，原本就已经因为临床、教学和科研忙得不亦乐乎的陈灏珠更加不着家了。他的妻子曾经有些担心，他是一直搞业务的，是否能够胜任政协这个重任？而且在经历了十年动荡后，家庭生活刚刚平稳，参加政协工作是否会引起麻烦。陈灏珠对妻子坦言：“既然党、国家和人民都信任我，那我就要把这份工作做好。参政议政工作我的确不熟悉，但可以边学习边摸索着做。”而后他又风趣地补充说：“我作为上海市心血管病研究所的副所长，好歹也是个行政职务，应该有相通之处的吧，你也不要小看了我。”

于是，陈灏珠以百分之百的干劲参与政协工作。他首先从我国基本政治制度和我党的战略方针等理论层面开始学习。“我之前的政治理论知识并不够，所以要多加强理论学习，在工作前树立正确的政治观念和信仰很重要。”而在实际工作中，他就像当副所长一样，办事认真，有条有理，考虑问题十分周到，经常征求周围同志的意见，积极撰写提案。1983年，他被选为第六届上海市政协常务委员。此后，在保证日常医疗、教学和科研之余，他用于社会工作、出席政协会议、参加学习讨论及视察上的时间更多了。作为一名出色的医生，他思维敏捷，逻辑性很强，无论是大会发言还是分组讨论，总是主旨明确，语言流畅精练，并逐渐得到了政协同事的一致认可与尊敬。

1988年，在做了10年政协工作，充分了解各民主党派组成情况和工作性质后，陈灏珠申请加入了中国农工民主党（简称农工党）。农工党是以医药卫生界高中级知识分子为主、具有政治联盟特点、致力于建设有中国特色社会主义事业的政党。陈灏珠先被选为中国农工民主党第六届上海市委员会代理主任委员，后任主任委员，兼任中国农工民主党第十届

01

中国农工民主党上海市委员会

上海医科大学党委
上海心血管病研究所：

接奉我党中央中办发89第045号函知，贵单位陈灏珠同志已当选为中国农工民主党第十届中央委员会副主席，特此通知。

此致

敬礼！

农工民主党上海市委会

一九八九年三月二日

1992年10月，陈灏珠亲笔填写的第八届全国政协委员提名登记表

第八届全国政协委员提名登记表

姓名	陈灏珠	性别	男	出生年月	1924年11月
		民族	汉	籍贯	广东新会
党派	农工	参加工作年月	1949年	健康状况	佳
学历	大学	毕业院校及专业	中正医学院		
		学位或技术职称	教授		
专长		内科 心血管病研究			
现任职务		上海医科大学附属中山医院内科教授 上海市心血管病研究所所长			
简历	1949－1953 上海第一医学院内科学院和中山医院内科住院医师 1953－1980 上海第一医学院、中山医院、主治医师、内科讲师、副教授 1972－1988 上海医科大学附属中山医院心内科主任 1978－1984 上海市心血管病研究所副所长 1980～ 上海医科大学内科教授 1984～ 上海市心血管病研究所所长 1980～ 世界卫生组织心血管病专家咨询委员会委员 1981～1987 卫生部医学科学委员会专题委员会委员 1987～ 全国心血管病防治研究领导小组顾问 1985～ 国务院学位委员会学科评议组成员，临床医学组组长 1988.3－1988.9 农工市委代主委 1988.9～ 农工市委主委 1988.11～ 农工中央副主席 历任市政协五届委员、六、七届常委，七届副主席，全国政协七届常委				

注：是中共党员的在“党派”栏内填写入党年月。

中央副主席。1988年的这次换届后，市委领导班子存在很多的困难和问题，陈灏珠在任职前就知道这是一个比较复杂、纷乱的情况，但既然这是组织交给他的任务，他就迎难而上。他在就职会议上诚恳地说道："任何工作的开展都需要大家一起同心协力，不了解、不熟悉的地方，我们可以通过学习与沟通，大家逐步摸索，开展好工作。作为民主党派之一，我们一定要做好政治协商、民主监督、参政议政的各项工作。"因此，他担任农工党市委主委后的第一件事就是弥合分歧，调解矛盾。当时，每次召开主任委员和副主任委员的办公会议，各位副主任委员意见常常难以统一，为了一个小问题争论不休，有时候一个下午的时间过去了，都不能达成任何有意义的共识。这些分歧还影响到在市委机关各部门、科室工作的同志们，大家意见也十分不统一，整个市委的工作难以推动。为此，陈灏珠与机关各部室工作的所有同志一一促膝交流，深入了解问题的症结所在，并在市委会里提倡相互容忍、慷慨开明、宽宏大量的工作气氛，打造同志间的友谊和信任。他善于发挥集体智慧，鼓励群策群力，促使大家能以开阔胸怀总揽大局，逐步扭转多年没有解决的"团结问题"。他自己以身作则，遇事冷静处理，即使对方拍桌子、瞪眼睛、吹胡子，他也好言相劝，不把矛盾激化。他的这些做法很快就有了成效，每次会议的效率提高了很多，例行的办公会议从原来的每次半天以上，缩短到后来的一小时以内。时任农工党市委副主委兼秘书长左焕琛对这位师长领导十分敬佩："陈老十分沉着，很善于做工作。他紧紧依靠中共上海市委、市委统战部，以宽厚的政治胸怀团结大家。他严于律己，率先垂范，克服重重困难，不久就获得了同志们的信任和爱戴，使各项工作顺利开展起来，这在当时非常不容易。"由于陈灏珠出色的工作和组织协调能力，他此后连任第七、第八、第九届农工党上海市委员会主任委员以及第十一、十二届农工党中央副主席。

加入中国农工民主党并担任农工党上海市委会和中央委员会的领导工作后，陈灏珠在政协的界别就发生了变化，由无党派爱国民主人士界别转为民主党派界别，并成为我国八个民主党派之一的中国农工民主党的代表，参加政协工作。1989年，陈灏珠当选为第七届上海市政协副主席和第七届全国政协常务委员，并连任第八、第九届。在他的倡议下，农工党上海市委会成立了研究室，通过学习、调查、研究，抓热点和难点问题，发挥特约研究

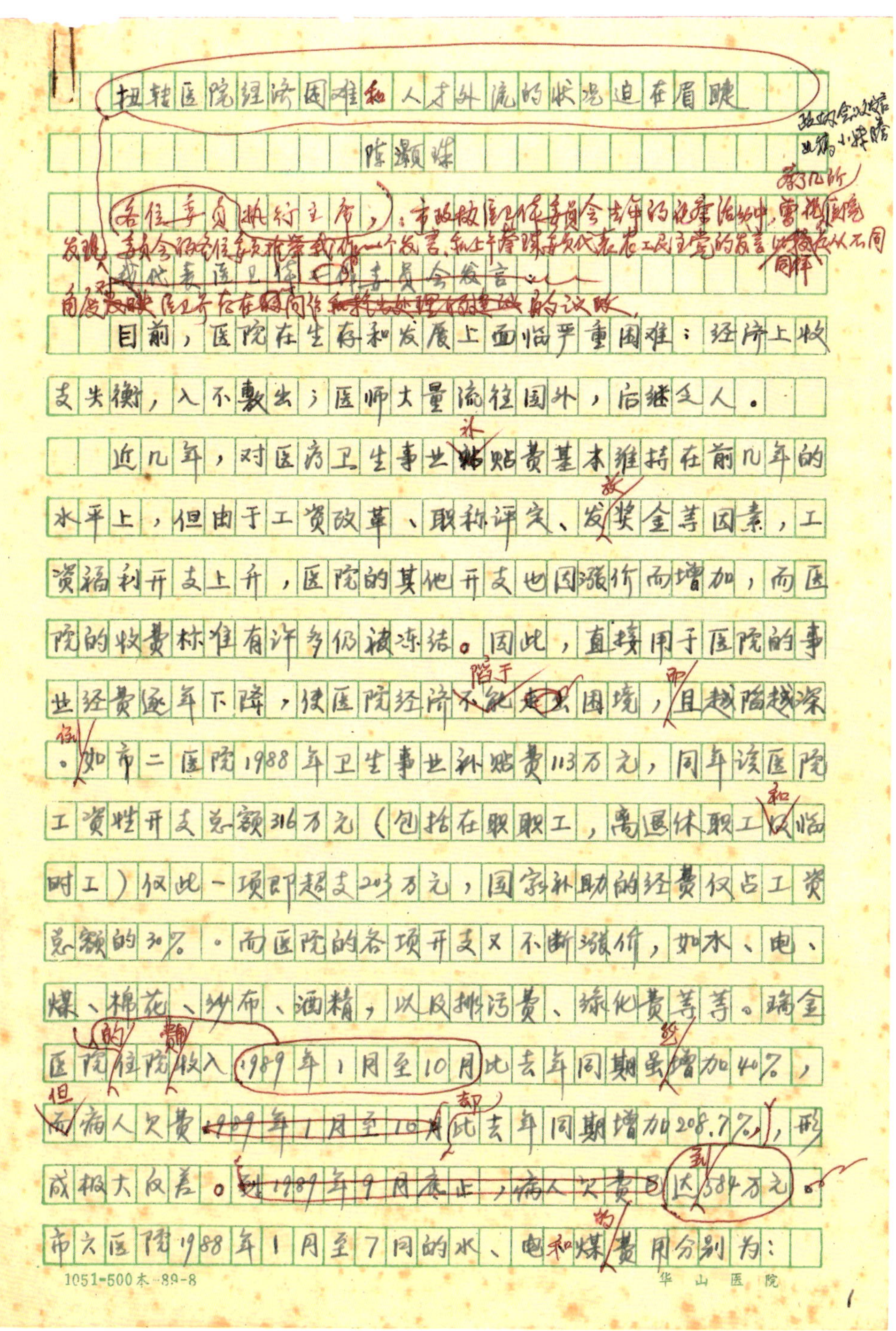

扭转医院经济困难和人才外流的状况迫在眉睫

陈灏珠

各位委员、执行主席：

我代表医卫体委员会发言：

目前，医院在生存和发展上面临严重困难：经济上收支失衡，入不敷出；医师大量流往国外，后继乏人。

近几年，对医疗卫生事业补贴费基本维持在前几年的水平上，但由于工资改革、职称评定、发奖金等因素，工资福利开支上升，医院的其他开支也因涨价而增加，而医院的收费标准有许多仍被冻结。因此，直接用于医院的事业经费逐年下降，使医院经济陷于困境，而且越陷越深。例如市二医院1988年卫生事业补贴费113万元，同年该医院工资性开支总额316万元（包括在职职工，离退休职工和临时工）仅此一项即超支203万元，国家补助的经费仅占工资总额的30%。而医院的各项开支又不断涨价，如水、电、煤、棉花、纱布、酒精，以及排污费、绿化费等等。瑞金医院的住院收入1989年1月至10月比去年同期虽增加40%，但病人欠费1989年1月至10月却比去年同期增加208.7%，形成极大反差。至1989年9月底止，病人欠费已达584万元。市六医院1988年1月至7月的水、电和煤的费用分别为：

1051-500本·89-8　　华山医院

1

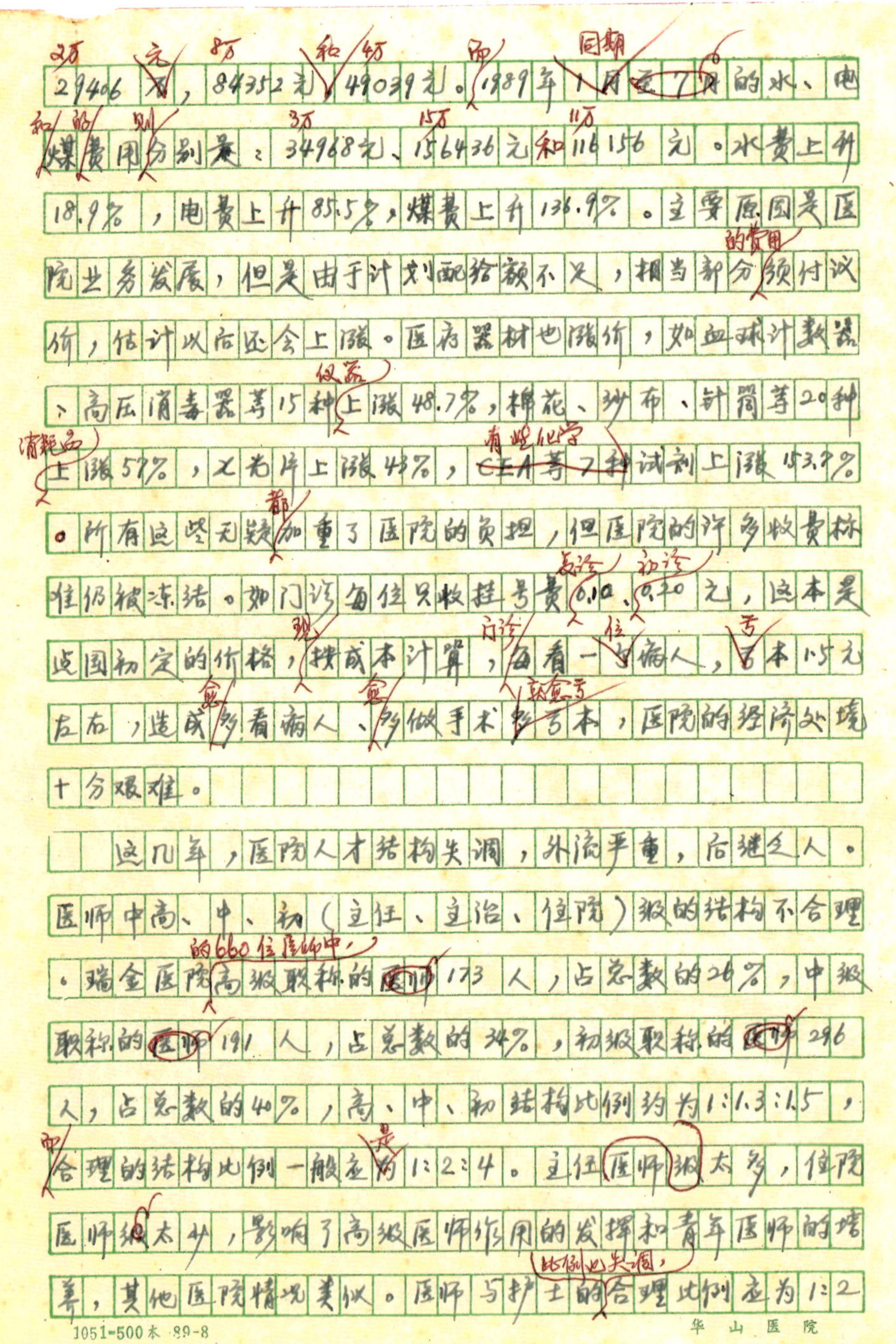

29406元，84352元，49039元。1989年1月至7月的水、电煤费用分别是：34968元、156436元和116156元。水费上升18.9%，电费上升85.5%，煤费上升136.9%。主要原因是医院业务发展，但是由于计划配给额不足，相当部分须付议价，估计以后还会上涨。医疗器材也涨价，如血球计数器、高压消毒器等15种上涨48.7%，棉花、纱布、针筒等20种上涨57%，X光片上涨43%，CEA等7种试剂上涨153.7%。所有这些无疑加重了医院的负担，但医院的许多收费标准仍被冻结。如门诊每位只收挂号费0.10、0.20元，这本是建国初定的价格，按成本计算，每看一个病人，亏本1.5元左右，造成多看病人、多做手术多亏本，医院的经济处境十分艰难。

这几年，医院人才结构失调，外流严重，后继乏人。医师中高、中、初（主任、主治、住院）级的结构不合理。瑞金医院高级职称的医师173人，占总数的26%，中级职称的医师191人，占总数的34%，初级职称的医师296人，占总数的40%，高、中、初结构比例约为1:1.3:1.5，合理的结构比例一般应为1:2:4。主任医师级太多，住院医师级太少，影响了高级医师作用的发挥和青年医师的培养，其他医院情况类似。医师与护士的合理比例应为1:2

1051-500本 89-8　　　　华山医院

2

，而瑞金医院护士仅807人，医师与护士的比例约为1：1.2。市六医院医师总数894人，护士仅490人。护理人员严重不足，是本市医院的普遍问题，致使住院重病人需家属陪或雇护工陪，增加了病人负担，影响了护理质量和病房秩序。近年来，在“拜金主义”、“崇洋媚外”思潮以及公派出国人员在国内外可拿双份工资，一年后，配偶可带孩子出国探亲一年等政策导向的影响下，在医技人员，尤其是中青年医师中，“出国热”不断升温，出国不归者甚多。瑞金医院近十年中，有267名医技人员出国（其中医师215人）回国者至今仅55人。公派91人中，已有41人回国；自费公派91人中仅5人回国；自费出国者无一人回国；另有24人辞职弃课出国。出国者中除一部分人在学外，相当数量的人没有回归意向。市六医院82届至87届大学毕业的医师，共有154人，出国37人，占总数24%，其中82届、83届毕业生出国人数占总数的40%，这些人大部分没有回归意向。中青年医师在短时间内大量流往国外，冲击了医师队伍的稳定性。目前许多中、青年医师埋头学外文、考“托福”、求出国，不安心本职工作。“出国热”影响了医院的医疗质量和正常的医疗秩序，削弱了梯队建设，后果将会严重。

经济上的困难，人才上的断层，已严重影响医院的健康发展，化大力气扭转医院经济困难、人才外流的状况，已迫在眉睫。建议当前应主要抓好以下几项工作：

1. 加强思想政治工作，使白求恩精神重返医院，使全心全意为人民服务成为医护人员的一种自觉追求。思想政治工作削弱，是近几年医院职工政治素质下降，队伍不稳的一个重要原因。医院要把对职工的思想政治工作列入重要议事日程，健全思想政治工作的体制、队伍，探索新形势下思想政治工作的内容、形式、方法和途径。对青年医师要有针对性地开展工作，组织他们学习马列主义理论，了解新中国与旧中国和社会主义与资本主义的正确对比，树立正确的人生观、世界观、价值观，加强职业道德、爱国主义等方面的教育。这项工作要延伸到医学院校、从新生入学到走上工作岗位后，始终认真抓好，形成互相衔接，齐抓共管的合力和体制。榜样的力量是无穷的，医院要认真表扬先进，大力表扬那些为祖国社会主义建设服务的各级医务工作者；党、政和业务技术方面的各级领导干部都要以身作则，全心全意为人民服务，身教重于言教，这也是思想政治工作的一个重要方面。

2. 完善政策，加强管理。医院是为人民服务的卫生福利事业，首先必须注意社会效益，当然，也应有合理的经

员的作用，使农工党的参政议政水平有了较大幅度的提高。他尽职尽责地参与各项社会活动，参加各地视察工作，了解社情民意，并在调查研究基础上，为解决社会热点或重点问题，建立言论，组织编写提案和大会发言稿，向政府献计献策。每年农工党市委会向政府提出的提案中都有多份被市政协评为优秀提案。陈灏珠的个人提案也多次获得优秀提案奖。作为全国政协常委，他在常委会中做过5次大会发言，还在全体大会中做过2次发言，这些发言均受到了有关方面的重视。

“老、少、边、山、穷”地区的卫生事业要重视、要支持

在陈灏珠的个人提案中，大多都与他的本职工作医疗相关。2004年，时任复旦大学常务副校长王卫平教授曾经送给陈灏珠一幅题词：“看陈灏珠教授，治病、治国、治天下。”陈灏珠则谦虚地说：“我从一个普通的医务工作者到上海市政协和全国政协担任领导工作，深感点滴进步都是在共产党领导下取得的。我在参政议政的实践中越来越认识到，中国共产党领导下的多党合作和政治协商的必要性和重要性。我为社会主义现代化建设尽了绵薄之力，做的事情也都微不足道。政协工作期间，我做得最多、也最令自己满意的事情还是从医生的角度出发，对政府提出有关医疗卫生保健工作的建议并得到采纳。”而在这些医疗提案中，陈灏珠最挂心的还是与中国贫困地区卫生事业相关的部分。

在抗战时期流亡大学时的所见所闻和在贵州威宁“上山下乡”、云南抗震救灾时的亲身体会让陈灏珠的心里始终牵挂着“老、少、边、山、穷”这些地区的基础医疗发展情况。在做了全国政协委员后，他终于有机会跟随团队去考察一些中国的贫困地区，发现他们的医疗水平虽有改观，但仍然明显落后于城市许多，便暗暗铭记在心。1995年9月，中共中央《关于制定国民经济和社会发展“九五”计划和2010年远景规划的建议》明确提出：“积极发展各类卫生保健事业，实现人人享有初级卫生保健的目标，加强重大疾病的防治，重点改善农村的医疗卫生条件。”这是我国卫生事业在20世纪末和21世纪初的重要发展目标。陈灏珠在学习了相关文件后，结合研究室研究结果和自身在边远山区的工作考察经

历，于1996年3月9日在全国政协八届四次会议第四次全体会议上，代表农工党中央发表了《为实现我国农村初级卫生保健的目标而奋斗》的提案。提案在总结已有工作进展的基础上，着重阐明了存在的问题和解决建议。提案认为："我国在相当多的地区还不同程度地存在着忽视农村卫生工作的现象"，以及"1993年以后，已经呈现新转机的农村合作医疗再次出现滑坡，全国仅有10%的行政村实施合作医疗，覆盖的农村人口仅一亿左右；农村的预防保健工作不落实，造成了甲肝、乙肝、肠道传染病和某些人畜共患病未能得到很好地控制。"提案建议"国务院和各级政府应加强宏观调控力度，把卫生工作纳入国民经济与社会发展总体规划，列为重要的议事日程。要把农村的初级卫生保健目标是否实现，列入干部任期责任制和政绩考核的重要内容。……并应该逐年加大对农村，特别是对'老、少、边、山、穷'地区卫生事业的支持和财政投入。"这项提案得到了政府决策的高度重视，经凝练后以《努力实现农村初级卫生保健》为题发表在《人民日报》上，全文则被刊登在《前进论坛》上。不得不说，这项提案在今天也还是非常具有现实意义。2015年，国家提出"精准扶贫"战略，尤其重视"老、少、边、山、穷"这些地区的基础医疗建设和发展，强调医疗扶贫的重要作用，有不少表述都是陈灏珠当年提案的延伸。

之后，陈灏珠又将目光聚焦到改善城市贫困人口的医疗服务这一议题上。2000年2月，他向上海市政协九届三次会议提交了由复旦大学梁鸿教授撰写的《关于进一步完善上海市社会救助工作的建议》，并于2001年3月在第九届全国政协第四次会议上，以《关于改善城市贫困人口的医疗服务的若干建议》为题做大会发言，观点载于《人民日报》第7版。在人民生活普遍提高的同时，陈灏珠却关注到了"长期失业者、下岗无业人员、早年退休人员、停破产企业的职工和靠社会救济生活者"在内的城市贫困群体。针对他们常常"小病不看（或不及时看）变成大病"或者"因贫放弃治疗"等情况，他指出："需要从有利于社会稳定和发展的目的出发，对城市贫困人口的医疗服务给予充分关注：①要进一步完善医疗保险制度，加强医疗救助的力度。完善医疗保险制度即意味着提高医疗保险资金的利用效率，社会可分配在医疗救助方面的资金可能得以增多，它的稳定性、可以使用的灵活性也会提高，使更多的贫困人口有机会得到帮助；②要大力发展社会慈善事业，拓宽医疗救助的内容。在政府投入了一定经费的前提下，大力发展慈善事业应成为开拓社会医疗救助的必由之路。推进慈善运动不仅是‘筹钱’，对贫困人口就医来说，更为现实的是要为他们筹建慈善型的医疗服务机构；③完善贫困人口就医的社会医疗救助制度要把贫困人口医疗救助工作办成一个‘花钱少、见效快、得民心的社会工程’。”建立和谐社会，关怀弱势群体，让他们时时感受到国家与社会的爱心与福佑，一直是陈灏珠参政议政的重要主题。他在提案中深情地写道：“我作为在公费医疗、劳动保险制度下工作了52年，而且现在还从事临床第一线医疗工作的医生角度出发，深感我们应该帮助他们解决就医难的问题。”这种持续的关心与重视无形中也促使他在2007年成立专项基金用于扶贫帮困。

除了医疗扶贫帮困外，陈灏珠还十分留意新的国家医疗政策，并及时给予建议。1998年12月，国务院发布了《关于建立城镇职工基本医疗保险制度的决定》，要求从1999年1月开始启动这项工作并用一年的时间完成任务。新的改革政策的施行往往在初期会发生许多小矛盾，陈灏珠等在平时医疗工作中善于观察，并注意倾听民众的意见和反馈。1999年3月，在全国政协九届二次会议上，他们提交了《为“新医保”平稳出台和顺利运行而努力》的议案，建议对“‘新医保’要做广泛、全面、深入、透彻的宣传”，要“抓住‘新医保’出台的有利时机，促进医疗机构的改革和发展，强化服务理念，推广差价收费，调整好医疗机构的定位”等，并呼吁“尽快建立和完善医疗商业保险和医疗援助制度”。

除了陈灏珠所熟悉的医疗卫生领域外，随着工作的深入，他还把目光投向了其他行业。例如，1997年，他针对《企业破产法》实施十年来记录的问题提交了《完善〈企业破产法〉防止利用企业破产搞犯罪活动》；1998年，针对科教兴国战略在实施过程中的问题，他提出《建立技术创新体制推进经济健康发展》的议案；1999年，针对不可降解的塑料袋和泡沫塑料快餐盒严重污染环境的问题，他提出《全民齐心协力治理“白色污染”》的环保倡议；2002年，针对当时会计信息失真的严重性和普遍性，陈灏珠和其他政协委员一起分析了会计信息失真的现状和原因，提出《关于加强企业会计管理工作的若干建议》。这一系列与社会、经济、环保等热点问题相关的提案、主张和建议在当时都引起了广泛的关注。

希望有更多的年轻知识分子能参与到政协的大家庭中来

在政协工作中，陈灏珠不仅仅在“纸上谈兵”提交议案，还常常利用自己的专业优势参与到各式各样社会活动中，为那些需要帮助的人提供具体、切实的帮助。因此，普通民众看到陈灏珠最多的地方莫过于各种社会咨询工作、慈善事业以及老年工作的现场。无论是心脑血管病义务咨询活动，还是筹划慈善活动救助因病致贫的困难家庭，都有他热心参与的身影。陈灏珠还积极参加各种西部边远地区的考察，在关心当地生活和医疗情况的同时，也常常赞叹于我国“西部大开发”所取得的成就。2000年，他与其他一些上海市的全国政协委员由上海市政协王力平主席带队一起考察了青海、甘肃等地。在去敦煌途中，他看到西部边陲的壮丽景观和改革开放所带来的变化，有感写下了《在敦煌路上》和《出玉门关》两首诗作。

在敦煌路上

古道觅丝绸，驱车入沙洲；
筑城连广漠，融雪灌田畴。
垅产瓜李杏，地蕴气石油；
物茂人杰众，窟多莫高优。
昔年征战地，今日竖高楼；
西陲竞开发，风雨永同舟。

出玉门关

烈日炙蒸戈壁滩，挥汗西出玉门关；
举目不见左公柳，侧耳难闻羌笛残。
满眼黄沙连天接，忍见长城剩断坛；
自古疏勒河面阔，于今惟留水半湾。
多情最是滩边草，寂寞犹伴祁连山。
巨手挽得春风到，誓教河西绿洲还。

昆明医学院第一附属医院

第　　页

陈灏珠教授：

您好、来信已收到，至今才给您回信，望谅。

首先，我代表云南省心血管内科研究中心和心内科全体同志向来昆讲学的全体专家表示衷心感谢。您们在百忙中不辞劳苦，不远千里来到西南边疆——春城，为来自全国各地的学员们不倦地毫无保留地传授您们宝贵的经验和丰富的学识，深受广大学员的欢迎和好评。尤其是陈教授工作十分繁忙，到昆后即不休息，无论白天黑夜都为大家讲课，在讲课之余还很耐心地回答学员们提出的一个个问题，态度十分和蔼可亲，使我们十分敬佩。从您那一头的银发告诉了我们，您为祖国的医疗卫生事业，为培养一代又一代的接班人所倾注了多少心血，更是付出了无私的劳动，这是我永远不及，应该向老师学习的。

这次学习班能圆满成功，能做到三满意（教师、学员、主办单位），原因有四：1.上海的专家名声大，讲课成功，教学效果好。2.春城的气候美，有一定的吸引力。3.全科组全体同志付出了辛勤的劳动。4.各级领导的支持。但也有美中不足，通过总结经验教训，进一步改进今后的工作。我们希望今后能有更多的机会得到专家们的指教。在办班期间若有些应考虑不周之处，请多多原谅。

最后代向诸骏仁、倪传镕、姜楞几位教授和陪班医师问好。现寄上（诸主任）陈教授讲课时的照片作为留念。

此致

敬礼

王松龄 敬上

650032 内一 1991.5.16.

地址：昆明市环城西路101号　电话总机：222　电挂：6829　0.50.23.90/06　本院工会印刷室印制

医疗、教学、科研和政协工作占据了陈灏珠大量的休息时间，他的头发也白得特别早。第九届中国人民政协第一次会议期间，时任中共中央总书记和国家主席江泽民同志到农工党和民进党两组看望大家并参加联组讨论，他与大家一起坐定后，一眼就看到坐在他对面但相隔有数米距离的陈灏珠，不胜感慨地说道："在上海工作时就认识陈教授，今天陈教授的头发都白了啊。"江总书记与陈灏珠双手紧握的合影，一直挂在陈灏珠的办公室，这也代表了国家领导对他多年辛勤工作的极大肯定。

2001年，陈灏珠已是77岁高龄，按规定从民主党派和政协的领导岗位上退下来，由年龄较轻的同志接班。因为在过去曾发生过老同志在退休交接时有想法闹情绪的事情，所以在交接班前，上海市委统战部的领导按照惯例到他家探访，准备要做他的思想工作。可谁知见面后，市委统战部的领导同志发现他们的准备工作看起来都是多余的，陈灏珠坦然地接受了组织的安排，认为新老交替是理所当然的，只有这样政协事业才能发展。他的接班人也早就物色好了，是时任农工党上海市委副主任委员、上海市副市长的左焕琛。他说："1978年到现在，我做了23年的政协工作和13年的民主党派工作，我很高兴我的使命现在终于完成了。当初，上海医科大学党委和中山医院党委支持我参加政协和民主党派的工作时，我对政协的具体情况并不很了解，对民主党派的了解更是非常模糊，只是单纯地想着希望能够尽一己之力，为祖国的社会主义建设做些贡献。参加政协和民主党派工作这么多年，对许多情况才有了更多地了解。中国地大物博，人口占据了世界总人口的五分之一，这么广阔的土地和庞大的人口，如何能够很好地治理，使得人民安居乐业，国家繁荣富强，不是像我这样的书生能够做到的。事实已经证明是中国共产党挽救了沉沦中的半封建、半殖民地的中国，事实也将证明中国共产党会把社会主义的中国引向更加繁荣昌盛的未来。中国共产党领导下的多党合作和政治协商制度是我国的基本政治制度，人民政协是爱国统一战线的重要组织，是中国共产党多党合作和政治协商的重要机构，是我国政治生活中发扬社会主义民主的重要形式，希望有更多的年轻知识分子能够热心地参与到政协的大家庭中来，在中国共产党的领导下，共谋国家强盛，共建社会和谐，造就人民幸福。"上海市统战部的文件中对陈灏珠多年的工作给予了很高的评价，认为他自始至终都"重事业发展，轻个人进退”，尤其在政协和民主党派工作的这段时间里，他“双肩挑”，“一边从事医疗、教学和科研工作，一边参与政治协商、民主监督和参政议政工作，两方面的工作都做得很好”。“双肩挑”也成了陈灏珠多年工作的一大特色。

然而，更让人敬佩的是，退下来的陈灏珠并没有闲着，在医、教、研工作之余，他仍然在思考着过去的一些提案，牵挂着提案里那些“城市贫困人口”的医疗救助方案和“老、少、边、山、穷”这些地区的医疗发展状况，除了积极参加各种义诊、咨询和讲座外，他总觉得自己应该还能做些什么。也正是因为他的大爱与坚持，才有了“复旦大学陈灏珠院士医学发展基金”的创立与壮大。

希望每个医学生都不因家庭困难而失学

2007年初，女儿陈芸正好回国休假，一家人如往常一样围在一起吃饭，陈灏珠则会说说他近期的旅途见闻，说着说着，他提起了最近义诊中遇到的一些困难家庭，使他想起了之前在政协时的一些相关提案。女儿听出了父亲的“弦外之音”，便介绍了一些美国的捐赠理念和做法。一家人都觉得捐资支持家庭困难医学生求学的主意不错，既能解决他们的经济难题，又能培养医学人才，一举多得，便决定以家庭为单位，“共同集资”参与捐赠。恰好此时复旦大学教育发展基金会刚成立不久，陈灏珠就让女儿去联系一下试试，不曾想到这开启了基金12年的公益之路。

陈灏珠院士基金10周年

2007年9月，陈灏珠和夫人韩慧华、女儿陈芸捐赠人民币 100万元设立“复旦大学陈灏珠院士医学奖助学金”。该项目着眼于长效性和传承性，参考了美国较为常见的留本基金模式，即在不动本金的情况下，以每年的利息收益资助家庭经济困难但品学兼优的医学生顺利完成学业。在捐赠仪式上，陈灏珠深情地说：“我的大学时代正逢抗日战争，一直处在颠沛流离、饥寒交迫的环境中，这使我对困境中学习的艰辛深有体会。向贫困地区来的学生献上我这过来人的一份爱心，是我多年的夙愿。感谢我的老伴和女儿帮助我完成了这个心愿，感恩回报学校。我们选择医学生作为资助群体，一方面因为我是一名医生，另一方面则是希望受资助的学生能懂得感恩，在未来医生的岗位上帮助更多的病人。今天看到在座同学们的精神风貌，真是无比欣慰，医学事业后继有人。”

正如获奖学生们的感言所述：“陈院士年轻的时候，经历过许多大风大浪。在他谈到这些磨难的时候，他面带微笑，流露出的并不是往事不堪回首或痛苦，而是一种人生的大无畏精神。”“人生总是充满了困难和磨难，这是不以人的意志为转移的。陈老师那种对自己事业的热爱与专注，对生活的那种平和、淡定、从容、淡泊名利的态度，无论处于什么逆境，无论什么样的风雨，都能度过。”“陈院士有十年磨一剑的耐力。”“人生充满了希望，而一切打击和挫折都是宝贵的财富。”“面临困境时，我眼前又浮现出陈老师的微笑，那是人生最好的鼓励。”一句句的肺腑之言，是陈灏珠起于自强不息，止于厚德载物的最好写照。在陈灏珠90周岁生日前夕，在读中的30位受资助学生联名给他写了一封贺信，并用大家的签名拼了一个“寿”字。信中写道：“大学是人生中一个重要的阶段，我们在这里追逐梦想，学习知识，规划未来。很幸运，我们在成长的道路上遇见了您，获得了您的帮助与鼓励。让我们更有信心，坚定地追求自己的理想，对自己的人生目标和承担的社会责任也更为明确——正谊明道，悬壶济世！”

2014年，复旦大学推出“腾飞计划”，致力于让更多勤奋好学的农村学子获得享受中国最优质教育资源的机会，其中医学生占了该计划很大的比例。根据学生工作部统计，学校每年新增入库贫困生将逐年递增100人左右。得知此消息后，基金管理委员会迅速决策，将每年助学金资助人数翻倍，提高至24人。与此同时，随着基金的不断扩大，每年收益增长显著。2019年，在保证资助贫困医学生的前提下，基金管理委员会决定新增“复旦大学陈灏珠院士医学奖学金”以支持优秀医学人才培养，激发他们学习专业知识和投身医学事业的热情，增强开拓和创新的意识，每年奖励名额为本科生及研究生各10名。

在过去的12年里，已有150余位医科学生获得奖助。他们有的还在继续求学，拿着这笔资助开启了自己学习英语的进程：“我知道陈院士的英语特别好，所以我拿着这笔钱学习了雅思。之后无论是在国外医院见习，还是平时阅读大量的医学文献和医学书籍，都为

2013年11月，陈灏珠90岁生日之际，曾获得过“陈灏珠院士医学奖助学金”的学生们给他准备了一份珍贵的礼物

陈灏珠院士：

岁月记载着您的辛劳，我们感念着您的恩情；在这个特殊的日子里，祝福您福同海阔、寿比南山，愿健康与快乐永远伴随您！

大学是人生中一个重要的阶段，我们在这里追逐梦想、学习知识、规划未来。很幸运，我们在成长的道路上遇见了您，获得了您的帮助和鼓励，让我们更有信心坚定地追求自己的理想，对自己人生的目标和承担的社会责任也更为明确——正谊明道，悬壶济世。

陈灏珠先生，谢谢您一直以来给予我们的关爱和鼓励，在座谈会上您的谆谆教诲更让我们受益匪浅。我们会怀着一颗感恩的心精于术业、努力前程，并将公益之心传承下去。

衷心祝您生日快乐，健康长寿！

陈灏珠院士医学生奖助学金受助学生

2013年11月5日

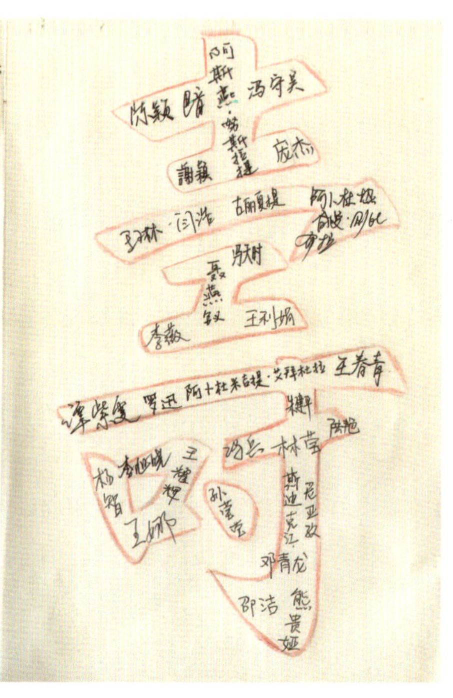

我提供了非常便捷的帮助，也对我将来从事医疗行业打下一个扎实的英语基础。”有的则已经圆满完成了医学院的课程和医学实习，顺利地踏上了工作岗位，秉承着基金的理念，反哺社会，做一名治病救人的好医生：“能获得这份助学金，对我们而言，不仅是物质的激励，更是一种精神上的鼓舞。陈院士言传身教，以实际行动让我们领悟到了医学的伟大，他是我们心目中的标杆。”更有学生决定用这笔资金去完成心中医学援助的理想，将这份医者的“大爱”传播到更远的地方。在未来，这些学生还将组成一个爱心志愿者团队，参与到基金扶贫项目的各个环节中，为基金发展“添砖加瓦”。

构建具有复旦特色的医学人文教育体系

2013年年末，在陈灏珠的鼓励下，女儿陈芸决定全职回国帮助父亲打理公益项目：“爸爸从小到大都教育我们，做任何一件事情，既然开始了，就要尽力把它做好。他明年就90岁了，我觉得我应该回来帮他完成心愿，把我们的公益项目发展起来。”对于女儿选择回国，陈灏珠自然是满心欢喜，但他叮嘱女儿道：“我对基金有三个基本要求：一是一定要踏踏实实做事情，不虚名，不浮躁；二是要牢记培养医学人才的初衷；三是项目要以国家、以学校需求为先。”

2014年11月，在陈灏珠90岁生日之际，原“复旦大学陈灏珠院士医学奖助学金”更名为“复旦大学陈灏珠院士医学人才培养基金”，并以“医艺承扬”为题举行了基金启动仪式。经过团队的不懈努力，在之后的一年时间里，基金本金从之前的100万元上升到了近400万元，并在持续累加中。在基金的筹资过程中有两大亮点：一是社会力量，尤其是企业力量的加入，他们不仅捐资扩充基金，还积极参与到志愿者团队中，为基金项目出谋划策。二是基金的发展首次得到了许多热心公益事业的艺术大师的鼎力支持。陈佩秋、周慧珺、周斌、郑孝同等知名艺术大家纷纷捐出自己的书画作品，用以支持基金的筹募，呼唤更多社会力量关爱医学人才，支持医学教育事业。

随着基金规模的扩大，陈灏珠带领着基金管理委员会也在思考着更有意义的资助项

2014年11月，以“医艺承扬”为主题的复旦大学陈灏珠院士医学人才培养基金启动仪式顺利举行

目。艺术家的加入无疑给他们增添了灵感。2017年1月，复旦大学上海医学院成立"人文医学中心"，将人文医学教育和医学生思想政治教育有机融合，不断推进"人文医学核心课程群建设"，全面提升医学生人文精神和职业素养，培养服务健康中国国家战略的有温度的拔尖医学人才，这与陈灏珠所提出的"医德高尚"和"人文情怀"不谋而合。2018年5月，在上海复旦大学教育发展基金会和上海医学院的大力支持下，"医艺承扬大讲堂"应运而生。古罗马著名医学家盖仑曾感慨："医学既是一门博深的科学，又是一门伟大的艺术"，"医艺承扬"的寓意是将艺术融入医学教育中，继承和弘扬医学人文的精神和美德，提升医学生的综合素质。大讲堂将通过邀请艺术名家与医学大家进行跨界"学术对话"，促进艺术与医学的"火花碰撞"。探索并创新艺术与医学再融合的新模式，传递医学教育中以人为本的人文精神，更好地培养医学生的使命感和责任感，不断丰富医学生的整体素养，让医学生更富有同情心、更善于思考、更好地理解人与人之间的关系，为其未来的从医之路奠定必要的基础。在启动仪式上，94岁高龄的陈灏珠为学生们上了大讲堂的"第一课"，他从医德高尚、作风严谨、技术精湛、热心教学、努力科研和终身学习六个方面，阐述了如何"做一名好医生"。

之后，"医艺承扬大讲堂"还将以移动课堂的形式，深入书院、学院、医院，举办"东西方艺术文化的跨界与创新""艺术影像与医学影像的碰撞""从手术刀到指挥棒""医学与美学""医学与音乐"等一系列专题讲座，从医学家、艺术家的不同视角展开交流与探讨，积极构建学校探索"美育于医"和"以艺育人"的实践平台，为构建具有复旦特色的医学人文教育体系而努力。

探索创新医疗扶贫新模式

2015年1月，习近平总书记在视察云南扶贫情况时提出，扶贫开发"贵在精准，重在精准，成败之举在于精准"。其中，健康扶贫是直接面对因病致贫与返贫问题最为有效的措施。"十三五"脱贫攻坚规划把健康扶贫作为脱贫攻坚的一项重要工程，而广泛动员社会力量参与扶贫开发是中国特色扶贫开发道路的重要制度安排。女儿陈芸敏锐地发现父亲陈灏珠对这些新闻的关注程度非常高。陈灏珠便说起了1996年自己提出的《为实现我国农村初级卫生保健的目标而奋斗》的提案，当时，这个提案引起了广泛的重视。不久以后，中央扶贫开发工作会议就部署开展了东西部扶贫协作，以东部发达省市对口帮扶西部贫困地区为主要方式支援地区扶贫开发建设。而当时上海在中央的安排下对口帮扶的对象就是云南，并在20余年的时间里，形成了“政府援助、人才支持、企业合作、社会参与”的帮扶工作格局。陈灏珠还和女儿说起了自己在贵州和云南山区工作时的所见所闻，“老、少、边、山、穷”地区的基础医疗发展一直牵动着他的心。既然现在基金已经逐渐壮大了，那是不是能设立项目助力云南健康扶贫呢？什么样的项目最适合基金在初期开展呢？陈灏珠在贵州威宁“上山下乡”时提出的“基层卫生员培训班”项目给了大家灵感。“授人以鱼不如授人以渔”，如果把当地医生都培养好了，那不就能造福更多的当地病人了吗？

基金管理团队说干就干，积极与政府、企业、学校、医院各方联络，共同参与方案制订与实施。2015年11月，基金新增“生命之花”项目，旨在支持西部地区心内科医学人才培养，改善西部地区相关医疗技术、设备及环境，帮助当地贫困家庭开展相关医疗救助。2016年6月，在上海市人民政府合作交流办公室、上海市卫生和计划生育委员会、云南省卫生和计划生育委员会、云南省沪滇对口帮扶合作办公室、复旦大学、复旦大学附属中山医院、上海市心血管病研究所、复旦大学教育发展基金会、上海怡灏康健投资管理有限公司等各方的大力支持下，首届“沪滇心血管内科新进展培训班”在复旦大学附属中山医院如期举行。在为期两周的培训中，由陈灏珠、葛均波两位院士领衔的20余位中山医院心内科、上海市心血管病研究所医生、教授团队从心血管内科理论知识、临床应用及实践、新进展及前沿课题、病房观摩等方面，精心呈现了25堂内容夯实、精彩各异的课程，为50名来自云南省从事心血管临床工作的医务人员带去了丰富的知识和充实的学习生活。学员们在上海感受到了家一般的温暖。在学习的过程中，陈灏珠院士亲自为他们授课、带领他们查房，一站就是两三个小时；葛均波院士百忙之中抽空为他们讲课并演示手术，其他教授也都常常是手术连上课，上课接手术，把所有的休息时间都奉献给了他们；他们还惊叹于上海市心血管病研究所尖端的技术设备、浓厚的学术氛围与医生们的高超医术，为他们充实了知识、传授了技术、开阔了视野。在结业仪式上，陈灏珠院士还亲自为每个学员颁发了结业证书，并与他们一一合影。学员们感动地说："两周的学习时间虽短暂，但我们一定不会辜负教授们的谆谆教导，把所见、所学带回家乡，为家乡人民造福的决心将会坚持永远。"培训班从2016年开始，每年6月开班，至今已经成功举办了四届，有近200位来自云南的内科医生顺利完成培训工作，获得了结业证书。从第二届起，培训班还在上海市心血管病研究所和东方心脏病学会议大会的大力支持下，全程免费参与每年同期举办的东方心脏病学会议的主题报告及讲座讨论，享受到国内外顶级的心血管病学术盛宴。2019年的结业典礼上，95岁高龄的陈灏珠刚经历了腰椎间盘狭窄压迫神经导致双腿异常疼痛，靠打针、吃药才略有好转，但他坚持在家人的帮助下来到现场为所有学生颁发结业证书，并语重心长地说："我是有诺必践，也希望大家在回到基层后能尽心尽力地救助病人。"

然而，正如同培训班学员所说的，两周的学习时间太短，不能把精湛的医学技术学习透彻，也没有动手实践的机会，有些可惜。陈灏珠与基金管理团队商量，提出了"先学、后教、再做"的六字方针，最终决定于2017年起开设为期六个月的"沪滇心血管介入诊疗规范化带教进修班"。进修班联合复旦大学附属中山医院、交通大学附属瑞金医院、交通大学附属第六人民医院三家医院共同承担培训工作。首批18位学员，分成6组手术团队，每组均包括医生、医技师、护士三人。三大医院根据医生、护士、技师的不同背景及需求，为他们量身定制了六个月的带教计划，由受聘国家卫计委冠心病介入导师或护士长亲自带教，制订每个月的完成目标，并定期检查考核，力求使技术专项进修更多元和有效。2018年又有五组团队来到三家医院参加培训。这11支队伍从云南各大小医院而来，省医院、西双版纳州医院、曲靖市医院、祥云县医院、大姚县医院等，他们有医生、有护士、有技师，年龄跨度从刚踏入医院不久的90后小护士到从医20多年的主治医生。在半年的时间里，他们亲身参与了抢救、手术等各个环节，医疗水平得到了显著的提高。

他们体会到了三所医院的规范化操作。"初到中山医院，我们的第一感受是学习氛围浓厚。医院严格的带教流程管理给我们留下很深的印象，每名进修生入科前均需参加医院

自2016年起，90多岁高龄的陈灏珠每年都亲自为“沪滇心血管内科新进展培训班”的学员们授课、签名赠书并颁发结业证书

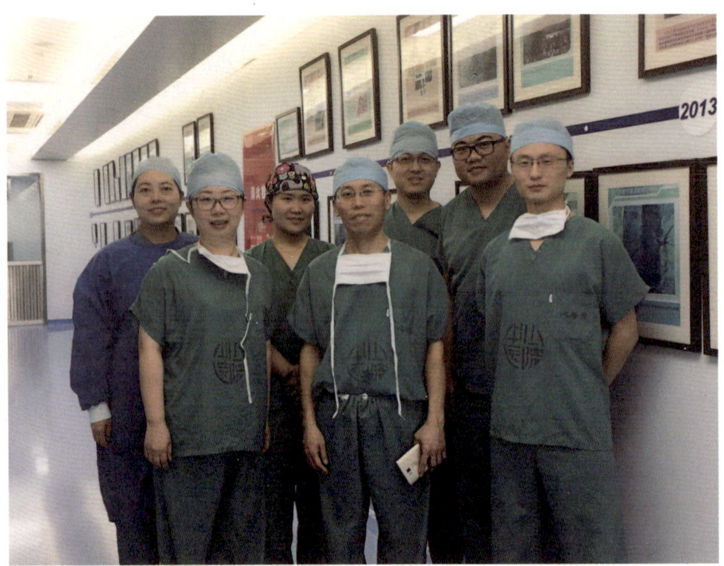
2013

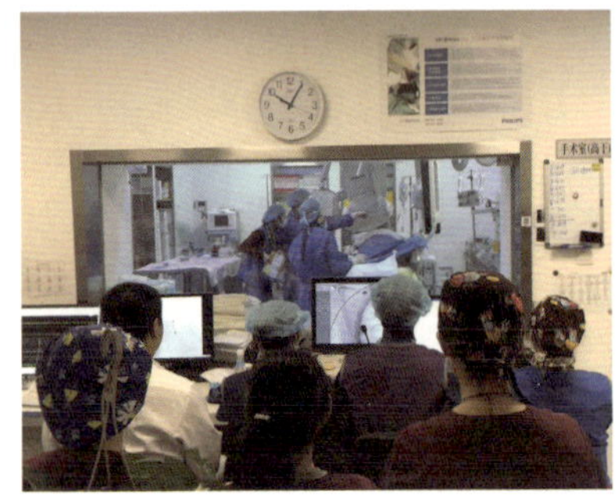

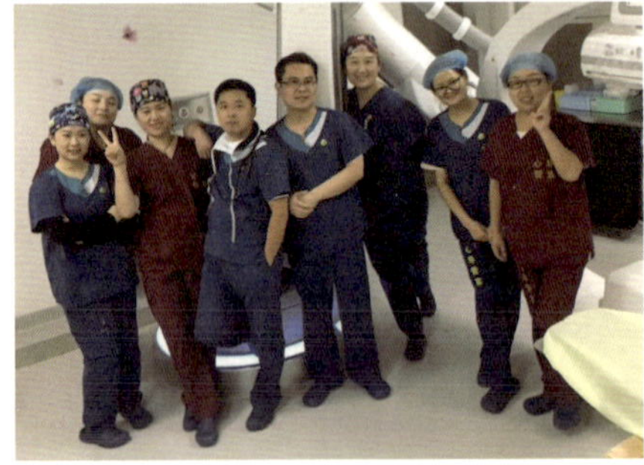

安排的岗前培训，包括医院简介、规章制度、工作流程及各项抢救操作等，并进行考核。进入科室后，采取一对一的带教方式，带教老师通过详细的讲解，让我们了解每台手术的配合过程、术者的习惯、术中注意事项等，为我们后期顺利配合手术打下了坚实的基础。每项操作都是经过统一训练，杜绝了手术中的个人习惯，使我们受益匪浅。”

他们学习到了精湛的技艺。“进修学习过程中，我们能够熟练掌握心血管系统的常见病、多发病的诊断和治疗，并在CCU中对急、危、重、疑难病例的诊疗方面有了相当大的提高，同时见识了一些少见病，开阔和提高了临床思维能力。我们掌握了心血管介入更加规范的操作流程，我们熟练掌握了冠状动脉造影术、简单冠状动脉病变的PCI术、急性心肌梗死PCI术、简单先天性心脏病的介入封堵术，对冠状动脉分叉病变、主干病变、钙化病变、CTO等复杂病变的介入诊疗技术有所熟悉和了解，学习了心脏起搏器植入术、左心耳封堵术、同时熟练了解了冠状动脉旋磨术、IVUS、OCT、IABP的操作流程、识图判断及下一步处理。”

他们得到了带教老师悉心的教导和无微不至的关心。“作为一名合格的医生，除了要有扎实深厚的理论知识、精湛娴熟的医疗技术，同时也要具备一颗矢志不渝的仁爱之心。在六院导管室的各位老师，都十分关心和爱护每位患者，他们想病人之所想，急病人之所急，不辞辛苦，竭尽全力为病人解除病痛。他们有一颗谦虚谨慎的心，善于向其他同行交流和学习，同时又是一位合格的老师。我们在日常的学习工作中，不仅学到了他们的心脏介入技术，还学习到了他们谦虚的学习态度，豁达的胸怀。在纷繁复杂的学习、工作中，我们不可避免会出现这样、那样的错误，但是带教老师们都以宽厚包容之心对待我们的错误与不足，并在日常的实践中指出我们的不足，更正我们的错误，规范我们的操作。我们在这里不仅学习了先进的技术，丰富了理论知识，也在这里感悟了人生。导师们不仅有着丰富的专业知识，还有着深厚的人文素养。”更让人欣喜的是，这种带教模式并没有因为学员回到当地而中断，他们与上海的带教老师之间建立了微信群，遇到无法处理的棘手问题时，他们会在群里咨询上海的专家，从而获得更好的救治方案。

而他们的所学终将被带回到贫困地区，造福当地百姓。“作为一名基层县级医院的心内科医生，目睹了太多病人，特别是急性心肌梗死的病人，因不能及时救治而致死、致残的惨痛经历，多少个家庭也因此陷入困顿，这更加坚定了我们努力学习先进技术的决心。我们将在以后的工作中，把在上海学到的新知识、新项目、新技术带回去，在当地生根、发芽、开花、结果，努力提升自己的综合素质及技术水平，为更多的病患服务，不忘初心，不负使命。”

理论学习与高级进修使得云南相关医务人员的业务水平得到了极大提升。看到项目有所成效，大家都欣喜不已。陈灏珠高兴地说：“希望我们的扶贫项目能像人体的心脏，把带着氧气的血液输送到人体的各个角落，形成一个贫有所医、医有所长的正循环。”

2017年，随着基金宗旨的深化，“医学人才培养”已经不足以涵盖基金的主要项目，因此，在基金成立十周年之际，最终定名为“复旦大学陈灏珠院士医学发展基金”。

然而，对基金管理团队而言，他们深知这只是基金参与“医疗扶贫”的开始，“生命之花”项目的目标不仅仅是一两个培训班这么简单。为了真正达到“小病不出乡、大病不出县”的医疗发展目标，团队在社会各界的支持下积极筹措“福平”医疗救助基金，致力于帮助贫困群众看得上病、看得起病、看得好病，为罹患重大疾病的贫困户提供更多医疗救助。取名“福平”，意喻“幸福健康、平安喜乐”。复旦大学附属中山医院葛均波院士团队将工作奖励金300万元全数捐赠作为“福平医疗救助基金”首笔启动资金。基金首个救助项目“心•肝宝贝”计划已于2017年正式启动，为先天性心脏病和肝疾病患者提供医疗救助。2017年8月，基金成功资助云南永平县的6岁先天性心脏病患儿杨康琳丹及48岁的严重肝硬化患者王明学赴复旦大学附属中山医院，由葛均波院士和樊嘉院士亲自主刀，分别完成了心脏及肝脏治疗手术。小琳丹先天室间隔缺损，稍微活动后就容易头晕伴明显乏力。她三年前失去父母，与年迈的外祖父母生活在一起。数万元的手术费用一度令这个命运多舛的家庭望而却步。在来到上海前，她从未接受手术治疗。王明学是两个孩子的父亲，和妻子常年在外务工。作为顶梁柱，王明学的肝病重创了原本就经济困难的家庭。这次救助在社会上引起了强烈的反响，大家纷纷捐资支持这一计划。以此为起点，“心•肝宝贝”计划将每年救助4~10名先天性心脏病患儿和1~2名肝病患者。为了尽可能找到最需要帮助的患者，“心•肝宝贝”救助对象的确定将经过严格筛查，目前定位于6~16岁的先天性心脏病患儿，

2019年8月，陈灏珠与“心·肝宝贝”计划首位获资助的云南永平县6岁先天性心脏病患儿杨康琳丹合影，杨康琳丹在2017年接受手术治疗后恢复良好

复旦大学附属中山医院
复旦大学陈灏珠院士医学发展基金
心肝宝贝 公益救助

复旦大学附属中山医院医疗队与陈灏珠院士医学发展基金管理团队共赴云南省第一人民医院开展“心•肝宝贝”公益救助手术

心·肝宝贝 公益救助

来自建档立卡贫困户，品格良好；肝病患者以建档立卡贫困户、对社会有突出贡献者优先。2018年9月，中山医院先天性心脏病和肝外科手术专家团队分别奔赴云南昆明和大理进行手术，中山医院院长樊嘉院士与中山医院心内科主任葛均波院士坐镇上海远程会诊中心亲自指导手术的进行，在救助病人的同时，为当地医生起到示范、带教作用。其中，肝外科手术专家团队共带教了2台高难度的肝肿瘤切除手术；先心病手术专家团队共为7位先心病儿童进行了手术，圆满完成了2018年的救助目标。

在这一切的背后，陈灏珠始终默默地关注并支持着项目的进展情况。“我们想为西部贫困地区贫困家庭的先心病和肝病患者做些事情，一方面能为他们提供最优的医疗救助，另一方面为他们解决后顾之忧，不要‘因病致贫、因病返贫’。”

2019年10月，以“沪滇心血管内科新进展培训班”和“沪滇心血管介入诊疗规范化培训带教进修班”的成功经验为蓝本，上海国际信托有限公司捐资陈灏珠院士医学发展基金，设立“上善”系列中西部及欠发达地区医护人员再培训慈善信托。在江西省卫生健康委员会、复旦大学附属中山医院、上海市心血管病研究所、复旦大学教育发展基金会以及上海怡灏康健投资管理有限公司的支持下，慈善信托资金将以江西省为试点，重点资助井冈山地区基层医疗卫生服务体系和人才队伍建设，开展新一轮“心血管内科新进展培训班”和“心血管介入诊疗规范化培训带教进修班”，扎实推进革命老区卫生事业的持续发展。

除此之外，基金还联合中国初级卫生保健基金会、中国心血管健康联盟一起推进“大病不出县”国家级重点学科专项精准扶贫建设项目。该项目于2019年7月举办启动仪式，将逐步完成认证和运营工作，并在过程中不断优化和改进，真正为国家医疗扶贫战略服务。

无论是培训进修班的开展、“心·肝宝贝”计划的执行还是之后更多精准扶贫建设项目的启动，都要依靠多元社会主体间的团结协作，他们提供了强大的物质和人力保障，使得项目执行效率极高，取得了良好的效果。而所有的团结协作，皆因为社会各界对陈灏珠和基金项目的信任，他做事认真负责的态度无疑是基金最好的保障。但陈灏珠也深知更多的支持也就意味着更多的责任，他常常嘱咐女儿陈芸不能辜负国家和社会给予基金的信任：“是社会各界的鼎力支持才有了基金的不断壮大，我们任重而道远。”而在女儿陈芸看来，做好医学发展基金不仅仅是她对父亲的爱的表达，更是对他医学理想的继承与发扬：“我希望基金不但能救助更多的病人，还能培养出更多像我父亲一样的好医生，推动中国医学的长远发展。”

“蓄力一纪，可以远矣”，在社会各界的帮助和支持下，基金一定会坚守使命与责任，坚守这份充满意义的医学事业，惠及更多的医学生、医务工作者与病人，绽放“生命之花”！

复旦大学陈灏珠院士医学发展基金

基金设立宗旨

1. 支持并培养更多品德高尚、医术精湛的优秀医学人才。
2. 服务国家战略，集社会合力，开展医疗扶贫救助工作。

基金下设项目

1. 复旦大学陈灏珠院士医学人才培养项目（留本基金）
项目下设“复旦大学陈灏珠医学奖助学金”及“复旦大学上海医学院‘医艺承扬’大讲堂”，旨在支持并培养更多品德高尚、医术精湛的优秀医学人才，提高医学生的人文素养。
该项目为留本开放基金，以每年的利息或投资收益作为奖励资金。
2. 生命之花——复旦大学陈灏珠院士医疗扶贫救助项目（非留本基金）
项目下设“福平医疗救助基金”（含“心•肝宝贝”救助计划）、“沪滇心血管内科新进展培训班”“沪滇心血管介入诊疗规范化培训带教进修班”“上善•中西部及欠发达地区医护人员再培训慈善信托”以及“中国胸痛中心标准化建设与‘行走的医院’升级建设”等，旨在支持中西部地区心内医学人才培养，改善中西部地区相关医疗技术、设备及环境，帮助当地贫困家庭开展相关医疗救助等。

基金管理

复旦大学陈灏珠院士医学发展基金为复旦大学教育发展基金会下设专项基金。此基金采取专人、专项、专门管理。将根据不同项目性质，由基金设立方、主要捐赠人代表、复旦大学教育发展基金会、复旦大学上海医学院、复旦大学党委学生工作部、复旦大学党委研究生工作部等共同组成基金管理委员会，制订基金管理章程，共同管理基金使用。

第十章

中山华山连姻缘　医学人文有传承

工作和家庭本来就很难两全，对身兼数职的陈灏珠来说更是如此。幸运的是，他遇到了妻子韩慧华。作为华山医院护士的韩慧华十分理解并支持丈夫忙碌的工作，默默地挑起了家庭的重担，在最艰难的时期也风雨同舟。而他们的一子一女也在父母的教导和岁月的磨砺中逐渐成才，用他们自己的方式实施着陈灏珠的理想。在这个家庭里，时刻能感受到认真严谨的家风，处处弥漫着医学人文的斑斓情怀。

在离中山医院不远的地方，有数排建于20世纪70年代的上海最常见的普通公寓楼，楼中狭小的楼道间停放着邻居们的几辆自行车，充满了老式公房的生活气息。陈灏珠的家就住在其中一栋的三楼。推门进去，干净、整洁、雅致又温馨的房间展现在面前。屋内书架环绕，散发着一股清幽的书卷馨香；墙角放着几盆绿植，显示出了旺盛的生命力；几个小摆设，一幅《清明上河图》，看得出主人非常有艺术品位，并对东方文化情有独钟；客厅的墙上，挂着长长的全国院士合影照片，让人印象深刻。陈灏珠曾说过："我的军功章上一定有家人的一半，如果不是他们的支持，我也不会取得现在的成就。"

陈医生为人真诚，心地好

中华人民共和国建立初期，当时同为上海第一医学院附属医院的中山医院和内科学院（1965年更名为华山医院）之间还保持着医生轮岗的制度，以促进医院之间的交流。1952年，刚从抗美援朝医疗队回来的陈灏珠遵从组织安排，从中山医院轮岗到内科学院担任内科住院医生，在保健科工作了一段时间。按照20世纪50年代的标准，28岁这个年纪已经算是大龄青年了，由于一直醉心于临床与研究，住院医生的工作又是24小时蹲点在医院，他根本就没有时间谈恋爱。可缘分往往就是这样妙不可言，在这次短暂的轮岗经历中，他认识了内科学院清秀美丽的护士韩慧华。工作中的陈灏珠认真负责，对病人无微不至的关心；工作中的韩慧华热情大方又自信聪慧，常常一点就通。从工作到生活，中山内科医生和华山护士之间的姻缘就这样被牢牢地绑在了一起。有人问韩慧华："陈医生工作这么忙，总也见不到人，你喜欢他什么呀？"她笑着回答："陈医生为人真诚，心地好呀！"经过四年的恋爱，陈灏珠与韩慧华于1956年结为终身伴侣。不久，他们便先后有了两个可爱的孩子，儿子陈韦和女儿陈芸。掐指算来，从结婚至今，他们已经相互扶持、相濡以沫地走过了63个年头。

刚结婚时，家里经济负担重，生活清苦，全家挤在一间狭小简陋的房间里。后来，学校分配了一间两室但中间没有分隔的住房。在生活水平普遍不高、工资收入不多的年代，陈灏珠就坚持把妻子年事已高的养父和养母接到身边赡养，悉心照料，十分孝敬、尊重和关

陈灏珠与妻子韩慧华的合影（上图为1953年恋爱时，下图为1961年结婚五周年时）

2007年，陈灏珠与妻子韩慧华在香港

怀二老，总是尽量保证他们俩住好、吃好。现在，两位老人家早已经逝世，但韩慧华谈起往事，还是对此充满了深情："两位老人家一直夸老陈心地好、人好，我一辈子都有福。两位老人也一直为这个女婿自豪。"1966年，韩慧华参加上海市郊农村的医疗队，在金山县松隐公社农村锻炼了半年；1968年又被安排到浙江省嘉兴地区的西塘公社"同吃、同住、同劳动"半年。妻子不在家中的日子里，陈灏珠一边在"跃进病房"辛苦工作，一边照顾着老人和孩子的生活。在那段艰难的岁月中，因为物质匮乏，生活困苦，全家人身体都不好。体质较弱的韩慧华经常生病，下工厂服务时患了中毒性菌痢疾，发生休克；药物过敏引发高烧和几近剥脱性皮炎；而陈灏珠则是患有肝大、肝细胞"气球样变"和多次肺炎等。一次一次的疾病，因为有全家人之间的鼓励和支持，总算有惊无险，平安度过。

除了尊敬长辈外，陈灏珠和兄弟姐妹之间也一直保持着浓浓的手足之情。哥哥浩琉在吉林省地质局任总工程师；弟弟显求在上海硅酸盐研究所任研究员；弟弟浩琋在棠下中学任教师，妹妹婉梅成了杰出的生理学家，在西安医学院工作。在老家的弟弟浩琋家里最为困难，陈灏珠还会从菲薄的薪金中不时抽出一些钱来资助他。当年陈灏珠的父亲带着全家逃离战乱中的香港时，他的姐姐已经出嫁，随着夫家留在香港。"文革"后，内地和香港之间一度消息隔绝，彼此杳无音信，都深感担心。改革开放之初，音讯中断了十几年的姐姐打听到了弟妹们的确切地址，取得联系后，大家都百感交集。姐姐又担心当时国内物质匮乏，孩子们营养不良，特地从香港邮来大包的日常用品和食品。陈灏珠经常教育自己的两个孩子，亲人之间一定要关怀体贴、和睦相处，他说："我和你们的叔叔、伯伯和姑姑是从来不吵架的。"因此，即便陈家兄弟姊妹不常见面，感情也一直非常深厚。

陈灏珠的"人好心善"不仅仅是对待家人，在对待师长、同事、下属、病人时也皆如此。在陈灏珠回到中山医院工作后，总有华山医院的一些老工人和后勤人员特地找到韩慧华只为了问候陈医生安好，感谢他在保健科工作时给予他们的关心，"陈医生一点大医生的架子也没有，从不会因为我们是后勤工人而对我们另眼相待，真是个难得的好医生。"平时在家里，陈灏珠总会对韩慧华提及那些在事业上对他有过教诲和栽培的师长前辈们，言谈中经常会流露出对前辈们真挚的感情和深深的思念。凡是所里的同事们或是学生们科研工作获得成就，医疗技术有所创新突破，又或是评上了先进精英，陈灏珠都会为之高兴和感到自豪，还会兴冲冲地回家与妻子分享这些好消息，既不居功自傲，也不嫉才妒能。每当这些时刻，韩慧华总觉得自己的选择一点儿都没有错。

在韩慧华的眼里，陈灏珠无疑是个“工作狂”，工作始终放在首位。虽然他也尽力留出时间给家人，但连他们的孩子都知道，爸爸的大部分时间都是属于病人的，为病人服务才是最主要的。韩慧华和孩子们先后几次生病住院，陈灏珠每天即便是有空来医院短暂的探望也必定是在安排好工作之后。20世纪80年代初，韩慧华确定了做全子宫切除手术的日期，希望丈夫能有时间陪伴在身边，可临时接到紧急会诊任务的陈灏珠竟毫不犹豫出差去了重庆，直到她将近出院前才回来。每次去国外开会或去外地出差返沪的第二天早上，陈灏珠雷打不动的是去医院准时上班，再长的“时差”对他来说似乎是不存在的，更不要提什么“补休”二字。每年国家法定的休假日，他几乎完全没有“享用”过。这样的事情常常发生，韩慧华不是没有过“怨言”，但作为一名同样以救死扶伤为己任的护士，她更能理解丈夫的选择和坚持，“医生在老陈的心目中是崇高的职业，全心全意为病人服务是应该尽到的神圣责任；医德高尚是他恪守的誓言；廉洁奉公是他的行医准则。”丈夫对医学事业的热爱无疑也影响、鞭策着韩慧华刻苦钻研业务。她积极报名参加了上海医科大学夜大的学习以及各种进修班。凡是遇到业务和学习上的难题，陈灏珠就成了她的“私人老师”，向他询问总能得到及时的指导和帮助，还经常夸她是个“聪明的学生”。后来，韩慧华凭借自己出色的学习能力晋升为上海医科大学华山医院大内科护士长，在护理事业上取得了不俗的成就，名列在了《华山医院名人录》一书中。

夫妻相处总有着许多十分有趣且让人动容的瞬间。譬如，陈灏珠对于医疗知识的掌握要比韩慧华高深许多，但偏偏他写任何文章，从自娱自乐的诗作到严肃的学术论文，甚至是填写一张个人履历表格，妻子都是当仁不让的“第一读者”，并虚心听取意见。家里不论大小事情，陈灏珠都是先和妻子商量，十分尊重她的想法和建议，从不独断独行。性格上，陈灏珠性情温和，而妻子则脾气急躁，甚是互补。谈起往事，韩慧华笑了起来：“两个孩子年幼时，我的教育方法常常不够耐心，态度有点粗暴，事后老陈都会委婉地劝说，使

我心悦诚服改变态度。还有年轻时，也都是我在家里发脾气，他总是在我脾气发完后再给予安慰，而他自己从来不生气，这样既避免了矛盾发生，又加深了彼此的感情，还帮我逐步克服了性格中的弱点。在这点上，他十分包容我。”1989年韩慧华退休后，由于体质一直较弱，很容易生病。虽然不能时常陪伴在身边，但陈灏珠对妻子的关心丝毫不减，会经常叮嘱她要多休息，多增加营养，还支持她参加一些学习和活动。“孩子们出国后，即使再忙，老陈每年必趁市政协外出考察或有些会议上邀请夫人同行的机会，和我一起出行，使我身心更觉愉快，健康状况也大有改善，晚年生活内容更觉丰富充实。”一家四口始终沉浸在和谐、温馨、欢乐、幸福的氛围中。

可在外“样样都行”的丈夫，在韩慧华看来，还是有一个“小缺点”，那就是“没有一点儿经济头脑和家庭开销观念”。改革开放之前，微薄工资一直是固定不变的，只够勉强维持全家老小日常衣食住行的开销，妻子不提，陈灏珠也从来没有为此忧虑担心过。改革开放以后，多年不变的工资增加了，后来又有了稿费、奖金，但对于工资和奖金究竟发了多少，陈灏珠也记不清楚，回家交给老伴后就不再过问了。虽然生活宽裕好转了，然而他还是保持着以前简朴的生活习惯，不吸烟、不喝酒，连喝茶的习惯也没有，只喝白开水，每日三餐也不挑剔。陈灏珠对于家居用品等更是不过问，衣服、鞋子都是妻子购买或请缝纫师傅缝制，他自己也从不计较。80年代初，出国参加学术会议需要定做西装，韩慧华请他去缝纫师傅处量体裁衣，他工作繁忙觉得麻烦，就说：“你拿一件我的旧西装去参考一下就可以了吧？”可那时候，他的衣柜里根本就没有一件西装。对此，他曾风趣地对妻子说：“那是对你充分信任和权力下放嘛。”但是，家中有一样东西是他记得一清二楚的宝贝，那就是他那些摆满了书架的书籍。绝大部分是医学书刊和文献资料，还有一部分是他所喜欢的“杂货铺”，古今中外、天文地理都有。90年代，他家的住房要重新装修，暂时搬家，整理了80多个箱子的书籍刊物，分类、标签、打包，因为数量庞大，只能分别暂存到几个亲戚和朋友家中，装修完毕迁回原处后再重新整理，前后断断续续花了一年时间才全部整理好。

陈灏珠有许多朋友，从国际知名专家学者、政府高级官员、国外驻上海总领事，到旅居在世界各地的学生和朋友，自然还有众多临床各科室的医生。不过除此之外，他们还有许多特别的朋友，都是妻子韩慧华的“忘年交”。其中包括曾为陈灏珠家缝制衣服的缝纫师傅、装修队的工人，还有商场的职工。在众人眼里，高级知识分子家庭总是非常清高，很难接近，但韩慧华却笑说：“人与人之间的关系都是在相互尊重中慢慢建立的。工程队的小师傅给我们家装修时，还是初到上海，一直喊我‘妈妈’，如今可是大师傅了。”而且去陈灏珠家做客，不管是什么客人，都是不需要脱鞋的，“老陈说过，客人来访，请换鞋是非常不礼貌的。”其实，韩慧华热情、亲切、随和，而陈灏珠谦让、宽容、真诚，所以不管什么社会层次的人，都乐意成为他们的朋友，并且任凭岁月流逝，友情不变。

退出领导岗位后，陈灏珠才有了更多的时间陪妻子，两个人常常在家中翻看以前的相片和信件，回忆过往。对陈灏珠来说，是妻子63年来一直无怨无悔地支持他、关心他，从来不让他在养育子女、日常生活琐事上费一点心，才使他能够一心专注于自己的事业，最终取得一项项傲人的成就，他的“军功章”分妻子一半真是毫不为过。

我们一直为有这样的爸爸而骄傲

而深受陈灏珠人格魅力影响的自然还有他的一双儿女。陈韦和陈芸曾撰写过《我们的父亲》一文，在文章的开头，他们写道：“从电视采访、专题报道和报刊登载，众人眼里所了解熟悉的陈灏珠院士是一位满头银发、精神矍铄、思维敏捷的慈祥老人；他又是一位艰苦创业、孜孜不倦、乐于奉献的名医学者；他还是一位诲人不倦、德高望重、桃李满园的良师益友；但在我们眼里，他更是一位和蔼可亲、严谨宽容、对我们关怀备至的慈爱父亲。”

其实，陈韦和陈芸小时候对父亲还“颇有微词”，因为印象中父亲总在忙碌，既不能准时下班也没有固定的休假日，常常需要留院值班不能回家，甚至深更半夜接到急救任务都是随叫随到。从幼儿园、小学到中学，父亲难得有机会参加他们每学期的家长会，偶尔有一二次也是因为母亲身体不适，连老师都不认识他是哪位学生的家长，陈灏珠还得先自我介绍。尽管如此，陈灏珠还是在百忙之中抽出时间，竭尽所能地关心两个孩子，只要有时间就会陪着他们。国家三年困难时期，物资匮乏，为了保证孩子们的营养和身体健康，陈灏珠

1965年，陈灏珠与妻子韩慧华、儿子陈韦、女儿陈芸在上海

2009年，陈灏珠与妻子韩慧华、儿子陈韦、女儿陈芸在美国

想尽办法买了些罐头食品，全部留给了孩子，而那时，他因为工作繁忙，身体劳累，因此肝脏肿大，其实他才是更需要补充营养的人。

在父亲与孩子之间也有着许多生活趣事值得一一细数。小时候，只要陈灏珠稍有空闲，就会肩上背一个手里牵一个，沿着肇嘉浜路走到徐家汇去买东西。有时买玩具，有时买连环画册和书籍。如脚踏三轮童车、塑料玩具冲锋枪、积木和吹气动物等玩具，在半个世纪后，两个孩子还能如数家珍。有时全家还会一起出动，去豫园、人民公园、西郊公园玩耍，去外滩、南京路观烟火、看彩灯。兄妹俩空闲时常爱玩填字游戏，互相给对方出题目，但每当出到诸如“我们家最先进的人是______”，抑或是“我们家最不容易发脾气的人是______”之类的题目时，答案都只有“爸爸”一个。有一年的暑假上海爆发“红眼睛”传染病，陈灏珠和韩慧华害怕孩子们被传染到，商量后把他们送到了当时还属郊县的莘庄亲戚家中。那个时候家里还没有电话，既没有高速公路，也没有出租汽车，一到星期天，两个大人就会踩着自行车从市区出发到莘庄看望两个孩子，常常到晚上才会离开。有一次陈灏珠骑着自行车一前一后载着孩子们出去玩，说说笑笑一路好不开心，结果一不小心撞上了路边的一堆黄沙，三个连人带车一下子摔倒在地，手臂稍稍蹭破了些皮，孩子们想替父亲保密都不行，只能回家乖乖“听训”。陈灏珠知识渊博、通古达今，古今中外重要的历史掌故无所不知。孩子们但凡有不明白或是有疑问时，都会把正在伏案工作的父亲请来问个清楚。一家人尤其享受一起用餐的时间，陈灏珠会将他的所见所闻，如天南地北的喜闻乐事，或世界各国的风土人情，一一讲给妻子和孩子们听，大家谈笑风生、其乐融融，既增长了见识，又增进了感情。改革开放后，陈灏珠应邀经常去国内外出席学术会议和相关业务研讨会，每次回家时一定会带回一些具有当地特色的精美可爱的小礼品，而且是一式三份，家中自留一份，两个孩子一人各一份。最让妻子和孩子们欢喜的是一年陈灏珠从南国带回来的数颗相思豆，如今红色的豆子颜色已渐渐变浅，但是一家人之间浓浓的爱和深深的情永远不会改变。

虽然陈灏珠对两个孩子在生活中关爱有加，但对他们的学习要求却非常严格。他是孩子们的课外英文辅导老师，为他们打字、抄写英文教材、教语法、造句、背单词，孩子们小时候偶尔觉得学习英文是件非常枯燥乏味的事情，就会偷懒不认真学习，敷衍了事，每每都会受到向来和蔼可亲的父亲的训斥。“爸爸是决不允许我们对待学习马马虎虎的。”兄妹俩异口同声地说。夜深人静，陈灏珠陪伴着兄妹俩，一直到完成作业，满意为止。“现在回想起来，还真要感谢爸爸那时候的‘严厉管教’。从小学、中学到大学，我们的英文成绩一直保持优秀。改革开放后，我们兄妹相继得以顺利出国深造。”爱好人文的陈灏珠还特别请了专业人士教孩子们乐器，每天放学回家哥哥陈韦要练手风琴，妹妹陈芸要练小提琴，每逢有亲戚朋友来家里做客，兄妹少不了合作表演一曲，以至于他们在校学习时被推选出任文艺委员，参加工作后又都是文艺积极分子。

陈灏珠像许多医学家一样，内心深处总是希望孩子们能够学医，但两个孩子似乎对医学的兴趣都微乎其微。虽然孩子的理想和自己不一致，但他从来不会把自己的生活观念强加在孩子的身上，他默默地关注着孩子们的每点进步和每个决策，他会以自己的人生阅历给孩子们一些建议，但更多的是鼓励孩子们自己去思考、去把握、去奋斗、去创造。

哥哥陈韦从小就痴迷于无线电，他希望自己成为一个工程师。陈灏珠想起了自己小时候也曾有过成为一名工程师的理想，就为儿子买了一个收音机，当时花了全家约半个月的生活费，他和孩子一起拆卸，再研究零件，重新组装。陈韦中学毕业时，正值“文革”，无奈只好进了技校，后被分配到工厂当电工。但陈灏珠一直鼓励他不要自我放弃，不要停止自学。恢复高考第一年，陈韦决心重返学校生活，由于学业从来没有真正地中断过，他良好的数、理、化基础，加之当时出类拔萃的英文成绩，使他如愿以偿地实现了自己的梦想，考入复旦大学，学习激光物理。大学四年级时，适逢李政道教授和杨振宁教授联合招收国内物理专业优秀的大学生，并资助留美学习。陈韦又在激烈的竞争中脱颖而出，被美国罗彻斯特（Rochester）大学录取。出国前夜，陈灏珠与儿子长谈至深夜，他告诫陈韦：“要刻苦学习，学会独立思考，不要试图找到现成的窍门和捷径。对国家、朋友和家人，要心地坦荡，正直为人。”之后不久，妹妹陈芸也跟着哥哥的脚步出国深造。只是兄妹俩走时，父亲都没有去机场为他们送行，或许感情内敛的陈灏珠并不习惯“亲人分离何时相聚，回忆往事触景生情”的场面吧。

陈灏珠在美国加州大学尔湾分校参加儿子陈韦的博士毕业典礼

亲爱的爸爸、妈妈：

您们好！

许久没有给您们写信了。自从暑假结束学校开学以来，一直忙忙碌碌。我们在这里一切安好，孩子们都很健康。九月十一日恐怖分子袭击事件没有直接的影响，请不必担心。

上次托沈庆带来的书籍，均已收到，非常感谢。我还想请您们为我购买下列几本书，如果可能的话：

(1)《新法汉词典》ISBN 7532723534

(2)《朝鲜语外来语词典》ISBN 7810008935 和 ISBN 7100028922 两本

(3)《印地语汉语大词典》ISBN 7301048246

(4)《日汉辞海》ISBN 7561031092

(5)《捷克语语法》ISBN 7560005322

(6)《乌尔都语语法》ISBN 7301013957

(7)《日本姓氏读音大词典》ISBN 7301043236

(8)《日本姓名词典》ISBN 7100020069 和 ISBN 7100029775 两本

十月廿六日 Basch 的夫人在斯坦福大学开了 Basch 追悼会，我以爸爸和我们全家的名义送了一只花圈。

向小妹她和妹妹问好。

祝双亲健康长寿！

儿

陈韦上

二〇〇一年十一月三日

第一次离开了温馨的家庭，第一次告别了亲爱的父母，一切从零开始，事事依靠自己，磨难、困惑还有沮丧往往接踵而来。幸好无数次的远洋通话和书信交流，父亲陈灏珠给予了孩子们最大的安抚、鼓励和支持，让他们信心倍增并发奋努力。也正是因为远渡重洋身居他乡，兄妹俩终于体会到了父亲的教育和为人处世所带给他们的影响和力量，他们都继承了父亲心地善良、凡事执着认真的性格，也始终牢记父亲说过的“没有天生的聪颖和愚笨，唯有自身的刻苦和勤奋”，他们依靠自身努力，脚踏实地地在异乡奋斗，最终都在各自领域取得了不俗的成绩。从内心深处，兄妹俩对父亲的崇拜和尊敬是毋庸置疑的：“爸爸是我们心中最了不起的人，我们一直为有这样的爸爸而骄傲。”

2013年，陈芸在父亲精神的感召下，从美国回到中国，全身心地打理起了医学发展专项基金，并在短短的五年时间里，将基金的资金池从百万级上升到了千万级，新增的“医艺承扬”大讲堂项目旨在培养医学生的人文情怀，“生命之花”医疗扶贫项目更是涉及陈灏珠曾工作过的云南、贵州等地。另一方面，陈韦的女儿受到爷爷的影响最终选择了学医。2019年5月，她从美国马里兰大学（Maryland）医学院顺利毕业，并确定在内科领域继续钻研。爷爷送给她的最重要的一句话就是：“做一名好医生。”无论是医学还是人文都有了传承，晚年的陈灏珠心里觉得无比地欣慰和满足。

世代相传的陈家家风

成长、求学、从医、执教、科研、参政、家庭，回望陈灏珠卓越的一生，或许看到这里的你也在细细思量，究竟是什么造就了他的出类拔萃？是他对于医学有着异于常人的天赋吗？恐怕并不是。用他自己的话来说就是：“我是什么样的人，决定了我的行为和我所能取得的成就。”而在这一过程中，塑造陈灏珠的正是世代相传的陈家家风。

党的十八大以来，习近平总书记对家庭、家教和家风建设有过许多重要的论述，例如，“家庭是人生的第一个课堂”“家风是一个家庭的精神内核”“家风是社会风气的重要组成部分”，等等。而陈灏珠一家无疑是优良家风传承的典型代表，陈灏珠所展现出来的人格魅力多半来自他的父亲陈国伦和母亲吴云香，加上他的人生阅历和妻子韩慧华的简朴热情，再教导给自己的一双儿女。但在陈灏珠一家看来，这些生活与工作的细节是如此的理所当然，谁都没有想过去好好总结一番。而作为旁观者，我们觉得“认真勤奋、人文情怀、不言是非、乐观豁达”这十六个字或可对陈家家风聊举一二。

但凡认识陈灏珠的人，都不会怀疑“认真勤奋”这四个字在陈家的分量，这是母亲吴云香留给陈灏珠最宝贵的精神财富。连他的两个孩子都知道：“无论事情大小，爸爸从来都不会敷衍了事，还要求我们也必须做到。”作为一名医生，陈灏珠对病人尽心尽责、一丝不苟，70年来从没有出过任何医疗差错；对于科研，每项课题的立项、设计、实施到最终学术论文的撰写，他一步都不放松；对于教学，他讲过的各类讲义都可谓是千锤百炼，每次上新课前，他都认真备课，补充新的材料。他的秘书周俊医生曾这样形容他的工作状态：“陈灏珠教授的办公桌和书架一直是他自己理得整整齐齐。每次授课的讲义、大会发言到日常一些邮件公函的文件往来，他一定事必躬亲，从来不会让学生或我拟个初稿。每次都是陈教授把写得工工整整的手稿交给我，然后我把手稿输入电脑打印出来，他再仔细校对、修改。对这些文稿，他连一个标点符号都会反复推敲，从不放过。他的认真精神也在潜移默化中影响了我，使我以后无论做什么事，都不敢有一丝一毫的马虎。”而陈灏珠在工作中的勤奋更是有目共睹。他的一位老同事曾说过：“陈教授从事任何一个行业都肯定会获得成功，因为他是我认识的工作最勤奋的人。而且这种勤奋是几十年持之以恒的。他对自己所碰到的一切医学问题都加以钻研，研究得非常透彻，是一个精益求精的人。”在陈灏珠看来，为他过生日，搞庆典都是浪费时间，太奢侈了，不如举办一个学术研讨会相互切磋提高来得有意义。

这种“凡事认真”的精神也体现在了生活的细枝末节中。在陈灏珠的家里，你会在书橱和抽屉里发现大大小小按年份被装订得整整齐齐的册子，有些是历年来陈灏珠编写的书籍和发表的文章，每本册子前他都亲笔详细地标明题目、日期、发表刊物等重要信息方便检索；有些是个人填写过的各类表格、简历、小结等都复制一份按年份妥善保存；有些是名片册，每张名片都被整齐地摆放好，旁边还特别标注了与名片主人的见面日期与地

陈灏珠撰写的论文被按照年份装订排列得整整齐齐

点，方便自己记忆；有些是剪报的合辑，凡报刊登载的重要信息，特别是与专业相关的资料都会被他剪辑下来归类存放，以供以后参考；有些是照片合辑，按年份和事件等一一分类；还有一些是亲友、同事、学生、病人寄来的重要信件，他也都分门别类保存着，不予遗漏。韩慧华特别提及了这点："老陈的这个好习惯不但为我们找材料节省了许多时间，还对孩子们起到了很好地教育作用。"在书橱的一隅，还有着陈灏珠大半个世纪以来的日志本，厚厚的一叠，苍劲秀丽的字体几十年如一日，没有一点潦草的痕迹，更为难能可贵的是，没有遗漏过一天的记录。他客观地记录下每天发生的主要事件，言简意赅，也不多加评述。但这些记录并不都与他有关，有时还会有他的学生论文发表在国际知名杂志上，或者他们去参加了什么会议，以及完成了什么重要工作等这些与他身边人相关的小事。对于他在工作中受到过什么误解或诽谤，又或是遇到过其他各种各样的委屈和不理解，这些种种在日志中从来都没有被提及过半个字。只有在生病的时候，陈灏珠才会提笔在日志里写下"在病中"三个字。还有一个例外，那就是孩子在美国取得博士学位之时，他抑制不住心中的喜悦，在当天的日志上写了一首小诗，高兴和自豪之情溢于言表。陈灏珠的认真还包括他时间观念极强。他有两本随身携带的小本子，一本记录着每天的日程安排，一本则会记录每天见了什么人谈了什么事，就连家人有事要约他，他也必先会翻一翻小本子看看有没有什么冲突。他非常珍惜工作和学习的时间，从来不愿意参与同业务无关的闲谈。会诊、会议、约见等约定好的时间也绝对不会迟到或早退。或许这就是陈灏珠身兼数职，每天各种事务非常繁忙，但任何事情都能按照日程安排处理得有条不紊的秘诀吧。

如果说"认真勤奋"是工作生活的基石，那么"人文情怀"则是陈灏珠享受生活的最佳调剂。从小深受父亲影响的陈灏珠酷爱中国古典文学，家中陈列的书籍里，除了医学书刊外，剩下最多的就是中国古典文学作品。《红楼梦》等古典名著他都看过好几遍，几乎到了可以背诵的地步。每天睡觉前，他都会读一些唐诗、宋词、元曲或文艺书籍。他说："进入诗词的世界，能让心灵褪去浮躁，滋补脑力，也是放松自己的一种方式。"他为人谦逊儒雅，谈话富有情趣，会时不时地闪现出一抹艺术的光芒，也许就是得益于中国古典文化潜移默化的影响吧。两个孩子小的时候，就如同当年父亲陈国伦与他们兄弟姊妹在一起时做得一

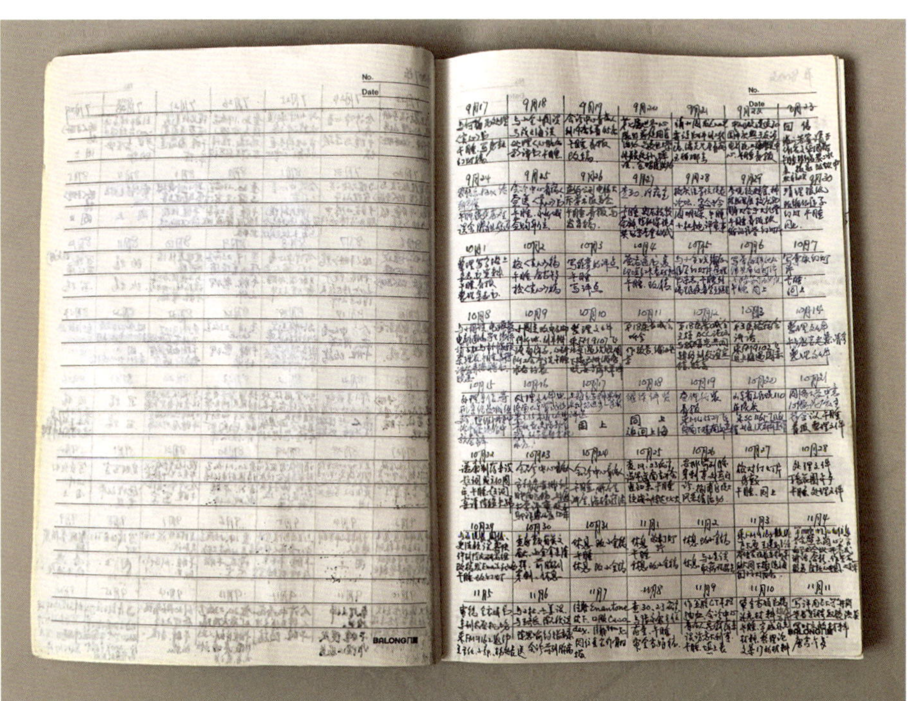

陈灏珠自制的日程表

样，陈灏珠也特别喜欢给他们讲各种故事，读连环画本，孩子们也愿意缠着他讲旅途见闻，他的描述总是让人百听不厌，凡与他谈话的人无不感到是一种享受。他多才多艺，年轻的时候，精力充沛，喜欢体育，踢足球、打乒乓球、溜旱冰、游泳样样都不错，只是游泳的爱好因为肺结核和多次肺炎而不能继续。参加抗美援朝医疗队的时候，他还自己编了一出短剧，并亲自参加演出。只是，后来由于时过境迁以及工作繁忙，写剧本、演出这样需要花费大量时间的爱好也只好放弃了。陈灏珠还喜欢古典音乐和声乐，唱歌也很好听，让两个孩子学乐器更是他的主意。可惜“文革”时期，他不得已销毁了大量心爱的唱片和伴随他多年的唱机。然而，他爱唱歌的习惯保留了下来，亲朋好友在一起时，他常会高歌一曲。在上海市心血管病研究所，他唱的粤语歌和英文歌更是名声在外，连刚参加工作的年轻人都叹服。他还常常利用参加学术会议的旅途间隙撰写诗文，诗作曾发表在上海《联合时报》《院士诗词》《当代科学家诗文选》。他与时任美国驻上海市总领事滕祖龙先生常用诗作应答作为信件往来，并且乐此不疲。妻子韩慧华曾经笑指着他的诗作说：“这是古体诗吗？我怎么觉得更像是打油诗？”他听了风趣地回答说：“我曾经是中文系自封的‘讲师’，现在大概已经可以晋升为‘中文系副教授’了，当然写诗还需要继续努力。”他的诗作大多是有感而发，平仄与押韵力图符合古诗的格律，还是挺有韵味的。工作70年，没有周末的概念，更没有休假。但是，陈灏珠利用点点滴滴的零星时间，从没有放弃过他的爱好。而这些多姿多彩的爱好也赋予了他平静怡然的生活状态。在陈灏珠看来，涉猎人文更重要的是培养一种“大爱”的情怀，敬畏生命，热爱大自然和身边的一切，这也是成为一名好医生必不可少的素质之一。

“不言是非”和“乐观豁达”是陈灏珠性格里相辅相成的一对“好朋友”。因为不在意世俗纷扰，才能永葆积极向上地生活；反而言之亦然，因为心胸宽阔，才能容得下他人的闲言碎语。70年的工作中陈灏珠难免会遇到挫折，受到误解、诽谤，甚至遭到过恶意中伤，但他始终能坦然面对，坚持原则，冷静处理，丝毫不影响他的工作和情绪。不熟悉他的朋友说，他这是用礼貌掩盖了他的愤怒。但凡是熟悉他的人，都知道他是天性温和，同时是能自我克制的人。但陈灏珠对此却另有看法，他觉得工作和生活中有太多需要注意的问题

'97 6 11

Fax 地 64700396

2006年4月，在给郦达编导的信中，陈灏珠为家人题写了几首诗词

郦达编导：

您好！

拟补充对"三高"人群的建议：(1)少喝含糖饮料，(2)多作力所能及的运动，(3)预防发胖。建议作为画外音以补充到采访的画面中。

给老伴慧华的诗：共度艰难岁月，同享快乐时光。
相依终有尽日，深爱永无绝期。

给儿子陈韦的诗：托福开放留重洋，
立业成家在他乡。
未承父业应有愧，
青胜于蓝亦足够。

注："托福"为双关语，既指托福于改革开放，也可指通过了英文托福考试。

给女儿陈芸的诗：爷爷军政两栖旅，
父兄院士工程师。
妹妹所继谁人业？
曾祖当年做生意！

注：妹妹指陈芸，幼时大家都叫她妹妹。

给干女儿崔小妹的诗：改革开放百业昌，
下海人多逐市场。
妹名称小志气大，
当回老板又何妨？

注：崔小妹现为一家管理护工的公司的老板。

上述这几首诗是题在送给他们的书上，您有兴趣录之供您参考。致

敬礼

陈灏珠 上

2006.4.29.

和事情，容不得三心二意。“学术争鸣是应该受到欢迎和鼓励的，但对于其他一些不友好的事情和动作，我觉得并不值得我愤怒。我承认当被猜忌与误会时，还是会十分沮丧，也会怏怏不乐。受到恶意攻击诽谤时，也会冒出‘拔剑而起，挺身而斗’的想法。然而想到《论语·述而》中说的‘君子坦荡荡，小人长戚戚’，就常常拿来自勉。况且有这么多的事情需要做，一干起工作来，就把不愉快的事情都忘了。过段时间以后，就更不会想起来了。”工作期间，还曾发生过因嫉生恨的匿名信以及由匿名信引起的风波，陈灏珠的回应更是简单，因为他相信组织上会进行调查并加以解决，自己为此耗费大量的时间和精力不值得。工作上听到的“家长里短”，他既不在办公室说，也不会拿回家里议论，更是言令禁止自己的孩子们在背后道人是非。上海市心血管病研究所的同事们谈起陈灏珠所长时，最多的评价就是“气量大，做事公正”，“他对人严格，但又宽厚，他严于律己，以身作则，从不居功自傲，使人们感到他是位既严厉又慈爱的长者”。作为一所之长，他总是公正、理性地对待工作中的摩擦、争执和矛盾。身先士卒，不计较个人得失和福利，却经常为下属争取各种机会。自己生活简朴，为人却十分慷慨。同事家遭遇不幸，他总是带头慰问；家庭生活困难，他又带领上海市心血管病研究所职工募捐救助。尽管业务工作繁忙，但面对同道、亲友、同事、学生的求助，在不违反原则的前提下，他总是热情对待，尽力及时相助，对什么人都没有架子。陈灏珠觉得自己“乐观豁达”的性格是岁月所赋予的最好的礼物，“如果没有抗战，没有十年动荡，或许我也不会有现在这种安然的心态”。他又说道：“我的儿女也常请我早点到美国和他们团聚，不要太过劳心。不过我更愿意生活在我学习和工作了大半个世纪的上海，也从未考虑退休后到其他地方去。我不在乎国内生活和物质条件的相对落后，因为我是在这种环境下成长的，而且亲身经历了它的进步，国家使我拥有各种各样的荣誉，我需要更勤奋地工作，努力做贡献来回报。”正因如此，他从不与别人攀比，更没有出国从医赚大钱的想法：“我虽然挣得有限，但我的花费更有限。”友人笑他是“阿Q精神”。为此，他还特别给妻子韩慧华做过工作，怕她“胡思乱想”：“从‘小家’来说，我没有为你和孩子们做多少贡献。但是，从‘大家’来说，我却是做到了我在国外的朋友所无法做到的事。我国心血管病学科的发展、上海市心血管病研究所的发展、我的学生们所取得的成就以及国家对于我的信任，是不可以用钱来衡量的。”

“修其心治其身，而后可以为政于天下。”陈灏珠的为人处世无疑为家人、朋友、同事、学生都树立了言传身教的好榜样，并为全社会做表率。他的人格魅力早已跨越了家庭界限，感染着身边的每个人，并通过他们辐射到更多的家庭中，成为社会风气的良好基础以及国家发展、民族进步、社会和谐的重要基石。

陈灏珠的座右铭：

“勤学获新知 深思萌创意 实干出成果”

书此与后学者共勉

获萌出
学思干
勤深实

新知

创意

成果

陈灏珠

编后简语

在书稿即将完成时，我们得以再见到陈灏珠院士。95岁高龄的他因为腰椎间盘狭窄压迫神经，一走路就腿痛，只能靠打针和吃止痛片缓解。但在他笑眯眯的脸上，真的很难找出蛛丝马迹，惟有在他缓慢起身时，才会发现他的腰似乎更弯了。但这些都丝毫不影响他的认真与仔细，写稿中提出的问题，他都一一用钢笔回复在下方。我们希望他可以亲自为读者讲故事，用声音与读者交流，他就精心准备，还抱病专程去医科图书馆录了音频。因为精力大不如前，视力又有所退化，看稿速度慢了许多，他还担心地问女儿陈芸是不是会拖累进度，女儿知道父亲的性格，安慰他说："没关系的，爸爸，我每天抽空读一部分给你听，有特别把握不准地再请你细看。"他看着女儿，笑得格外高兴。从他弯弯地眉眼里，我仿若看到了那个幼年早熟、紧紧依偎在母亲身边的孩童；那个全校第一、意气风发的少年；那个在战火中颠沛流离、立志从医的青年；那个永不言弃、勤奋努力的医学生；那个24小时守候在病人身边、妙手仁心的住院医生；那个乐观豁达、不言是非的养猪员；那个不断创新、开拓进取的科研学者；那个凡事认真、辛勤耕耘的管理者；那个严谨和蔼、传道授业的教育家；那个参政议政、建言献策的政协委员；那个热心积极、甘于奉献的公益活动者；那个热爱人文、情怀斑斓的丈夫与父亲……一段段奇特的经历铸就了这位温文尔雅、心态平和、坚韧单纯的长者。

2019年9月，在书稿即将付印的前夕，陈灏珠院士被中共中央、国务院、中央军委授予中华人民共和国成立70周年纪念章。在拍摄视频的间歇，女儿陈芸恰好捕捉到父亲陈灏珠在一旁轻轻拿起纪念章，深情一吻的照片，在场的人无不动容。这一吻的背后，是他从医、从政、执教、科研整整70年的艰苦奋斗，是他对国家、对人民、对事业的无限热爱，更是他这一生追寻并实现个人梦和中国梦的最佳封缄！

2019年9月，陈灏珠与女儿陈芸在拍摄纪录片的间歇合影留念

2019年9月，陈灏珠轻轻拿起纪念章，深情一吻

陈灏珠

附录一

陈灏珠生平活动年表

1924年11月6日		生于香港，父亲陈国伦，母亲吴云香。
1925~1928年	1~4岁	在家中。
1929~1930年	5岁	香港民生书院幼儿园。
1930~1931年	6岁	香港民生书院小学一年级。
1931~1932年	7岁	香港民生书院小学二年级。
1932~1933年	8岁	香港民生书院小学三年级。
1933~1934年	9岁	香港民生书院小学四年级。
1934~1935年	10岁	香港民生书院小学五年级。
1935~1936年	11岁	香港广州培正中学香港分校小学六年级。
1936~1937年	12岁	香港广州培正中学香港分校初中一年级。
1937~1938年	13岁	香港西南中学初中二年级。
1938~1939年	14岁	香港西南中学初中三年级，1939年母亲因病去世。
1939~1940年	15岁	香港西南中学高中一年级。
1940~1941年	16岁	香港西南中学高中二年级。
1941年	17岁	香港西南中学高中三年级上学期，香港被日军攻陷。
1942年	18岁	因香港沦陷而失学，返回未沦陷的老家广东新会，年底北上到广东抗战时的省会韶关市。

1943年	19岁	韶关广东省立琼崖中学粤北分校高中三年级，中学毕业。
1943~1944年	19岁	国立中正医学院一年级，时在江西永新县。
1944~1945年	20岁	国立中正医学院二年级，时迁到江西赣州唐江镇。
1945~1946年	21岁	国立中正医学院三年级，时迁到福建长汀县。
1946~1947年	22岁	国立中正医学院四年级，抗日战争胜利结束，迁回江西南昌市。
1947~1948年	23岁	国立中正医学院五年级。
1948~1949年	24岁	国立中正医学院六年级，在上海国立上海医学院附属中山医院实习一年，大学毕业。
1949~1950年	25岁	任国立上海医学院附属中山医院第一年内科住院医师，内科助教。其间为解放军廿七军防治血吸虫病3个月立三等功。
1950~1951年	26岁	任上海医学院附属中山医院第二年内科住院医师，内科助教。
1951~1952年	27岁	任上海医学院附属中山医院第三年内科住院医师，内科助教。其间参加抗美援朝医疗队近一年，立一小功。
1952~1953年	28岁	任上海医学院内科学院第四年内科住院医师。期间协助华东军政委员会监察委员会到山东调查黑热病治疗过程中发生的事故4个月。
1953~1954年	29岁	任上海医学院内科学院内科高年住院医师。在中华内科杂志发表“心肌梗死”一文，在国内首先应用心肌梗死一词，并首先用心电图单极胸导联诊断和定位心肌梗死。
1954~1955年	30岁	任上海第一医学院内科学院内科主治医师。整理发表临床病理（或病例）讨论记录，至1965年共在中华内科杂志发表了20篇。

1955~1956年	31岁	任上海第一医学院附属中山医院内科主治医师，同时兼内科教研组秘书。协助陶寿淇教授举办卫生部委托的第一届心电图进修班，以后每年一届。与韩慧华女士结婚。
1956~1957年	32岁	到中国医学科学院北京协和医院心肾科进修3个月。
1957~1958年	33岁	任上海第一医学院内科讲师。建立上海第一医学院附属中山医院心导管室。
1958~1959年	34-35岁	发表“先天性心血管病的诊断和治疗”的系列文章于中华内科杂志，重点介绍心导管介入性诊断和外科手术治疗，至1962年共发表了6篇。在《中华内科》杂志发表“洋地黄和洋地黄类药物的毒性反应”论文重点阐述心律失常的毒性反应。分析在上海第一医学院附属两综合性医院（中山和华山医院）50年代所见住院心脏病病人的病种构成比，论文发表于中华医学杂志。此后每个年代都做同样分析，了解上海地区心血管病的病种变迁，至2003年在《中华内科》杂志共发表有关论文3篇，在英文版《中华内科》杂志发表论文2篇。
1960~1962年	36-38岁	研究并在国内首先发表左心（左心房）导管检查和冠心病的辨症论治（活血化瘀法）疗效与中医理论探讨文章（《中华内科》杂志）。编著出版《心脏插管检查的临床应用》一书（上海科技出版社），报告在国内率先研究的心腔内心电图检查。
1963年	39岁	在国内首先发表用染料稀释曲线测定诊断先天性心血管病的文章（《中华内科》杂志）。
1964年	40岁	在国内首先发表用深低温体外循环施行心脏直视手术时心电图变化规律的研究结果（《中华内科》杂志和《中华医学杂志英文版》）；首先报告用维生素C或氢作为指示剂，以白金电极系统测定诊断先天性心脏病（《中华医学》杂志）。出席全国高血压和心血管内科学术会议报告论文两篇。

1965~1966年	41~42岁	在国内首先发表心腔内心音图的研究结果（上海第一医学院学报）。1965年父亲因病去世。
1968年	44岁	与石美鑫教授共同安置国内第一例埋藏式起搏器。到贵州毕节专区威宁县巡回医疗一年。
1969年	45岁	到云南玉溪专区通海县抗震救灾3个月。
1972年	48岁	任上海第一医学院附属中山医院心内科主任。发表慢性肺原性心脏病的发病规律和治疗体会的文章，强调处理呼吸衰竭的重要性（《中华医学》杂志）。出席全国防治肺心病、冠心病、高血压病座谈会。7月到无锡抢救外宾病人（美国专家寒春之母Carmelita Hinton女士），后病愈返国。
1973年	49岁	4月23日在国内首先施行选择性冠状动脉造影成功并发表论文（《中华医学》杂志）。出席全国冠心病座谈会。
1974年	50岁	9月到杭州抢救来访菲律宾外宾记者Bernardo Deleon先生（菲律宾当时马科斯总统夫人的随从），支气管哮喘并发呼吸衰竭，病情危急，后病愈返国。出席全国冠心病高血压病普查预防座谈会。受上海市卫生局委托主持举办心内科进修班培训上海市基层医务人员，举办两期后与卫生部委托主持的全国心内科进修班合并。
1975年	51岁	4月到无锡抢救来访的美国血吸虫病代表团副团长Paul Basch博士患急性心肌梗死并发室性心动过速、心力衰竭和心包炎（非感染性），病情危重，经三周抢救后病愈返国。《美国内科文献》杂志（*Archives of Internal Medicine*）1976年136卷7期804~806页对此作了详细报导并同时刊载著名心脏病学家E.Gray Dimond教授的评论，给予很高的评价，产生极好的国际影响。在国内首次报告对健康居民大规模抽样调查研究血脂水平的结果（《生物化学与生物物理学报》）。

1976~1977年	52~53岁	在国内率先发表原发性心肌病的系列性分析报告(《上海第一医学院报》《中华内科》杂志)。所主持的"丹参治疗冠心病等的研究"获上海市重大科技成果奖。在国内、外首次用超大剂量异丙肾上腺素治疗奎尼丁所致室性快速心律失常危重病人成功。受卫生部委托主持举办全国心内科进修班,以后每年一期至2005年已举办了28期。
1978年	54岁	晋升上海第一医学院内科副教授。任上海市政协委员。担任上海市心血管病研究所副所长、上海第一医学院学术委员会委员和硕士研究生导师(至1995年共毕业24位,其中包括硕、博连读)。发表一系列的心脏听诊讲座(《中华内科杂志》)。所主持的"血瘀本质及活血化淤原理的研究"和"心脏起搏器的研制和临床应用"两课题获全国科学大会重大贡献奖。出席中华医学会心血管病学会成立大会,被选为学会委员会委员。
1979年	55岁	受聘为世界卫生组织心血管病专家咨询委员会委员,任《辞海》的编写人之一。在国内首先整理发表用电起搏法治疗快速心律失常(《中华内科》杂志)。主编出版《临床心电图幻灯片及说明书》(上海科教电影制片厂)。
1980年	56岁	被破格晋升为上海医科大学内科教授。在美国PACE杂志发表论文"Preliminary Report on the Termination of Refractory Tachyarrhythmias by Cardiac Pacing"。编著出版《心脏导管术的临床应用》第2版。出席第一届全国内科学学术会议,被选为中华医学会内科学会委员。
1981年	57岁	任全国第一批博士研究生导师(至2005年共培养41位,已毕业35位)。任《中国医学百科全书》编委会委员,受命主编心脏病学分册,任卫生部医学科学委员会心血管病专题委员会委员、中华医学杂志副总编辑、实用内科杂志顾问。"32年来上海所见心脏病及其病种的变迁"获中华医学会上海分会优秀论文奖。副主编《实用内科学》第7版出版(人民卫生出版社)。

1982年	58岁	获上海市高等教育局颁给从事教育工作三十年荣誉证书。出席在西德西柏林举行的第六届国际动脉粥样硬化会议，报告论文两篇。主编出版《中国医学百科全书： 心脏病学》（上海科技出版社）。
1983年	59岁	任上海市政协常委，中华医学会心血管病学会常务委员，中国内科年鉴编委会委员，《心血管病译文》杂志顾问。以第三单位参与的“上海县卫生服务研究”获卫生部甲级科学技术成果奖。出席在维也纳举行的第七届世界起搏电生理会议，在小组会议发言。由世界卫生组织资助到美国考察一个月，并进行学术交流。在英国*Atherosclerosis*杂志发表论文“Serum High Density Lipoprotein Cholesterol and Factors Influencing its Level in Healthy Chinese”。
1984年	60岁	任上海医学会心血管病学会主任委员，上海医学会常务理事，《中华内科杂志》编委会委员。参与主持的“褐藻淀粉酯钠”研究，获广东省科技成果二等奖。在国内率先系统介绍人工心脏起搏的心电图（《中华医学》杂志）。
1985年	61岁	任国家科委发明评选委员会特邀审查员，国务院学位委员会第二届学科评议组（临床医学I组）召集人，上海医学会内科学会副主任委员，上海医科大学学位委员会委员，《新药与临床》杂志、《世界医学》杂志编委，《临床医学》杂志、《临床心血管病》杂志、应用生物医学科学研究所顾问。参与编写的《辞海》获上海市哲学社会科学特等奖。在美国PACE杂志发表论文“Reappearance of Persistent Normal Sinus Rhythm in a Patient with the Sick Sinus Syndrome Following Cardiac Pacing for 10.5 Years”。出席世界卫生组织在日内瓦举行的心肌病专家咨询会议并发言；出席在北京举行的中日医学学术交流会，报告论文2篇；出席在澳大利亚墨尔本举行的第七届国际动脉粥样硬化会议，报告论文1篇。在澳大利亚帕西市西澳大利亚大学讲学。

1986年	62岁	任上海市科委医学专业委员会委员，《药理学丛书》编委，《心电学杂志》和《起搏与心脏》杂志顾问。发表上海3312位居民的血脂水平与营养的关系论文（《中华医学》杂志）。出席在日本金泽市举行的国际心律失常会议报告论文1篇；出席在上海举行的中日老年人健康学术交流会报告论文1篇。成为北美心脏起搏和电生理学会会员。
1987年	63岁	任全国心血管病防治研究领导小组成员，上海市卫生局药品审评委员会委员，上海心脏起搏技术中心荣誉顾问。任《国外医学心血管病分册》副主编，《中国体外反搏》杂志顾问，《中国医学百科全书：临床医学》综合本编委会委员。在国际会议专刊*Cardiac Arrhythmias*一书中发表论文“Idiopathic Prolonged QT Interval Syndrome”。出席在西德慕尼黑举行的频率反应性起搏会议，并作发言。出席世界卫生组织在日内瓦举行的“适宜的诊断方法专家咨询会议”并发言。副主编《实用内科学》第8版出版（人民卫生出版社）。
1988年	64岁	任中国农工民主党上海市委员会主任委员，中国农工民主党中央副主席。任中华医学会心血管病学会副主任委员，上海医学会心血管病学会副主任委员，中华心血管病杂志副总编辑。任*Geriatric Cardiovascular Medicine*杂志编委。培养的博士研究生在荷兰*Clinica Chimica Acta* 发表论文“Separation and Purification of Creatine Kinase BB Isoenzyme and Neuron-Specific Enclase on DEAE-Sephadex A-50 Chromatography”。在国内首先报告急性心肌梗死时血浆组织型纤溶酶原激活剂及其抑制剂的改变（第八届国际动脉粥样硬化会议论文摘要）。参编的《内科学》第2版获国家教委全国高等学校优秀教材奖。“简便、快速测定高密度脂蛋白亚组分胆固醇的方法”获上海市科学技术进步三等奖。出席香港心脏学会年会报告论文一篇。
1989年	65岁	任上海市政协副主席，全国政协常委。任上海食疗研究会副理事长，成为世界高血压联盟和中国高血压联盟盟员，

任《中国现代医学》编委。在英文版中华医学杂志发表“上海健康居民血脂水平与营养的关系”论文。培养的博士研究生在荷兰*Clinica Chimica Acta*发表论文“Isolation of Creatine Kinase BB Isoenzyme with High Specific Activity and Adequate Purity for Radioimmunoassay from Human Placenta on Preparative Polyacrylamide Gel Electrophoresis”；在美国*Clinical Chemistry* 杂志发表论文“Rapid Purification of Creatine Kinase MB Isoenzyme on Preparative Polyacrylamine Slabs”。获上海医科大学破格提拔优秀中青年教师伯乐奖。出席在新加坡举行的第四届亚洲起搏和电生理会议，报告论文一篇。

—

1990年	66岁	任中华医学会内科学会常委，《中国生物医学工程学报》编委，《现代诊断与治疗》杂志特邀编委，《心血管病学进展》杂志顾问。《抗心律失常临床药理学》（审校者）获广东省科技进步三等奖。获国家教委颁给“从事高校科技工作四十年成绩显著”奖状。出席香港心脏病学会年会，报告论文一篇。主编出版《内科学》第3版（人民卫生出版社）。
1991年	67岁	任《实用诊断与治疗杂志》和《临床心电学杂志》顾问。获国务院颁给“为发展我国医疗卫生事业作出突出贡献证书”和特殊津贴。获上海市政协优秀提案奖。培养的博士生在欧洲心脏病杂志发表论文“Effect of Dexamethasone on Coxsackievirus B_2-infected Rat Beating Heart Cells in Culture”。出席在美国华盛顿举行的第九届世界起搏和电生理会议，主持一次会议并作论文报告一篇。出席在日本神户举行的第七回日中心血管病会议，报告论文一篇。出席在北京举行的第一届国际高血压和冠心病会议报告论文一篇。
1992年	68岁	任国务院学位委员会第三届学科评议组（临床医学I组）召集人，中国红十字会上海分会名誉会长，《上海医学影像》杂志编委会名誉主任委员。在国内首先报告血管腔内超声切面显像的实验研究，其后用于临床。在英文版《中华医学》杂志发

		表“Tumors of the heart”论文。出席在北京举行的中日医学大会，报告论文一篇。
1993年	69岁	任卫生部学位委员会委员，中华医学会医疗保健会诊中心专家委员会委员。出席在日本幕张举行的第五届亚洲心脏起搏和电生理会议中报告并在会议的汇编中发表论文“Sudden Cardiac Death in Asia-Pacific Rim-Epidemiology, Etiology and Prevention, a Chinese Profile”。培养的博士生在美国《循环》杂志发表“Comparison of Intravascular Ultrasound and Angiograph in the Assessment of Myocardial Bridging”论文。参加主编的《实用心脏病学》第3版获华东地区优秀技术图书一等奖。参加编写的《人体生理学》第2版获全国优秀科技图书一等奖。出席第一届香港心脏专科学院学术年会，报告论文一篇。在北京第二届国际高血压和冠心病会议中主持一次会议。参加主编《实用心脏病学》第3版出版（上海科技出版社）。副主编的《实用内科学》第9版出版（人民卫生出版社）。
1994年	70岁	任中国高血压联盟理事，《中国药理学报》基金会名誉理事，卫生部病毒性心脏病重点实验室学术委员会主任委员。任上海市北站医院名誉院长，上海市心脑血管病防治研究专家咨询组组长，上海市医学领先专业专家评审委员会委员。任上海医学会心血管病学会主任委员和内科学会常委。任上海医科大学学术委员会名誉委员，《临床》杂志顾问。在美国*Stroke*杂志作为作者之一发表论文：“Stroke Incidence and Mortality in Rural and Urban Shanghai From 1984 Through 1991 Findings From a Community-Based Registry”；在*International J Epidemiology* 杂志作为作者之一发表论文“Physical Activity and Cardiovascular Risk Factors in Rural Shanghai China”。发表多平面经食管超声心动图论文。出席香港亚太脂质危险因素会议和第二届香港心脏专科学院学术年会，分别各报告论文一篇。出席在上海举行的BMS国际心血管病学学术会议，报告论文一篇。代表中华医学会心血管病学会出席第43届美国心脏病学院年会，

在主席台上参与授证仪式并致贺。

—

1995年 71岁 任《中华临床药物学》杂志和《医学理论与实践杂志》编委，*Medicine Digest*杂志编委会顾问，《新医学》杂志特约编委，《内科急危重症杂志》《河南诊断与治疗杂志》《心脏起搏与电生理杂志》顾问。出席在澳门举行的国际性心科研讨会报告论文1篇，作特邀报告2篇。出席第三届香港心脏专科学院学术年会报告论文一篇。

—

1996年 72岁 任世界银行Ⅶ项目专家委员会顾问，中国红十字会上海分会名誉副会长，《中华医学大辞典》副总编，《岭南心血管病杂志》和《国外医学心血管病分册》顾问。副主编的《实用内科学》第9版获卫生部科技进步一等奖。主编的《内科学》第3版获第三届全国高等优秀教材二等奖，出席在澳大利亚悉尼举行的第六届国际心血管病药物治疗会议报告论文一篇。出席第四届香港心脏专科学院学术年会报告论文一篇。出席在北京举行的96’国际华人心脏保健网络会议，报告论文一篇。主编出版《心血管病鉴别诊断学》（安徽科学技术出版社）。

—

1997年 73岁 发表奎尼丁晕厥（奎尼丁引起的室性快速性心律失常）的处理一文（英文版《中华医学》杂志）总结自1976年在国内外首次用超大剂量异丙肾上腺素治疗该病的经验。培养的博士研究生发表用膜片钳技术研究心肌细胞电生理的文章（中华心血管病杂志）。主编的《内科学》第4版获上海市高校优秀教材一等奖。“心肌免疫影像学研究”（第四完成人）获上海市科技进步三等奖。出席第五届香港心脏专科学院学术年会，报告论文一篇。主编出版《实用内科学》第10版（人民卫生出版社）。当选中国工程院院士。

—

1998年 74岁 副主编的《实用内科学》第9版获国家科技进步二等奖，“心血管内科继续医学教育十九年”（第一完成人）获上海市教学成果奖一等奖，主编的《内科学》第4版获卫生部科技进步三等奖。出席第六届香港心脏专科学院学术年会报告论文一篇。参与主编《临床起死回生100例》出版（上海科技出版社）。

—

1999年	75岁	任中国老年科学技术工作者协会副会长，上海食疗研究会名誉理事长，上海医学会心血管病学会名誉主任委员，《国际心血管杂志》总顾问，上海市市级医疗卫生单位劳动模范联谊会顾问。获上海市徐汇区人民政府颁发徐光启科技荣誉奖章。“牛磺酸对病毒性心肌炎作用机理的探讨”（第七完成人）获教育部科技进步三等奖。出席第七届香港心脏专科学院学术年会报告论文一篇。
2000年	76岁	任《中华医学杂志》《中华内科杂志》《中国介入心脏病学杂志》和《中国内科年鉴》顾问，《第三军医大学学报》编委。任中国农工民主党上海市委会名誉主任委员，上海老科协名誉会长，中国心电信息学分会顾问。“动脉粥样硬化的介入性超声诊断和治疗及其与HCMV感染的相关性”（第三完成者）获上海市科技进步三等奖。出席第八届香港心脏专科学院学术年会，报告论文一篇。主持中国工程院2000年生命科学和临床医学国际学术会议心血管分会议，并报告论文一篇。参与主持在上海举行的第一届东方国际心脏介入治疗会议。主编出版《心血管病学新理论与新技术》（上海科技教育出版社）。
2001年	77岁	任全国高等医药院校临床医学专业教材评审委员会主任委员，高等医学院校临床医学实践教育指导委员会顾问。任《中华国际医学杂志》总顾问，《中国药物与临床》杂志编委，《第二军医大学学报》客座编委。发表“从70年代至90年代上海部分居民血脂水平变化研究”论文（《中华医学》杂志）。获上海市卫生系统第八届“银蛇奖”特别荣誉奖。“黄芪治疗病毒性心肌炎”（第七完成人）获中国高校科技进步二等奖。出席第九届香港心脏专科学院学术年会，报告论文一篇。参与主持在南京举行的第二届东方国际心脏介入治疗会议。主编的《实用内科学》第11版（人民卫生出版社）出版。

2002年	78岁	任中华医学会心血管介入治疗培训中心学术委员会顾问，上海市医学会上海医学科技奖奖励委员会顾问，《心电学杂志》编委会名誉主任，《中国新药与临床》杂志特邀编委。参编的《临床药理学》第2版获全国普通高等学校优秀教材二等奖。参与主持在上海举行的第三届东方国际心脏介入治疗会议。出席第十届香港心脏专科学院学术年会，报告论文一篇。出席在北京举行的第四届高血压和相关疾病国际会议，主持一次会议并报告论文一篇。主持在上海举行的第十三届国际多普勒超声会议并报告论文一篇。
2003年	79岁	任中国老年保健医学研究会专家委员会委员，《中华心血管病杂志》顾问，上海医学会心血管病学会顾问，中国医科大学附属第二医院客座教授。在《中国工程科学》杂志发表“我国人均血脂水平现状及其对策”论文。“经静脉声学造影评价心肌灌注的临床和实验研究”（第十完成人）获上海市科技进步二等奖。“心肌桥的基础研究及其在缺血性心脏病诊治中的作用”（第十完成人）获教育部科技进步二等奖。获上海市第四届医学荣誉奖。获中华医学杂志社“心电学终身成就奖”。出席在香港举行的第十二届世界心脏起搏和电生理会议中报告并在会议的汇编中发表论文“Preinfarction Angina Preserves Myocardial Microcirculation and Function After Revascularization”。出席在乌鲁木齐举行的西北心血管病国际论坛报告论文一篇。出席北京国际高血压及其相关疾病会议报告论文一篇。出席在上海举行的中日远程心电图会议报告论文一篇。参与主编的《心血管病诊断治疗学》（安徽科技出版社）和《高血压与相关疾病》（郑州大学出版社）出版。
2004年	80岁	任中国老年科协荣誉理事，中华中医药学会络病分会学术顾问，上海市中西医结合学会急救医学专业委员会顾问，上海中医药大学附属曙光医院中西医结合心血管诊疗中心顾问，《柳叶刀》杂志中文版编委会主任委员，《循证医学》杂志顾问，上海高校一氧化氮及炎症医学E-研究院学术委员会委

		员。"上海地区人群血脂水平和住院心脏病病种构成的长期趋势"（第一完成人）获上海市科技进步三等奖和上海医学科技奖三等奖。获第六届厉树雄教育卫生奖一等奖。获第一届上海市优秀科研院所长奖（华山奖）。出席第十二届香港心脏专科学院学术年会报告论文一篇。参与主持第四届东方国际心脏介入治疗会议。
2005年	81岁	任《第三军医大学学报》编委，上海中医药大学附属曙光医院名医诊疗中心顾问，《中国新药与临床杂志》特邀编委。主编的第12版《实用内科学》出版。获《中华医学杂志》创刊90周年贡献奖。参加的"中国人群心血管病危险因素和10年心血管病发病危险的前瞻性队列研究"获北京市科技进步二等奖。获中国农工民主党上海市委员会2003-2004年度上海社会服务工作先进个人奖。被中央电视台10频道"科学大家 "栏目，作为"大家"予以推介播出45分钟。出席2005香港心脏影象学进展会议，报告论文一篇，主持一次会议。出席第十三届香港心脏专科学院学术年会报告论文一篇。出席2005中国介入心脏病学大会（CIT）暨TCT at CIT主持一次会议。出席第五届东方国际心脏介入治疗会议主持一次会议。出席第三届心房颤动国际论坛，主持一次会议。出席北京国际心血管病论坛2005主持一次会议。出席长江国际心血管病研讨会报告论文一篇。主编《实用内科学（第12版）》出版。
2006年	82岁	任《医师报》第一届编辑委员会副主任委员，人民卫生出版社专家咨询委员会副主任委员，西安心血管病医院名誉教授，《中国高等学校学术文摘·医学》《中国介入心脏病学杂志》《心脏杂志》顾问，中华心血管第一届学术指导委员会主任委员。获中华医学会"中国介入心脏病学终身成就奖"。"血管内超声及多普勒技术在冠状动脉疾病诊治中的研究与应用"（第十完成人)获上海市科技进步一等奖。"超声新技术评价心脏立体结构.节段及综合功能的研究和应用"（第三完成人）获上海市科技进步三等奖。出席香港心脏专科学院第14届年会.全国中西医结合心脑血管论坛、心电学论坛2006、

江门市心血管病院士论坛、江苏博士研究生论坛、第二届全国疑难病例讨论会各主持一次会议和作学术报告，出席香港心血管和脑血管内科国际讨论会、2006中国介入心脏病学大会、第三届全国干细胞会议.第七届中华医学会起博和电生理学会年会、第三届中国心肌炎心肌病会议、上海国际心血管病研讨会、北京国际心血管病论坛2006各主持一次会议。主持全国高等学校临床医学专业五年制教材评审委员会会议和第七轮卫生部规划教材主编人会议。

—

2007年 83岁

任中国老年保健医学研究会心脏学会顾问，上海市食疗研究会第五届理事会名誉理事长，中国健康服务网高级顾问，中华医学会《中华临床医师杂志（电子版）》编辑委员会顾问，《心血管病防治知识》杂志专家编辑委员会编委，《国际循环》专家指导委员会委员，元化名医顾问团特聘专家，安济著名医学专家中心专家。“血管内超声和多普勒技术在冠状动脉疾病诊治中的应用研究”（第十完成人）获国家科技进步三等奖。受聘香港心脏专科学院客座院士。受聘《实用内科学》第13版主编，主持编委会会议。在“世界心脏日”提出倡议建立起政府、学会、专家、媒体、企业的主体联盟，把我国心脑血管病的防治落实到实处。出席第十五届香港心脏专科学院年会、第十八届长城第五届北方长城会议，各主持一次会议，作一次报告，出席2007中国介入心脏病学大会、第九届南方、百年瑞金、第十届介入、东方、第三届海河之滨、第五届中国心房颤动、2007中意等心血管病会议或论坛各主持会议一次，出席第八届卫生部全国WHO合作中心会议.第二届西安心血管病进展、第四届中国心电信息学会、第三届国际络病等会议各作报告一次。出席卫生部十一.五规划教材评审会，第五十六届美国心脏病学院年会，卫生部心血管病防治研究中心专家委员会会议。在复旦大学上海医学院庆祝建院80周年、中山医院庆祝建院70周年之际，捐资建立“复旦大学陈灏珠院士奖助学基金”，以资助经济困难医学生完成学业。主编的《实用心脏病学》第4版、主译的《心脏病学》第7版出版。

—

2008年	84岁	被聘为《循证医学》杂志第三届编委会顾问,《中华心血管病杂志》第七届编委会顾问,《上海交通大学学报》顾问编委,《中国循证心血管医学杂志》第一届编委会顾问。被聘为上海市中西医结合学会第二届急救学会顾问,中华医学会心血管病学分会专家委员,上海市政协之友社第六届理事会名誉理事长。入编中华陈氏名人通鉴证书,为上海市医学会作出贡献荣誉证书。发表第一作者论文《心血管病循证医学与临床实践》《循证医学与心血管病临床实践》。出席第十届南方心血管病会议,主持二次会议,作二次学术报告;出席第十一届介入论坛,主持一次会议;出席第十六届香港心脏专科学院学术年会,主持一次会议;出席第六届北方长城心血管会议,主持二次会议,作一次学术报告;出席第十届中华心血管病学会年会,主持一次会议;出席第九次工程院院士大会;出席第四届海河之滨心血管会议,主持一次会议;出席第四届黄河心血管病会议,主持一次会议并讲课;出席第二届西部长城心血管病会议,作学术报告一次;出席第八届中华医学会起搏与电生理学会主持一次会议;出席中国心电学论坛,作一次报告;出席第十九届长城心血管病会议,主持一次会议;出席国际高血压与相关疾病第十次大会,主持开幕式。
2009年	85岁	被聘为上海市心血管病研究所名誉所长,《中国实用内科杂志》编委会院士顾问,上海市医药商业行业协会名誉会长。主编《实用内科学》第13版出版。在《岭南心血管病杂志》发表个人论文《心肌病分类的进展》。在上海图书馆开设讲座“健康从心开始”,随后通过东方卫视播放。出席八年制医药教材第2版研讨会;出席2009年介入治疗会议,主持开幕式;到美国探亲(看望儿子和女儿及家庭);出席第十一届中华心血管病学会年会,主持一次会议;出席第十七届香港心脏专科学院学术年会,主持一次会议;出席第五届海河之滨心血管会议,主持一次会议;出席第二十届长城心血管病会议,主持一次会议;出席庆祝老年科协二十周年大会;出席上海世界卫生组织合作中心主任会议;出席第五届国际络病会议;出席第二届北京国际医学院校长高峰论坛。

2010年	86岁	被聘为《循证医学》杂志第四届编委会顾问,《国际心血管病杂志》第七届编委会顾问,《中国介入心脏病学杂志》学术顾问,中华医学会第三届评审委员会委员,中国健康教育中心咨询委员会专家,《实用内科学》第14版主编。获中国医药信息学会心脏监护学术委员会心脏学终身成就奖;获2009年度上海市科技功臣奖,俞正声书记颁奖。出席第二届室性心律失常会议,主持一次会议;出席第七届冠心病介入沙龙;出席2010 CIT(中国介入治疗)会议,主持一次会议;出席第12届南方心血管病会议,主持一次会议,作一次学术报告;出席宁夏国际心血管病论坛,作一次报告;出席第十八届香港心脏专科学院学术年会,主持一次会议;出席第四届东方心血管病论坛,主持一次会议;出席第八届北方长城心血管病会议,主持一次会议,作一次报告;出席第十届工程院院士大会;出席第十二届高血压与相关疾病会议,主持一次会议;出席世界心脏病大会于北京举行,主持一次卫星会;出席世界卫生组织中国合作中心会议于北京;出席上海世博会公众参与馆科普讲座,作一次报告;出席第六届海河之滨心脏病会议,作一次报告;出席2010年全国结构性心脏病会议,主持一次会议;出席第四次钱江国际心血管会议,主持一次会议,作一次报告;出席第二届海峡两岸心血管论坛,主持一次会议并作报告;出席江门国际中西医结合心脏病学会议,主持并作报告;出席中国农工民主党建党80周年大会;出席中国心脏病大会,主持三次会议;出席第六届北方介入心脏病会,主持一次会议;出席第二十一届长城心血管病会议,主持一次会议;出席第三届国际医学校、院长会议;出席第十届全国中西医结合学术会议;出席2010远程医学监护学术会议;出席首届黄河心血管病论坛,作一次报告。
2011年	87岁	被聘为《中国医药科学》杂志顾问,《临床误诊误治杂志》第九届编委会顾问,《国际老年医学杂志》编委会副主任委员,上海市食疗研究会名誉理事长,中国医师协会心血管内科医师分会荣誉专家会员,中国健康促进学会健康教育专家。获中国心律学会终身成就奖,《中国实用内科杂志》终身成就

		奖。出席第八届冠心病介入沙龙；出席卫生部国际司世界卫生组织合作中心会议；出席2011 CIT（中国介入治疗）会议，主持一次会议；出席第十四届全国介入心脏病学论坛；出席第十四届西方心血管病会议，主持二次会议，作一次报告；出席在莫斯科举行的世界卫生组织全球讨论非传染性疾病的挑战；出席2011年脑卒中大会，作一次报告；出席第五届东方心血管病论坛，主持一次会议；出席第九届北方长城心血管病会议，作一次报告；出席第二届宁夏国际心血管病论坛，作一次报告；出席第十三届中华心血管病学会年会，主持一次会议；出席第十五届中国心律大会，作一次报告；出席第七届海河会；出席第五届钱江心血管病会议，作一次报告；出席2011中国心脏大会，主持一次会议；出席第五届西部长城心血管病会议，作一次报告；出席西北心血管病论坛，作一次报告；第一届中国深圳心血管病论坛，主持和报告各一次。 —
2012年	88岁	被聘为本科临床医学专业教材《内科学》主审，《大众医学》顾问委员会主任委员，《循证医学》杂志第五届编委会顾问，本科临床医学专业教材评审主任委员，《临床心电学杂志》编委会学术指导委员会专家，《中国高等学校学术文摘-医学》顾问委员会主任，中国远程心脏监护联盟专家指导委员会名誉主任委员，中华医学会《中华心血管病杂志》第八届编辑委员会顾问，北京军区总医院心血管内科顾问。出席第九届冠心病介入沙龙和第三届临床心血管病会议，主持和报告各一次；出席第八届国际络病学会议，主持一次会议；出席教材研究会、顾问委员会、教材评审委员会三会同开主持后者；出席2012杭州心血管病论坛，作一次报告；出席第十四届南方心血管病会议，主持一次会议，作一次报告；出席第二十届香港心脏专科学院学术年会，主持一次会议；出席第六届东方心血管病论坛，主持二次会议；出席中国工程院第十一届院士大会；出席中国心电学论坛，作一次报告；出席第八届海河之滨心血管病会议，作一次报告；出席第二届协和心脏论坛，主持一次会议；出席第六届钱江心血管病学会议，主持、报告各一次；出席2012中国心脏大会；出席第六届西部长城心血管病学会

议；出席第二届西北国际心血管病论坛，作一次报告；出席第六届复杂疑难心电图峰会，作一次报告；出席并主持上海健康教育所主办的第四届国际脑健康高峰论坛；出席第二届中国深圳心血管病论坛，主持一次会议；出席复旦大学上海医学院85周年院庆；出席中华心血管病杂志40周年庆典；出席全国医药高校教材研究会，人卫社顾问委员会年会；出席第四届海峡两岸心血管论坛，作报告、主持各一次；出席2012远程心脏监护技术高峰论坛，作一次报告；出席第十届北方长城心血管病会议，主持和作报告各一次；出席AHA与上海第六人民医院合作专业示范中心揭牌仪式。

—

2013年	89岁	被聘为《中国实用内科杂志》第八届编委员院士顾问，《中国介入心脏病学杂志》第六届编委会学术顾问，中国心力衰竭学会中国心电信息学分会第六届委员会顾问，全国高等学校临床医学专业“器官、系统”整合课程与PBL教学案例教材评审委员会顾问，全国高等学校医学数字教材建设指导委员会顾问。出席第九届国际络病学会议，主持一次会议；出席第五届全国室性心律失常会议，主持一次会议，出席无创性心电图学会议，作二次报告；出席2013浙江心脏论坛，作一次报告；出席第十五届南方心血管病会议，主持会议、作报告各一次；出席第十六届介入心脏病学会议，主持一次会议；出席第七届东方心血管病学会议，主持一次会议；出席第十一届北方长城心血管病会议，主持一次会议，作两次报告；出席第二十一届香港心脏专科学院学术年会，作香港心脏基金会演讲一次；出席第四届宁夏国际心脏研讨会作一次报告；出席第三军医大学毕业典礼并讲话；出席第九届海河之滨心血管病会议，作一次报告，主持一次会议；出席中西医结合学会络病学分会成立，主持一次会议；出席第十六届中国心律学大会，作一次报告；出席第七届钱江心血管论坛，主持会议和作报告各一次；出席2013中国心脏病大会，主持和作报告各一次；出席第七届西部长城心血管病会议，作一次报告；出席第十五届中华心血管病学会年会，作二次报告；出席第三届西北心血管论坛，作一次报告；出席杭州市起搏和

		电生理学会成立大会，作一次报告；出席第二十四届长城心血管病会议，发言一次；出席人民社顾问会和高校医药教材研究会年会。主编的《实用内科学》第14版出版。
2014年	90岁	被聘为CMIA心脏监护专业委员会总顾问，《循证医学》杂志第六届编辑委员会顾问，中国医学教育慕课联盟总顾问。获海河之滨心脏病学会议、天津市心脏病学研究所、天津市医学会授予海河之滨心脏病学会议学术特别贡献奖。被聘为中华人民共和国卫生计生委国家心血管病中心专家委员会资深委员。被聘为《实用内科学》第15版（将于2017年出版）名誉主编和编委。被选为上海市医师协会心血管内科医师分会第一届委员会名誉会长。被聘为上海医药商业行业协会（第五届）名誉会长。获复旦大学图书馆捐赠证书。复旦大学陈灏珠院士医学奖助学金”更名为“复旦大学陈灏珠院士医学人才培养基金。
2015年	91岁	被聘为《中国医学人文》杂志第一届编委会顾问，《肿瘤影像学》杂志第四届编委会名誉主编。6月24日由陈灏珠、汤钊猷、葛均波三位院士发起的中山医院“科学精神与科技创新”院士大讲堂开讲。被聘为中国医疗保健国际交流促进会OTO慢性病综合管理分会顾问。10月30日由复旦大学主办，复旦大学教育发展基金会和上海医学院，以及怡灏康健投资管理有限公司和承扬文化传播有限公司协办的陈灏珠院士从医、执教、科研工作66周年纪念暨陈灏珠院士医学人才培养基金募款增资活动在明道楼举行。12月14日在中华医学会第二十五次全国会员代表大会暨100周年纪念大会上被授予“中华医学会百年纪念荣誉状”。
2016年	92岁	人民日报社下属《环球时报》《健康时报》举办第一届“敬佑生命.荣耀医者公益评选活动”，12月25日获得全国首个“生命之尊奖”。
2017年	93岁	出席第十九届中国南方国际心血管病学术会议，主持大会一

		次，作一次报告。出席第二十八届长城国际心脏病学会议，作一次报告。出席中国医学人文大会。出席上海市医学会第三十六次会员代表大会暨100周年纪念大会。出席复旦大学上海医学院（原上海医科大学）创建90周年纪念大会。被聘为中国卫生信息学会健康医疗开放大学理事会院士顾问。
2018年	94岁	出席第十二届东方心脏病学会议，主持一次，作一次报告。复旦大学陈灏珠院士医学人才培养基金更名为复旦大学陈灏珠院士医学发展基金，5月25日开设于复旦大学图书馆（医科馆）内的“医艺承扬大讲堂”开幕，并作第一次讲座。11月13日被复旦大学附属中山医院授予“终身荣誉教授”。
2019年	95岁	获中共中央、国务院中央军委颁发的“庆祝中华人民共和国成立70周年纪念章”。

附录二

陈灏珠主要论著目录

编著、主编书目

一

01 陈灏珠编著:《心脏导管术的临床应用》,上海科学技术出版社,1962年第1版,1980年第2版

02 陈灏珠主编:《临床心电图幻灯片及说明书》,上海科教电影制片厂,1979年

03 陈灏珠主编:《中国医学百科全书: 心脏病学》,上海科学技术出版社,1982年

04 陈灏珠主编:《内科学》,人民卫生出版社,1990年第3版,1996年第4版

05 董承琅,陶寿琪,陈灏珠主编:《实用心脏病学》,上海科学技术出版社,1993年第3版

06 陈灏珠主编:《心血管病鉴别诊断学》,安徽科学技术出版社,1996年

07 陈灏珠主编:《实用内科学》,人民卫生出版社,1997年第10版,2001年第11版,2005年第12版,2009年第13版,2013年第14版

08 陈兆民,陈灏珠主编:《临床起死回生100例》,上海科学技术出版社,1998年

09 陈灏珠主编:《心血管病学新理论与新技术》,上海科技教育出版社,2000年

10 陈国伟,顾菊康,陈灏珠主编:《心血管病诊断治疗学》,安徽科学技术出版社,2003年

11 阎西艴,陈灏珠主编:《高血压与相关疾病》,郑州大学出版社,2003年

12 陈灏珠主编:《实用心脏病学》,上海科学技术出版社,2007年第4版,2016年第5版

13 孙宝贵,顾菊康,陈灏珠主编:《心脏急重症监护治疗学》,安徽科学技术出版社,2008年

主译书目

—

01 陈灏珠主译:《冠心病防治与研究译文集》，上海科技文献出版社，1982年

02 陈灏珠主译:《临床心脏病学》，上海医科大学出版社，1992年(原著Sokolow M.and Mcllroy M.B.ed:Clinical Cardiology,4th.ed,Appleton-Century-Crofts,East Norwalk,1986)

03 陈灏珠主译:《西氏内科学》，世界图书出版公司，1995年

04 陈灏珠，黎磊石等主译:《西氏内科学精要》，世界图书出版公司，1996年

05 陈灏珠主译:《默克老年病手册》，人民卫生出版社，1996年第2版，2002年第3版

06 陈灏珠主译:《心脏病学》，人民卫生出版社，2000年第5版，2007年第7版，2016年第9版(原著:Braunwald E ed:Heart Disease,5th ,7th &9th ed,WB.Saunders Co.Philadelphia,1997,2005,2014)

07 陈灏珠主译:《心血管内科手册》，人民卫生出版社，2001年(原著:Marso SP,Griffin BP,Topol EJ ed:Manual of Cardiovascular Medicine,Lippicott Williams &Wilkins,2000)

代表性论文

—

01 陈灏珠，叶根耀，陶寿淇.心肌梗死.中华内科杂志，1954，2：172-178.

02 陈灏珠，林佑善，陶寿淇.上海地区3，778例成人心脏病的比较发病率分析.中华内科杂志，1959，7：710-718.

03 Chen HZ, Lin BJ, Lin Q, et al. The diagnosis and treatment of congenital cardiovascular diseases Ⅰ.Pulmonary stenosis. Chin Med J, 1960, 80：306-310.

04 陈灏珠，李应昌，周保康，等.冠状动脉硬化性心脏病的辨证论治疗效与中医理论的探讨.中华内科杂志，1962，10：43-45.

05 陈灏珠，林佑善，顾永祺，等.分析左心房压力曲线诊断二尖瓣病的探讨.中华内科杂志，1962，10：163-166.

06 Chen HZ, Tao SQ, Shi MH, et al. Rupture of congenital aneurysm of sinus of valsalva into right ventricle： Its diagnosis and treatment. Chin Med J, 1962, 81：784-791.

07 陈灏珠，郭守蔚，陈庆璋.染料稀释曲线测定的临床应用——正常曲线的测定及其影响因素的探讨.中华内科杂志，1963，11：38-42.

08 Chen HZ, Cao FK, Pu SY, et al. Electrocardiographic changes during profound hypothermia and extracorporeal circulation in open heart surgery. Chin Med J, 1963, 82：788-796.

09 陈灏珠，凌宏琛，徐智章.心腔内心音图的研究 Ⅱ.正常心脏心腔内心音图.上海第一医学院学报，1965，3：263-269.

10 上海第一医学附属中山医院，华山医院（陈灏珠执笔）.慢性肺源性心脏病的发病规律和治疗体会.中华内科杂志，1972，2：74-77.

11 上海第一医学院附属中山医院，上海市心血管病研究所（陈灏珠执笔）.抢救急性心肌梗塞危重病人的体会.中华医学杂志，1973，1：25-28.

12 上海第一医学院附属中山医院内科、放射科，上海市心血管病研究所，上海市第六人民医院（陈灏珠执笔）. 选择性冠状动脉造影Ⅰ.造影方法初步报告.中华医学杂志，1973，12：718-723.

13 上海市心血管病研究所，上海第一医学院附属中山医院内科（陈灏珠执笔）.心脏电起搏器的制造及临床应用.中华医学杂志，1974，1：6-10.

14 上海市心血管病研究所，上海第一医学院附属中山医院内科，上海医药公司医疗器械批发部修配厂（陈灏珠执笔）.希氏束电图检查的临床应用.中华医学杂志，1979，59：278-282.

15 Chen HZ, Jiang L, He MX, et al. Primary cardiomyopathy: clinical analysis of 74 cases.Ⅱ.Obstructive and restrictive cardiomyopathy.Chin Med J, 1979, 92: 565-575.

16 Chen HZ, Huang YZ, Jiang SY, et al. Preliminary report on the termination of refractory tachyarrhythmias by cardiac pacing. PACE, 1980, 3: 302-310.

17 陈灏珠，杨一峰，黄绥仁，等.门电路γ-闪烁照相测定心室壁局部收缩功能.中华核医学杂志，1982，2：146-149.

18 Chen HZ, Pan XW, Li WX. Case拟control study on myocardial infarction. Chin Med J, 1982, 95: 873-876.

19 Chen HZ, Zhuang HZ, Han QQ, et al. Serum high density lipoprotein cholesterol and factors influencing its level in healthy Chinese. Atherosclerosis, 1983, 48: 71-79.

20 上海市心肌梗塞科研协作组（陈灏珠执笔）.1970—1979年上海地区1544例急性心肌梗塞的临床总结.中华内科杂志，1984，23：274-280.

21 Chen HZ, Jiang SY, Pu SY et al. Reappearance of Persistent Normal Sinus Rhythm in a Patient with the Sick Sinus Syndrome Following Cardiac Pacing for 10.5 Years. PACE, 1985, 8: 387-392.

22 Chen HZ, Lin YS, Dai RH, et al. Changes in etiologic types of heart diseases in shanghai during the past 32 years-an analysis of 15696 patients.Chin Med J, 1985, 98: 151-156.

23 Chen HZ, Zhuang HZ, Han QQ, et al. The relationship between serum lipid levels and nutrient intake in healthy inhabitants of urban and rural Shanghai.Chin Med J, 1989, 102: 60-66.

24 Chen HZ, Jia HY, Song HY, et al. Changes in plasma levels of tissue plasminogen activator and its inhibitor in aged myocardial infarction patients.Chin Med J, 1990, 103(7): 541-545.

25 Chen HZ, Jiang L, Rong WH, et al. Tumors of the heart.Chin Med J, 1992, 105: 153-158.

26 陈灏珠，沈学东，戎卫海，等.血管腔内超声切面显象的实验研究.上海医学影像杂志，1992, 1(1): 3-7.

27 陈灏珠，沈学东，施月芳，等.上海市心血管病研究所经食管超声心动图检查的5年回顾.上海医学影像杂志，1995, 4(1): 1-5.

28 Chen HZ, Zong P, Pu SY. Management of quinidine syncope in twenty cases. Chin Med J, 1997, 110(4): 315-319.

29 陈灏珠，沈学东，洪涛，等.心血管病的多平面经食道体原模型动态三维重建超声显像的2年回顾.上海医学影像杂志，1997, 6(3): 97-100.

30 陈灏珠，周庭川，韩琴琴.上海市区1997—1999年部分新生儿及体检人群血脂水平调查.中华医学杂志，2001, 81(9): 523-527.

31 陈灏珠，金雪娟.我国人群血脂水平现状及其对策.中国工程科学，2002, (10): 4-5.

32 陈灏珠，范维琥，金雪娟，等.1948—1999年上海地区住院心脏病病种的变迁趋势.中华内科杂志，2003, 42(12): 829-832.

33 Chen HZ, Chen YQ, Jin XJ, et al. A survey on blood lipid levels among newborns and healthy inhabitants in urban Shanghai (2008-2009).J Clin Lipidol, 2011, 5: 380-386.

图书在版编目(CIP)数据

拓医学路 逐中国梦：陈灏珠传 / 金雪娟，陈超怡 著.—上海：复旦大学出版社，2019.10
（2020.8 重印）
ISBN 978-7-309-14603-5

Ⅰ.①拓…Ⅱ.①金…②陈…Ⅲ.①陈灏珠-传记 Ⅳ.①K826.2

中国版本图书馆CIP数据核字（2019）第229844号

拓医学路 逐中国梦：陈灏珠传

金雪娟 陈超怡 著

出 品 人：严 峰
策划编辑：魏 岚
责任编辑：王 瀛
书籍设计：崔生国
插　　图：王小钦

复旦大学出版社有限公司出版发行
上海市国权路579号 邮编:200433
网址：fupnet@fudanpress.com http：//www.fudanpress.com
门市零售：86-21-65102580 团体订购：86-21-65104505
外埠邮购：86-21-65642846 出版部电话：86-21-65642845
上海雅昌艺术印刷有限公司

开本 787×1092 1/16 印张 24 字数 356千
2020年8月第1版第2次印刷

ISBN 978-7-309-14603-5 / K·708
定价：196.00元